EL MÉTODO MAG1C L♡VE

✦ **SILVANA PIEDRAHITA** ✦

EL MÉTODO MAGIC LOVE

Atrae el **amor** a tu vida y cultiva relaciones de **alta consciencia**

Grijalbo

Título original: *El método magɪc love*
Primera edición: febrero, 2025

© 2025, Silvana Piedrahita
© 2025, Penguin Random House Grupo Editorial, S. A. S.
Carrera 7ª No.75-51. Piso 7, Bogotá, D. C., Colombia
PBX: (57-601) 743-0700

Diseño de cubierta: Penguin Random House Grupo Editorial / Lorena Calderón Suárez
Gorila hembra (página 36): © Freepik
Siluetas de hombre y mujer (páginas 94 y 95):© sumonsohel86, Freepik
Slinky (página 96): © brgfx, Freepik
Símbolos de las religiones (página 187): © sareanaddict, Freepik
Esfinge (página 243): © pius99, Getty Images
Imagen universo (página 288): © Hubble/ NASA.

Penguin Random House Grupo Editorial apoya la protección de la propiedad intelectual y el derecho de autor. El derecho de autor estimula la creatividad, defiende la diversidad en el ámbito de las ideas y el conocimiento, promueve la libre expresión y favorece una cultura viva. Gracias por comprar una edición autorizada de este libro y por respetar las leyes del derecho de autor al no reproducir, escanear ni distribuir ninguna parte de esta obra por ningún medio sin permiso previo y expreso. Al hacerlo está respaldando a los autores y permitiendo que PRHGE continúe publicando libros para todos los lectores. Por favor, tenga en cuenta que ninguna parte de este libro puede usarse ni reproducirse, de ninguna manera, con el propósito de entrenar tecnologías o sistemas de inteligencia artificial ni de minería de datos.

Impreso en Colombia-*Printed in Colombia*

ISBN: 978-628-7649-72-9

Impreso por Editorial Nomos, S.A.

ÍNDICE

9
PREFACIO

15
INTRODUCCIÓN

27
PARTE 1:
Los principios del proceso

77
PARTE 2:
Preparar el terreno
para materializar pareja

179
PARTE 3:
El kit de herramientas amorosas

301
PARTE 4:
Los cuatro poderes

310
Haz parte del mundo de MAG1C LOVE

PREFACIO

Si tienes este libro en tus manos, hay una verdad que quiero que sepas antes de empezar a leerlo: eres una mujer poderosa.

Lo sé porque estoy convencida de que esto ha sido una manifestación tuya, algo que has estado pidiendo. Es la respuesta a tus oraciones, es la forma que el universo, tus maestros, Dios, la abundancia o como quieras llamarlo ha elegido para mostrarte el camino del autodescubrimiento para materializar una relación de pareja de alta consciencia.

Así que bienvenida a este universo de MAG1C LOVE, un método que va más allá de conseguir al hombre de tu vida y que, como verás, será más bien una oportunidad de transformar tu visión de la realidad y del amor de pareja.

Es un camino que yo misma he recorrido y que he elegido compartir desde mi experiencia personal y profesional.

La idea de este libro es que al final sientas que tenemos una relación muy especial, que incluso somos amigas y que te lleves un método para hacer realidad tus sueños.

Entonces, para empezar, déjame contarte un poco de mí.

Mi nombre es Silvana Piedrahita López, soy colombiana, nací en Bogotá y desde pequeña fui influenciada por mi mamá, Omary López Barrero, para entrar en el mundo de lo intangible, sutil, paranormal y esotérico.

De pequeña fui muy existencialista. Siempre hacía preguntas profundas sobre la vida, la muerte, lo divino y lo humano, pero al mismo tiempo fui educada en una sociedad capitalista y materialista. Los dos mundos me gustan, me atraen y me llaman la atención; sin embargo, su dualidad me confunde, me llena de preguntas e incluso muchas veces siento que son incompatibles.

Por esto, he creado el método MAG1C LOVE, un sistema que une el poder de cada universo para llevarte a alcanzar tu sueño de tener una relación de pareja y hacerlo mediante un desarrollo espiritual.

Este método es el resultado de doce años de estudios aprendiendo e implementando diferentes herramientas de manifestación de realidad y poniéndolas a prueba en mi propia vida y en la vida de cientos de consultantes que han confiado en mí para acompañarlos en su camino de hacerse responsables de la vida que tienen.

Al inicio, mis sesiones eran uno a uno y acompañaba a las personas a materializar cualquier sueño que tuvieran en mente: quedar embarazadas, cambiar de trabajo, ascender, vender una casa, alcanzar una meta de ventas, encontrar pareja, bajar de peso, etc. Imagina cualquier sueño. Yo te ayudaba a conseguirlo.

Durante estas sesiones, empecé a identificar qué era lo que hacían las personas que lograban alcanzar su meta y qué hacían las personas que no lo lograban. Cuáles eran los ejercicios, los actos simbólicos, la mentalidad y el foco que le permitían a una persona materializar la realidad y qué factor común tenían todos los que sí veían resultados. Con esta información, empecé a crear mi método y a ponerlo en práctica en mis sesiones uno a uno.

♡ PREFACIO ♡

Llevaba cuatro años en ese proceso y justo en ese punto quería materializar una pareja, pero la cosa estaba complicada (más adelante te enterarás de los detalles). En ese momento, me dije: "OK, ¿no que tienes un método muy efectivo? Sí es así, ¿por qué no lo aplicas en ti y ves qué tan cierto es?". Entonces me puse manos a la obra y empecé a poner en práctica los pasos definidos.

Seis meses después de estar en ese proceso, conocí a Andrés, el hombre con el que hoy tengo una relación de alta consciencia y con quien he estado nueve años. Con esta prueba de efectividad, adquirí más confianza para seguir acompañando a las personas a crear la realidad que sueñan y creé talleres, webinarios, cursos y sesiones personalizadas presenciales y virtuales para compartir esta sabiduría con quien estuviera alineada con ella.

Continué mi camino de materialización de sueños y con cada consultante que llegaba iba puliendo este método: encontraba vacíos, herramientas poderosas y otras no tan efectivas. Y así, cada día, el método se perfeccionaba.

En el 2021, después de ocho años de este tipo de acompañamiento y cientos de personas impactadas con este método, me di cuenta de que el 70 % de mis consultantes eran mujeres que querían materializar pareja y que parte de lo que más les gustaba de nuestras sesiones era que se identificaban conmigo, con lo que yo había vivido, con mi experiencia. Les encantaba oír las historias de mi relación con Andrés y cómo era esto de tener una relación de alta consciencia en las que también hay peleas, miedos e inseguridades.

Fue entonces cuando decidí dedicarle toda mi atención al sueño de materializar una relación de pareja de alta consciencia. Traje todas las herramientas del método que había estado creando y lo enfoqué en este propósito.

Además, empecé a crear meditaciones, talleres y clases magistrales enfocadas en esta temática. Si antes era general, luego se volvió muy específico. La energía estaría siempre direccionada a

MAGiC LOVE

materializar relaciones de pareja de alta consciencia. Esta especificidad me permitió comenzar a recolectar datos muy puntuales de lo que les pasa a las mujeres que están en este proceso y así continuar afianzando la metodología.

Hoy puedo decir con absoluta certeza que todas las mujeres que aplican este método, al que llamé MAGiC LOVE, y que se desapegan de la idea del tiempo en el que verán los resultados han logrado materializar una relación de pareja y lo han hecho en alta consciencia.

Imagina que es como hacer una receta: si sigues los pasos, sabrás que obtendrás un resultado específico, pero hay variaciones que pueden hacer que salga mal, que se queme, que no tenga el sabor esperado. Sin embargo, si sigues experimentando y extrayendo la sabiduría del proceso, llegará un día en que te quede deliciosa y como te la imaginabas.

Eso es lo que encontrarás en este libro con el método de MAGiC LOVE.

Es un método sencillo, pero aplicarlo requerirá de tu determinación, de tu compromiso, de una mirada a largo plazo y de entender que este es un propósito superior, que llevas años en unas dinámicas y que cambiarlas no sucederá de la noche a la mañana. Cuando lo integres y lo experimentes te darás cuenta de que estas herramientas te servirán para materializar cualquier sueño, que esto va más allá de conseguir un objetivo, que el camino evolutivo continúa y que tienes poder para crear la vida que sueñas. Aquí tendrás una guía para fortalecer la relación de pareja que vas a materializar y para seguir expandiendo todas las áreas de tu existencia.

Recíbelo como un tesoro, un regalo del universo que te fue entregado para que cambies tu realidad.

Es un método que me ha tomado doce años llevar al punto en el que se encuentra hoy y que continuará evolucionando con tu *feedback* y experiencia (que puedes compartir conmigo en IG: @silvanapiedrahital).

♡ PREFACIO ♡

Al programa virtual MAG1C LOVE ingresan un puñado de mujeres cada año y, gracias a este libro, podrá llegar a millones de personas para crear un movimiento de mujeres revolucionarias que quieren no solo transformar sus relaciones de pareja, sino sanar años de historias dolorosas alrededor del amor y dejar un nuevo legado en el mundo: sí es posible transitar y cultivar relaciones de pareja de alta consciencia.

INTRODUCCIÓN ✦

¿Será que soy invisible? Esa era una de las preguntas que me hacía mientras estaba sentada en un sofá de una discoteca, una de esas donde solo van universitarios que no tienen mucha plata para gastar y que están dispuestos a tomarse el trago más barato con tal de desinhibirse.

A mis dieciocho años, tenía claro que ese era el plan: salir, bailar, beber y tener encuentros romántico-sexuales, todo en la misma noche; sin embargo, para mí siempre estaba la duda del cuarto componente. Por una razón u otra, sabía que eso no me pasaría. Yo era esa chica que, aunque me sentía linda, inteligente y divertida, en algún punto de la fiesta, por ahí a la una de la mañana, cuando todos estuvieran alcoholizados, terminaba sentada en el sofá de la discoteca cuidando los abrigos y las carteras de mis amigas mientras ellas se besaban con desconocidos.

Sentada en el sofá, empezaba a escuchar mi voz interior decir cosas como: "¿Por qué los hombres las sacan a bailar a ellas y a mí no? ¿Por qué no atraigo a ningún hombre? ¿Por qué me pasa

MAGIC L♥VE

esto solo a mí?". Me invadía la sensación de "sentirme diferente", de "ser rara", de "tener un problema" y, al mismo tiempo, me daba cuenta de que había llegado el momento de asumir con altura mi condición y reconocer que a partir de entonces sería la que observaría los amores de mis amigas mientras una vocecita interior con delirio de superioridad comenzaba a decir: "Tú nunca serás así" (no porque no pudiera, sino porque no quería), "Qué plan tan inmaduro", "Qué desagradable y ridículo", "Mis amigas se dan besos con cualquiera", "Esos manes solo quieren sexo", "Tú eres mejor que ellas y no caerás en ese juego".

Pero, si soy completamente honesta, esa voz solo surgía porque sentía rabia y envidia y porque yo también quería conseguir la atención que ellas habían logrado tener. Quería sentir que era atractiva, quería experimentar lo que se sentía que algún hombre se fijara en mí para demostrarme que no había nada malo, que no era diferente, ni rara, ni loca. Que no era invisible.

Ahora, esto no empezó a mis dieciocho años. Creo que las dinámicas propias de haber estudiado en un colegio femenino me demostraron que no era fácil u orgánico relacionarme con los hombres. Era normal que el colegio propiciara actividades con instituciones masculinas para integrarnos y para socializar con el sexo opuesto. Por supuesto, estos siempre eran eventos muy importantes para todas las adolescentes, pues eran la oportunidad perfecta para hacer amigos y empezar a crear grupos con quienes hacer planes fuera del colegio. Sin embargo, esto nunca fue así para mí.

Mis amigas lograban entablar contacto y hasta amistad con los chicos del colegio masculino de forma muy fácil. Conectaban con ellos y empezaban a compartir experiencias muy chéveres y típicas de la juventud. Yo quería que para mí fuera igual, pero por alguna razón no lo era. No fluía ahí tampoco. Aunque de vez en cuando me invitaban a fiestas o encuentros, era muy complejo entablar una relación de amistad con los hombres y ni qué decir de una romántica.

♡ INTRODUCCIÓN ♡

Y si voy más profundo, tampoco puedo decir que mi dificultad para relacionarme con los hombres fuera una consecuencia del colegio femenino. Creo que crecer en una familia de tres hermanas, donde mi papá era el único hombre, también fue determinante. Esto hizo que los hombres fueran un misterio. Primero, porque en mi imaginario mi papá era mi papá y no un hombre. Segundo, porque mi papá era poco expresivo y no dejaba ver nunca, o casi nunca, sus emociones y, tercero, porque mi papá era mi héroe. Entonces mi contacto con "lo masculino" era muy distante, único y algo completamente desconocido.

A mis catorce años, estaba claro que algo no funcionaba del todo bien, que por más de que quisiera tener amigos y novio, había una barrera, algo que me hacía invisible o algo que alejaba a los hombres de mí. No podía entender por qué no le gustaba a los hombres y por qué era tan difícil relacionarme con ellos, así fuera solo como amigos.

Esto era lo que sucedía en mi intimidad, pero empecé a crear una fachada, una personalidad de mujer fuerte, madura, sensata y muy crítica que veía a los chicos como unos tontos, como personas cero interesantes. Me proyectaba como una mujer que no necesitaba a los hombres y pensaba que meterse con ellos era caer en un hondo mar de puras superficialidades. El mundo masculino me parecía trivial y relacionarme con ellos aún más.

Este se convirtió en mi escudo protector, uno que me permitía justificar la distancia evidente que tenía para relacionarme con ellos. Pero, de nuevo, las voces dentro de mi mente, que todavía me hablaban cuando salía de rumba, iban por otro camino: me cuestionaban y me señalaban ese problema que tanto me afectaba. Me repetía la misma pregunta: ¿hay algo malo en mí?

Entonces, aprendí a aparentar que eso no me importaba y empecé a enfocarme en otras cosas: priorizar mis estudios, fortalecer las relaciones con mis amigas. Me convencí de que no había nada malo en mí y me tomé el trabajo de darme razones para justificar que era posible ser feliz sin tener a mi lado a un hombre con quien experimentar eso que llamamos amor.

Unos años más tarde, cuando entré a la Universidad Nacional de Colombia a estudiar Cine y Televisión, la dinámica cambió. No por la carrera en sí, sino porque, por primera vez en mi vida, estaba rodeada de hombres más de ocho horas al día, hombres con quienes compartía algún interés intelectual y académico y podía, por lo tanto, estar relajada ante ellos y tratarlos como compañeros, pares, iguales. No tenía la predisposición ni la angustia de generar dinámicas románticas o de seducción, no me invadía el temor de sentirme rechazada o en competencia con otras chicas por conquistar a algún hombre, no había nada que probar. Simplemente eran chicos que estaban estudiando lo mismo que yo y con quienes compartía unos gustos.

La naturalidad del día a día, la convivencia y la oportunidad de mostrarme tal y como soy, sin presiones, me permitieron entablar relaciones con los hombres de una forma más sencilla, más auténtica e incluso romántica.

Así fue como tuve mi primer novio oficial, el chico que les presenté a mis papás y a mis amigas; la persona con quien caminaba de la mano en la calle; con el que almorzaba en la U; con el que comenzó mi vida sexual; con el que iba a paseos, conciertos, obras de teatro, cine y demás; a quien podía contarle mis mayores miedos y estaba ahí para escucharme y decirme que todo iba a estar bien, y a quien amé con todo mi corazón.

Estaba muy enamorada y empecé a hacer planes para irme a estudiar una maestría en México, donde él ya estaba estudiando. Cuando le conté mis planes chateando por Messenger, me dijo que quería terminar, que sentía que me estaba yendo a México por él, que tenía toda una vida por delante y que creía que lo mejor era no seguir juntos.

El final de esta relación marcó un antes y un después en mi vida. La tusa vino acompañada de depresión, ataques de pánico *y*, lo más impactante para mí, de *despersonalización* y *desrealización*.

En la práctica, la vida continuaba igual: la gente que no era cercana a mí y que no sabía que me estaba sintiendo así ni siquiera lo podía notar. Hacia afuera, todo parecía normal, y si me mostraba un poco distante y diferente, las personas asumían que era por la tusa y no por las extrañas sensaciones que vivía.

Vivir así era insostenible para mí. Entonces, saqué fuerzas y decidí hacer todo lo que estuviera en mis manos para quitarme esas sensaciones y miedos. Empecé a hacer muchas cosas para sanarme y volverme a sentir "yo misma".

Estuve en terapia psicológica. Fui al psiquiatra, asistí a sesiones de alineación de los chacras, visité centros budistas, intenté meditar, participé en grupos de oración, consulté médicos bioenergéticos, tomé esencias minerales, tuve tratamientos de acupuntura, empecé a hacer ejercicio y también busqué fuentes de información no médicas y médicas que explicaran la razón emocional de los ataques de pánico, la despersonalización y la desrealización. Empecé a leer sobre espiritualidad y cómo estas sensaciones eran comunes en personas con habilidades para canalizar y percibir energías que otras personas no pueden entender. También empecé a quitarle tabú al "tema" (entiéndase por "tema" todo lo que estaba viviendo y sintiendo) y comencé a hablarlo de un modo abierto con compañeros de estudio, de trabajo y con mis amigas.

Todo esto me ayudó tanto que me enamoré del camino del desarrollo personal, espiritual y de la autosanación.

Así fue como, poco a poco, fui aceptando la idea de que esto debía trascender. Necesitaba pasar de preguntarme insistente e infructuosamente "¿Por qué me pasa esto a mí?" a "¿Para qué me está pasando esto?". Ya no quería entender por qué me sentía de una o de otra manera. Ahora quería aprender, profundizar, descubrir qué era lo que estaba en mi inconsciente, qué habilidades tenía para ponerme al servicio de los demás. Empecé a reconocer que esta era mi oportunidad para desarrollarme como persona, que era parte de mi camino espiritual y no un castigo divino.

En medio de mi crisis existencial, estudié de forma más profunda el tarot y este se convirtió en mi herramienta principal de autoanálisis. Tenía mucha curiosidad y ganas de aprender, pero la literatura que encontraba no me convencía, pues tenía un enfoque muy adivinatorio y yo quería algo más transcendental.

Así encontré una formación en Tarot Evolutivo dictada por Cristóbal Jodorowsky. No conocía mucho de él, pero sí a su papá, Alejandro Jodorowsky, un reconocido cineasta, tarotista y el creador de la metagenealogía. Encontré en esta formación la oportunidad de evolucionar en mi conocimiento del tarot, quizás una solución a mis sensaciones y la posibilidad de salir, por fin, de la tusa y el despecho.

¡Oh, sorpresa! Cuando empecé a estudiar estos temas, muy pronto descubrí que era más que solo tarot y que en la escuela íbamos a aprender de psicomagia, psicochamanismo, metagenealogía, masajes iniciáticos y mucho más, todo con un enfoque de trabajo personal para luego poder acompañar a otros en su propio proceso de sanación y autoconocimiento.

Para ese entonces, todavía me sentía muy rara. Eso era nuevo para mí e incluso un poco intimidante, pero me di la oportunidad y le metí el cien por ciento para ver qué podía suceder.

Durante estos dos años de formación, pude descubrir la información inconsciente que estaba en mí y que me estaba impidiendo ser feliz y, especialmente, la programación que tenía tan arraigada para sentirme segura solo si estaba distanciada de los hombres o "siendo invisible para ellos". Entendí por qué su ausencia o abandono me había llevado a sentir ataques de pánico y a generarme la experiencia emocional transformadora que había tenido hasta ese momento en mi vida.

Además, me fui haciendo cargo de mis emociones y de la realidad que estaba construyendo, me responsabilicé de mi existencia

♡ INTRODUCCIÓN ♡

y de las decisiones que tomaba y traté de encontrar las respuestas adentro en vez de afuera.

Una mirada a mi interior fue mucho más poderosa que cualquier medicamento, libro o herramienta externa para aceptar la sensación de despersonalización y desrealización que tenía. Comencé a sentirme mejor, a sanar y a cambiar mi realidad para que se alineara con lo que quería.

Fue gracias a esta escuela que descubrí lo que quería aportarle al mundo y a las personas. Me di cuenta de que quería ayudarlas a identificar lo que a nivel inconsciente les impedía lograr sus metas y a darse cuenta del poder que tienen para transformar su realidad y manifestar sus sueños.

Al terminar la escuela con Cristóbal Jodorowsky, continué estudiando otras herramientas terapéuticas de autoobservación y de transformación y comencé a acompañar a las personas a descubrir información que provenía de su árbol genealógico y que les estaba impidiendo alcanzar sus propósitos.

Y mientras acompañaba a otros a lograr sus sueños, seguía soltera y con dificultades para encontrar un hombre con el que fuera posible tener una relación a largo plazo a pesar de que deseaba que este llegara para complementar mi vida afectiva. Los hombres que conocía y con los que me relacionaba eran, de alguna u otra manera, personas ausentes.

Las formas en que manifestaban su ausencia las viví en diferentes dimensiones, una de ellas siendo la dimensión física. Mi primer novio viajaba mucho por trabajo y por eso teníamos una relación a distancia y, por lo mismo, ausente. Luego también tuve una relación en la que la ausencia estaba en la dimensión sexual. En este caso, el chico se negaba a tener relaciones sexuales conmigo y eso significó un golpe muy fuerte para mi autoestima. Por otro lado, estaba la ausencia emocional, es decir, hombres que emocionalmente no estaban disponibles porque no querían una relación o estaban sumergidos en sus adicciones, bien fuera de drogas o alcohol.

Así que, a mis treinta años, llevaba más de ocho sin tener una relación bonita, duradera y comprometida. Seguía con los mismos cuestionamientos que me acompañaban desde la adolescencia y muchos más, ahora más complejos y enredados, sobre por qué no lograba establecer una relación de pareja duradera. La única diferencia era que había estudiado más sobre el ser humano, la mente, el inconsciente y el alma y contaba con mejores herramientas para entender la situación, sin dejarme arrastrar por lo duro o triste de las circunstancias.

Y justo en esta época de mi vida sucedió algo importante: conocí a un hombre con quien tuve la relación más tóxica y a la vez reveladora para mi transformación. En ese entonces, tenía la firme intención de materializar pareja y quería transformar la idea de que solo se podían tener relaciones sexuales con una persona con quien se tuviera un vínculo amoroso y emocional. Fue así como quise experimentar lo que era tener sexo solo por el placer y con el único objetivo de "pasarla bien". De esta forma, pensé, borraría esa idea que cargaba de que el sexo y el placer eran malos si no había amor. Y este chico, que era un viejo conocido, parecía la persona perfecta (por sus propias dinámicas) para experimentar. Pero no contaba con que eso trascendería con él a algo más.

Tuvimos una relación compleja que mezclaba trabajo, amistad y diversión. Además, él era una persona abusiva psicológicamente, lo que hizo que generáramos unas dinámicas dramáticas y tóxicas. Era una relación de amor y odio, de peleas y reconciliaciones, así como de maltrato psicológico en el ambiente laboral. Un mensaje que me transmitía todo el tiempo con actos y palabras de su parte era: "No eres suficiente. Eres chévere como amiga, *pero* no suficiente como novia. Eres una trabajadora competente, *pero* no parece que hubieras estudiado en una de las mejores universidades del país. Eres bonita, *pero* no tan delgada para mi gusto".

Esto hizo que todo el tiempo me viera obligada a demostrar mi valor, tanto en lo profesional como en lo emocional, pasando por encima de mí misma para darle gusto. En mi mente, empecé a repetir que yo era importante para él porque me daba un lugar especial en su vida. Pero la verdad es que el maltrato era de un alto nivel.

Estar con él era muy inestable: por un lado, se mostraba como un hombre apasionado por la vida y por su trabajo, alguien con quien podía tener conversaciones muy interesantes y profundas de lo divino y lo humano, alguien que me hacía sentir importante y especial con acciones y discursos, pero, por otro lado, simultánea e inesperadamente, menospreciaba mi trabajo, me decía que gracias a él tenía una cosa u otra, a veces se apropiaba de la palabra para sermonearme sobre por qué yo era tan poca cosa cuando él era un *hit* y solo hacíamos lo que él quería y como él quería.

Un día, me dijo que yo nunca le prestaba atención, que tenía una barrera con él para algo romántico y que por eso nunca había propuesto nada más allá de la dinámica extraña en la que estábamos. Estas palabras, mezcladas con mis inseguridades y deseos de ser amada, me hicieron cuestionarme si era mi culpa no tener una relación más estable con él. Entonces decidí, días después de esa conversación, proponerle que lo intentáramos. Al hablarlo, me dijo que me había enloquecido, que nunca había querido algo conmigo ni había manifestado querer algo y que siempre expresó que yo no era su tipo de mujer.

Este baldado de agua fría me despertó del letargo en el que estaba. ¿Cómo era posible que yo, la que llevaba años en programas y talleres de desarrollo personal, hubiera permitido esto? Si yo acompañaba a otras personas a lograr sus sueños, ¿cómo podía estar sumida en una relación tan tóxica?

Entonces tuve rabia conmigo y me recriminé mi falta de autoestima, mi estupidez. Me pregunté con rabia cómo era posible que, por mi deseo de ser amada y por mi interés de tener una relación de pareja, me hubiera perdido completamente. No estaba pensando en mí, yo no era mi prioridad y había estado dispuesta a entablar una relación "formal" que estaba destinada al fracaso y al desastre.

Allí tomé la decisión de no volver a permitirme repetir la historia. Ahí decidí transformar todo lo que me llevaba a fomentar en mi vida relaciones surgidas a partir de mis vacíos, traumas e inseguridades y me prometí nunca volver a permitir que mi falta de amor propio aceptara a alguien como él. Me tracé como propósito que si iba a tener una relación de pareja, debería *materializarse* en una de *alta consciencia.*

Decidí que debía poner en práctica lo aprendido y predicado, que debía ser el ejemplo y la prueba de que mi conocimiento era real. Sería el ejemplo de que cuando una persona cambia sus creencias, identifica sus patrones, los transforma y aprende a interpretar sus circunstancias como un reflejo de lo que está en su inconsciente, puede crear una vida distinta y hacer posibles sus sueños.

Me puse en la tarea diaria de aprender sobre relaciones de pareja e identificar qué era lo que a nivel inconsciente estaba llevándome a tomar algunas decisiones en mi vida, las cuales desembocaban en relaciones de pareja destinadas al fracaso. Necesitaba entender qué pensamientos a nivel inconsciente estaba teniendo de manera tan reiterativa que parecían gobernar mi vida consciente y mi realidad. Me propuse transformar mis creencias y patrones alrededor de las relaciones entre hombres y mujeres, a visualizar la relación de pareja que sí deseaba para mí y a interpretar todas las situaciones como espejos y como oráculos de lo que debía seguir revisando. En otras palabras, me dediqué a escarbar en mi mente hasta lo más recóndito para llevar a un nivel más consciente todo lo que me impedía o me bloqueaba la posibilidad de concretar y materializar una relación sana, amorosa, equilibrada, respetuosa y de total conexión con mi pareja.

Poder materializar una relación de pareja era la meta, pero sin la presión del tiempo porque sabía que los beneficios los iba

♡ INTRODUCCIÓN ♡

a agradecer toda mi vida. Me tracé un plan y dos objetivos: transformar todo lo que había en mí que me impedía lograrlo y demostrarme y demostrarles a otras mujeres que es posible lograr un sueño incluso cuando consideramos que hay algo malo en nosotras o creemos que estamos destinadas a quedarnos solteras.

Si lograba hacer realidad tener una pareja estable y construir una relación amorosa, sentimental y duradera con un hombre, me convertiría en la prueba de que sería posible para tantas otras mujeres. Empecé mi proceso de manifestación y determiné que iba a lograrlo. De eso, recuerdo esta oración:

> **"Universo, voy a hacer este sueño realidad sí o sí. No me importa cuánto tiempo me tome y no me importa si en el camino me van a llegar muchos "sapos". Lo que te prometo es que, pase lo que pase, no voy a desistir de este sueño y voy a seguir haciendo el trabajo en mí que haya que hacer. Te prometo que no voy a volver a aceptar en mi vida a alguien que solo me ofrezca migajas, así que mándame las pruebas, pues estoy dispuesta a probar mi compromiso y materializar este sueño"**.

Así, seis meses después, gracias a múltiples ejercicios y herramientas, mucho compromiso, determinación y la responsabilidad de hacer realidad mi sueño, encontré a quien hoy es mi novio. Tenemos más de ocho años juntos y cuento con la suerte de decir que estamos construyendo una relación de alta consciencia, que no es otra cosa más que una relación donde las dos personas están cien por ciento comprometidas con hacer que funcione, se escuchan y cambian para hacer que la relación evolucione.

Cuando vi lo que construimos, acompañé a otras mujeres a hacer lo mismo y empecé a notar los resultados y luego a documentar, paso a paso, el método MAG1C LOVE. Decidí crear un programa diseñado especialmente para mujeres que se sienten como yo me sentía y que quieren cambiar su realidad y demostrarse que sí es posible materializar el sueño de tener una pareja de alta consciencia.

Este libro es el método que resultó de esos años enfocada en herramientas para materializar la realidad, en mi experiencia manifestando una relación de pareja y en los testimonios de muchas mujeres que lo han puesto en práctica y que pueden decir que viven una relación de alta consciencia. Espero que sea una herramienta que te inspire y con la que cambies tu vida y la de personas que te rodean.

PARTE 1: ✦
Los principios
del proceso

Llamaremos principios a las columnas que le dan una estructura a tu consciencia y sobre las cuales construyes el sentido de tu vida. Son aquellas ideas y sentimientos que más aprecias y que te orientan. Es eso que priorizas a la hora de tomar cualquier decisión, es eso que el dinero no puede comprar, es lo que piensas y sientes sobre cómo debe ser la vida y que no estás dispuesta a negociar. Es lo que pones primero antes de cualquier otra cosa.

Los principios nunca son materiales. Siempre son sutiles, intangibles y no solo rigen el camino que estás construyendo, sino que a partir de ellos interpretas tu realidad, creas una visión del mundo y proyectas tu vida material. De ahí que unos principios débiles, ambiguos y poco claros creen una realidad difusa y en la que quizás no deseas vivir. Los principios le dan a tu vida un sentido espiritual y te permiten tener una visión de ti misma, de la sociedad y del mundo que habitas. Los principios se van convirtiendo en ideas fijas y preconcebidas, pero podemos cambiarlas a medida que vivimos y evolucionamos.

Si en este momento no has podido manifestar una relación de pareja de alta consciencia, pero has logrado cosas espectaculares en otras áreas, lo más probable es que hasta ahora tus principios estén alineados con aquello que has logrado y no con tu deseo de entablar una relación de pareja.

Mientras lees este capítulo, quiero que vayas analizando si efectivamente tienes estos principios como una prioridad. Por favor, no te digas mentiras: háblate con completa honestidad, haz un proceso de autoobservación profundo y evalúa si tu grupo de principios te acerca o te aleja de tu propósito.

Una vez que finalices el capítulo, la idea es que empieces a integrar estos principios, que los pongas en práctica cada día, que observes las decisiones que tomas y que te cuestiones si están alineados con lo que quieres y si eso te va a llevar no solo a materializar pareja, sino a sostenerla en el tiempo.

COHERENCIA

El primer principio que quiero que analicemos es la *coherencia*.

Vivir de manera coherente quiere decir que tenemos los pensamientos, palabras, sentimientos y acciones unidos y en la misma dirección para materializar una realidad. Esto quiere decir que tus pensamientos deben estar en línea con las palabras que eliges, con la forma en que te sientes y, por último, con las acciones que realizas.

Te voy a contar la historia de Antonia, una mujer que hizo mi programa, para ilustrar un ejemplo de cómo las creencias familiares nos pueden llevar a ser incoherentes inconscientemente.

♡ LOS PRINCIPIOS DEL PROCESO ♡

Ser una mujer profesional e independiente y el amor no es importante

Antonia es una mujer colombiana de treinta y cinco años, profesional y con un trabajo que le permitía estabilidad y comodidad financiera. Sin embargo, no había encontrado una pareja con la que pudiera entablar una relación afectiva y emocional estable. Lo tenía todo, pero no entendía por qué en el amor fallaba todo el tiempo. Aunque deseaba hallar una pareja, había algo más profundo en su formación que estaba bloqueando ese propósito. Por eso, teníamos que profundizar en su crianza y su núcleo familiar.

Cuando me habló de su madre, me contó que ella siempre le inculcó educarse y ser una mujer profesional e independiente económicamente de los hombres. Su madre había nacido en los años sesenta, en plena efervescencia de la revolución femenina. Sin embargo, ella no había vivido según los ideales que esa "liberación" promulgaba, pues, cuando se casó, acordó con su esposo, el padre de Antonia, que ella se quedaría en casa al cuidado de los hijos y él continuaría trabajando para proveer la parte económica.

Antonia creció, pues, en un hogar que enviaba mensajes incoherentes. Su mamá, queriendo que Antonia escribiera una historia diferente a la suya, la incentivó a estudiar, a priorizar su profesión y a NUNCA depender económicamente de un hombre; no obstante, lo que Antonia tenía como ejemplo en su hogar era todo lo contrario.

A decir verdad, la mamá y el papá de Antonia tenían un acuerdo que funcionaba. Él era un hombre respetuoso y valoraba la labor que la mamá de Antonia realizaba con los hijos. Le entregaba su sueldo a ella para que lo administrara y garantizara que todo funcionara bien en la casa y, además, asignaban una suma para que la mamá de Antonia pudiera gastarla a su antojo.

La mamá de Antonia veía que muchas de las mujeres de su época se independizaban y se desarrollaban profesionalmente. Ella guardaba ese anhelo para así, algún día, cumplir su sueño de ser contadora. Sin embargo, al mismo tiempo era consciente de la decisión que había tomado de dedicarse a sus hijos y al hogar.

Antonia creció en este contexto: en un hogar bonito, amoroso, respetuoso y con una familia que se las supo arreglar para salir adelante. Al mismo tiempo, recibía el mensaje constante de su mamá de siempre priorizar su independencia económica. Esta contradicción la hacía percibir inconscientemente que su mamá no era del todo feliz y que, si pudiera retroceder el tiempo, habría tomado decisiones diferentes.

Esto creó en ella varias contradicciones. Una de ellas fue que no era importante ser coherente, que no era importante alinear lo que se hace con lo que se dice, se piensa o se siente. Aprendió de forma automática que se puede vivir pensando una cosa, pero al hablar manifestar lo contrario, usando palabras diferentes. Podía vivir sintiéndose de determinada manera, pero actuar haciendo todo lo opuesto. Por eso, Antonia no podía integrar el principio de la coherencia y se le dificultaba materializar una relación de pareja.

Por otro lado, cuando se enfrentaba a temas de pareja priorizaba siempre la parte profesional. Todas sus acciones diarias y sus decisiones estaban enfocadas en su carrera, en ganar más dinero en "ser económicamente independiente".

Así, Antonia pensaba que quería una relación, pero que era un sueño estúpido. Sin embargo, en su corazón tenía el anhelo de lograrlo, pero, por otro lado, decía que no era algo importante en su vida en ese momento. Finalmente, ninguna de sus acciones iba encaminada a este propósito.

Como puedes ver, lo que pensaba, lo que sentía, lo que decía y hacía iban en direcciones diferentes.

♡ LOS PRINCIPIOS DEL PROCESO ♡

Lo quiero con mi alma, pero no actúo hacia ello

A diferencia de Antonia, que estaba conflictuada, existe otro escenario muy común: aquellas mujeres que juran y aseguran que quieren materializar pareja, que es lo que más desean en su vida, que siempre han soñado con tener una familia y ser mamás y que no tienen duda de que este es su camino, pero que sus acciones son completamente incoherentes.

Digamos que estas mujeres tienen alineados tres de los cuatro elementos: a) piensan que tener pareja es importante y creen que la familia es fundamental, b) dicen a viva voz que lo quieren y no sienten vergüenza de hacerlo y c) sienten en el fondo de su corazón que es algo que siempre han querido y que si no lo logran se van a sentir frustradas.

El problema de estas mujeres está, específicamente, en las acciones, pues no van encaminadas a materializar pareja. Por ejemplo, se escudan en el discurso de "Las *apps* no son lo mío" y, de forma muy determinada, se niegan a abrirlas.

Este es el caso de Pilar, una chica que asistió a uno de mis talleres. En medio de una sesión, le pregunté a todas las asistentes qué *no* harían por conseguir pareja. La respuesta "correcta" a esta pregunta para estar en coherencia es algo por el orden de "Haría cualquier cosa mientras no atente contra mis principios y valores".

Ahora, el inconsciente es muy impertinente y, en realidad, hacía que las respuestas parecieran más bien excusas para no ponerse en marcha hacia su meta. En el caso de Pilar fue: "Nunca entraría a una aplicación de citas".

Ante esta respuesta, le pregunté: "Si yo fuera Dios, el Universo (o en lo que sea que creas) y te dijera que un hombre maravilloso, generoso, divertido y buen amante está dispuesto a amarte y ser amado, que quiere construir una relación de pareja a largo plazo, es fiel, leal, responsable, trabajador y cariñoso, pero al mismo tiempo te dijera que la única forma de encontrarlo es a través de una aplicación para buscar pareja, ¿me responderías: 'Gracias, Dios, pero si es así, mejor no, porque yo *nunca* abriré un perfil en esas aplicaciones'?".

Fue muy sorpresivo cuando nos dijo que, si era por una *app,* prefería no conocerlo. Quedé muda. Pilar prefería perder a un hombre maravilloso en lugar de entrar a una aplicación de citas.

Para lograr un cambio y un resultado, es necesario hacer cosas que quizás no van con nosotras, que no valen la pena o sobre las cuales hay demasiados estigmas y prevenciones sociales. Una de ellas: las aplicaciones de citas.

Hay una creencia de que el amor va a tocarte a la puerta y que construir una relación de pareja es algo que sucede... de la nada. Algunas personas quieren materializar pareja y sienten que con solo desearlo y pensarlo es suficiente y que las acciones no son importantes.

Pero si aplicas el principio de la coherencia, no puedes quedarte pensando o deseando conocer a alguien especial, sino que debes ponerte en movimiento e iniciar acciones, pero no cualquier tipo de acciones: deben ser coherentes y que te lleven al puerto que deseas.

La incoherencia del discurso: "Estoy bien sola"

Cuando estamos en sesiones privadas, la mayoría de mis consultantes me cuentan que se sienten muy incómodas hablando de su situación sentimental. No quieren que les pregunten si están solteras o no, si están separadas, etcétera... Así pues, evitan a toda costa las conversaciones sobre el asunto. Incluso es posible que ante estas conversaciones se indignen y resulten hablando de lo impertinente que fueron las personas que se atrevieron a preguntarles por su situación emocional.

Pero cuando es inevitable hablar de su situación sentimental, terminan manifestando que "están muy bien solteras", que "no necesitan un hombre", "que aman su libertad" y que "hoy en día la felicidad no depende de estar con alguien".

Aquí lo incoherente de la situación es que estas mismas mujeres quieren amar y ser amadas, quieren encontrarse con alguien especial, pero evidentemente sus palabras no están alineadas con lo que piensan y sienten. Responden así para salir del paso y no enfrentar algo más sensible y profundo.

Ahora, lo que quiero que veas en este caso es cómo el discurso es incoherente. Con esto no quiero decir que esté mal estar soltera, que necesites un hombre para que tu existencia sea plena, que tener pareja signifique perder la libertad o que no seas una mujer feliz. Tú puedes estar bien estando soltera, sentirte plena, ser feliz *y al mismo tiempo* querer estar en pareja.

Para que puedas ver mi punto, déjame plantearte una situación hipotética. Imagina que tu mayor deseo en la vida es conocer la India. Desde chiquita has querido conocer ese país y sientes que tienes un llamado interior que te dice que en esta vida debes experimentarlo.

Ahora, imagina que por X o Y razón ha sido difícil para ti lograr este sueño, pero aún no te rindes y lo quieres materializar. De pronto llega alguien y te pregunta: "Oye, ¿quieres conocer la India?". Y la respuesta es: "No, estoy bien en Colombia, no necesito viajar a la India. Amo mi país y mi felicidad no depende de si viajo o no a ese lugar".

¿Puedes ver lo reactiva que es esa respuesta y lo incoherente que es con el sueño de ir a la India? Cualquier persona que te escuche diría que, en realidad, estás argumentando en contra de este sueño.

Miremos cómo puedes utilizar el lenguaje de forma coherente:

Pregunta	Respuesta
"¿Quieres tener pareja?"	"Sí, me encantaría".
"¿Estás feliz soltera?"	"La verdad, sí, pero si llega alguien a mi vida, también está bien".
"¿Por qué estás soltera?"	(No vayas a decir "Porque quiero"). Di "No sé" (si de verdad no sabes) o "Sí lo sé, pero es algo que no quiero discutir contigo".
"Oye, chévere que tuvieras pareja".	"Sí, sería muy lindo".

Decir: "Haría lo que fuera" por tener pareja, pero que las decisiones prioricen todo menos este sueño

Esta es una de las formas más frecuentes en que las mujeres no viven el principio de la coherencia. Esto sucede cuando parece que quieren materializar pareja, pero a la hora de la verdad están haciendo todo lo contrario para lograrlo.

Un ejemplo muy común que veo todo el tiempo en mis seguidoras es que dicen que quieren materializar pareja, pero cuando llega el momento de invertir tiempo en hacer este sueño realidad, me dicen que no lo tienen, que su trabajo es muy exigente, que no se pueden comprometer, que están muy ocupadas y que no hay forma de sacar ni un minuto para hacer realidad este propósito.

Para materializar pareja, e incluso para cualquier sueño que tengas, es importante que seas coherente y ello implica dedicarle tiempo. Ya dijimos que nada se da por arte de magia o por solo desearlo con todo el corazón. Hay que actuar y tomar decisiones que requieren invertir tiempo.

♡ LOS PRINCIPIOS DEL PROCESO ♡

Muchas veces las oigo decir: "El día que tenga pareja, voy a sacar el tiempo. Ese día sí voy a priorizar a mi esposo y a mis hijos". Lamentablemente, así no se materializa nada. La única forma de manifestar en tu vida lo que quieres es, primero, viviendo y sintiendo eso que quieres ser. Entonces, si quieres tener pareja, es importante que a partir de hoy empieces a dedicarle el tiempo suficiente y necesario a tu sueño. Cómo y en qué se invierte ese tiempo es otro tema, pero lo primero y fundamental es tener la voluntad de separar algunas horas de tu rutina a la búsqueda y a crear las condiciones para que se dé lo que deseas.

Ahora, este es un tan solo un ejemplo de cómo dicen que quieren encontrar a alguien, pero actúan de forma incoherente.

Otra de las formas es sacando excusas a la hora de la verdad. Si te invitan a una fiesta, te da fastidio ir; si una amiga te dice que va a invitar a un chico para que lo conozcas, le dices que no, que no te gustan las citas a ciegas; si alguien crea un evento para conocer gente, te da pena y te inventas una excusa para no asistir; o si te dicen que existe un programa que tiene la promesa de que si aplicas la metodología vas a materializar pareja, te convences de que no es para ti.

Si te identificas con alguna de las situaciones anteriores es que no estás *dispuesta a hacer lo que sea*. Solo estás dispuesta a hacer lo que tú quieres hacer, cuando y como lo quieras hacer y sin replantearte nada de tu existencia.

La incoherencia de lo que pides y lo que eres

Este meme, además de ponerle humor al asunto, ilustra muy bien cómo muchas veces exigimos lo que en realidad no somos.

Con frecuencia, mis consultantes me dicen: "Silvi, es que las *apps* son como una vitrina en donde los hombres solo se fijan en el físico". Ante este comentario, suelo invitarlas a reflexionar: "¿Y cómo estás escogiendo tú a quién le das *match* y a quién no? Estás escogiendo según la apariencia física, ¿no?". Y esto se puede llevar a más ejemplos que van más allá de esta preocupación por la aparente superficialidad de fijarse solo en el cuerpo.

Por ejemplo, hay mujeres que quieren encontrar hombres extraordinarios y que sobresalgan en todo mientras ellas llevan vidas ordinarias, sin metas o ilusiones porque no se atreven a salir de la zona de confort y a hacer cosas fuera de lo común.

Quieren el hombre ideal, pero están lejos de ser las mujeres ideales.

Quieren ser amadas por quienes son, pero no están dispuestas a amar al otro tal cual como es.

Quieren que él sea detallista y las haga sentir especiales mientras ellas, muy campantes, no se enfocan en los detalles y no hacen nada especial.

♡ LOS PRINCIPIOS DEL PROCESO ♡

Quieren alguien que sea claro con lo que quiere, que sea honesto con sus sentimientos y lo que busca, pero al mismo tiempo, en el perfil de la *app* de citas, donde preguntan "¿Qué estás buscando?", ponen "Estoy viendo..." aunque la verdad es que quieren una relación.

Quieren magia en su vida sin hacer nada mágico.

Quieren una relación con un compromiso a largo plazo sin comprometerse a largo plazo en nada *con ellas mismas*.

Quieren una conexión profunda, pero a la hora de hablar de sus emociones mienten o las ocultan.

Quieren ser amadas, pero no quieren amar.

Quieren el hombre perfecto siendo imperfectas.

Quieren un amor profundo sin ser vulnerables.

Eso es lo que yo llamo ser una persona incoherente.

Ahora, ser cien por ciento coherente es un estándar muy alto y pocos terrícolas son capaces de lograrlo. Tal vez Jesús, Buda, Mahoma (y creo que ni ellos), pero para las personas de a pie, como tú y yo, vivir el principio de la coherencia en su totalidad es una utopía.

Mi interés con este capítulo no es hacerte creer que ahora vas a ser la mujer más coherente del planeta Tierra, pero sí quiero que evalúes tu coherencia. Si no es algo que está fortalecido en ti, quiero que empieces a ser más consciente de ello, que lo pongas en tu escala de valores y que a partir de este momento observes en tu día a día si estás siendo coherente con el sueño que quieres materializar. Piensa en Antonia y en Pilar, luego cuestiona: ¿eres coherente con lo que haces, piensas, dices, sientes y con lo que te has propuesto en la vida?

Ante las decisiones que debes tomar, pregúntate: ¿esto me acerca o me aleja de mi sueño de materializar pareja? Y si tomas decisiones coherentes, todo tu ser sabrá que estás enfocada en hacer ese sueño realidad. La energía que emanas, tu vibración y lo que transmites de forma sutil a la vida y al universo, todo sabrá que estás decidida a crear una relación de pareja porque tus pensamientos, palabras, sentimientos, acciones y metas están alineados y van todos hacia el mismo objetivo.

CONEXIÓN

Quiero que te permitas viajar conmigo a las memorias inconscientes que tenemos sobre la vida de las mujeres. En principio, no quiero que te fijes en la exactitud de los datos históricos, sino en los mitos creados alrededor de estas historias. Esto quiere decir que no nos vamos a enfocar en la veracidad de los acontecimientos, sino que vamos a tener en cuenta los mensajes inconscientes y los conceptos recibidos.

Este viaje al pasado empieza con la forma en que estaban organizadas las sociedades, especialmente en Occidente: las mujeres no eran ciudadanas, no eran consideradas personas adultas y, por lo tanto, dependían de su padre o de su esposo para poder suplir las necesidades básicas del ser humano: alimento, techo y reproducción.

En este contexto, una mujer no podía tener propiedades y, de alguna manera, era una carga si no lograba casarse. En primera instancia, era una carga económica para sus padres y, en segunda instancia, una carga para el Estado en el momento en que los padres fallecieran y no tuviera los recursos económicos para seguir subsistiendo.

En la construcción de este tipo de culturas, la familia es un pilar fundamental que permite organizar la sociedad y hace que el sistema capitalista y socialista pueda sostenerse. En otras palabras, para que el sistema siga existiendo, es necesario que sigan naciendo hijos. En este escenario, tener familia e hijos es una prioridad y todo el sistema gira alrededor de sostener y enaltecer este tipo de estructuras.

Por razones biológicas, la mujer es la única que puede gestar vida y, por lo tanto, socialmente queda enaltecida con esta misión. Su propósito será casarse para no ser una carga y tener hijos para aportar a la sociedad.

♡ LOS PRINCIPIOS DEL PROCESO ♡

En este contexto, era común ver familias enormes de seis, siete, ocho y hasta diecisiete hijos. ¿Esto qué significaba para una mujer? Que con seis hijos era probable que hubiera vivido mínimo diez años en función de la gestación y crianza de niños menores de diez años.

Las posibilidades de que una mujer pudiera trabajar en estos escenarios y fuera proveedora económica de su hogar eran muy bajas. O se requería de circunstancias extremas, como que los hombres se encontraran en la guerra, para que esto sucediera.

Avanzando más en la historia a momentos más recientes, se da un punto de giro cuando, en la década de los cincuenta, aparece la pastilla anticonceptiva. Este pequeño fármaco le permite a la mujer comenzar a planear su vida y tener mayor independencia y decisión sobre su deseo, o no, de tener hijos. Al tener menos mujeres embarazadas, o al menos al disminuir la frecuencia, el Estado aumentó su fuerza laboral. Y aunque parezca que este es un evento insignificante, en realidad generó una transformación muy poderosa.

Es en este panorama que la mujer empieza a soñar con otros estilos de vida y puede contemplar otros horizontes diferentes a la procreación, la maternidad y la crianza. Es cuando las mujeres empiezan a ganar su propio dinero y a tener independencia económica. Sin embargo, aunque la posibilidad ya existe, toma muchos años más cambiar definitivamente esas dinámicas, así que las hijas de las mujeres que vivieron esta revolución por lo general crecimos en un contexto incoherente, como el de Antonia.

¿Qué quiere decir esto? Que somos hijas de mujeres que vivieron el cambio físico de la realidad, pero el cambio social todavía no llegaba. Fueron las mujeres que nos inculcaron el deseo de ser independientes en lo económico, de destacarnos en lo profesional y seguir los sueños así esto signifique no casarse y no tener hijos.

Haciendo una hipérbole del caso, preferían para sus hijas el éxito profesional sobre el éxito familiar. Así, sus hijas podían realizar lo que ellas hubieran querido hacer y no pudieron.

El mensaje fue tan fuerte y repetitivo que nos quedó impregnado en el fondo del corazón. No solo debíamos ser independientes, sino que los culpables de la dependencia fueron los hombres. Sí, el ambiente era un caldo de cultivo para dominar a la mujer, pero también es cierto que una sociedad diferente era difícil de sostener.

Es decir que las mujeres llevamos cincuenta años escuchando un mensaje que, palabras más, palabras menos, nos dice que está bien estar solas y que está mal depender de los hombres. Si bien esto ha sido positivo en varios aspectos, también ha traído otras consecuencias. Una de ellas es la desconexión de las mujeres con su propia esencia. Algunas se niegan a aceptar que tienen una esencia femenina porque las hace sentir débiles o creer que son mujeres sometidas al poder masculino. Se trata, nada más y nada menos, de su parte emocional. No está mal querer tener a un hombre al lado como pareja, pues eso no nos hace menos mujeres ni nos hace dependientes.

De hecho, las probabilidades de que una mujer pueda hacerlo todo sola y muy bien son muy altas; la historia lo ha comprobado. Es maravilloso, sin duda. Podemos ser profesionales, económicamente independientes y madres; podemos viajar, correr maratones, ser ejecutivas de cargos altos, empresarias, gobernantes y todo lo que queramos. Pero mis preguntas siempre son: "¿A quién hay que probarle que se puede hacer todo solas?", "¿No es demasiado egocentrista?", "¿No es mejor contar con alguien de tu lado, de tu equipo, para lograr cosas en la vida?". "¿Este impulso de querer demostrar que solas podemos con todo no nos está desconectando de la energía femenina, donde las relaciones y las emociones son nuestro fuerte?".

De nuevo, te traigo una noticia: si una mujer siente que es mejor estar sola y que no es importante tener un hombre en su vida, no está mal y es su vida, pero lo más probable es que de pensar de esta manera consiga hacer realidad esa creencia. Por lo tanto, está sola y sin un hombre con quien compartir aunque en el fondo añore construir una relación de pareja. Se está negando la posibilidad de *conectar*.

Por eso, esta sección trata de la *conexión* como principio. La conexión es un principio muy importante para materializar pareja porque sin conexión la pareja no existe, es imposible. Conectar es la acción y el efecto de unir, pero si tus creencias están alrededor de que esa unión, por una razón u otra, es negativa o es algo de lo que debas cuidarte y defenderte, lo más probable es que tu inconsciente evite que te unas emocionalmente con alguien. Si crees que por querer materializar una pareja serás menos autónoma, independiente o incapaz de lograr tus metas personales; si crees en el fondo y de corazón que es así, estás alejando la posibilidad de conocer a alguien.

Si quieres materializar pareja, empieza a integrar en ti el principio de la conexión, que al mismo tiempo significa desaprender ese mensaje tan fuerte y poderoso que dice que puedes y debes hacerlo todo sola como muestra de tu valía, de tu fuerza y de tu autonomía personal.

¿Por qué? Porque es peligroso para el inconsciente. Porque, por ejemplo, dedicarse a la crianza y la maternidad se vuelve sinónimo de opresión o fin de tus sueños. Si lo ves así, entonces mejor no conectar con nadie, mejor no crear vínculos emocionales y seguir soltera, pues así no te expones al peligro de perder la autonomía.

Uno de los aspectos más importantes de los principios es que no pueden ser conceptos que se queden en el papel, sino que es fundamental llevarlos a la práctica de forma tan consistente que haga que una persona que recién nos conoce sepa identificar qué es lo que nosotras valoramos más en la vida. Valora y cultiva tu independencia y autonomía como mujer, pero no niegues tu esencia emocional y gran capacidad de crear vínculos.

MAGIC LOVE

Voy a empezar por algunos ejemplos de acciones que desactivan el principio de la conexión y luego encontrarás una matriz que te permitirá tener una guía para hacer que este principio se potencie en tu vida.

No pedir ayuda

En medio de este mensaje de autosuficiencia e independencia, es probable que estés muy acostumbrada a hacer todo sola porque así te lo inculcaron, y eso no está mal del todo. El punto es que ese mensaje llevado a un extremo también se traduce en no tener la capacidad de pedir ayuda en momentos donde te vendría bien una mano. ¿O acaso no has rechazado ayuda alguna vez porque "tú puedes sola"?

Esto lo puedes reconocer en cualquier ámbito: en el trabajo, con tu familia, con tus amigos, en el supermercado, en el gimnasio. Por eso, es muy importante que te hagas consciente de esta "fobia" a pedir, recibir y aceptar ayuda o siquiera compañía, pues esto lo que hace es dificultar el camino para materializar una pareja.

Ahora, para efectos de este libro y nuestro propósito, quiero enunciar situaciones muy concretas en las que puedes empezar a cambiar tu manera de pensar. Y aunque algo a nivel interno te diga que no pidas y no aceptes ayuda de nadie (mucho menos de un hombre), quiero que empieces a derribar este mito y veas que no tiene nada de malo o negativo permitirte pedir, recibir y aceptar ayuda: al fin de cuentas, conectar.

 Ejercicio 1. Cuando alguien se ofrece a ayudarte a cargar un paquete. No importa si puedes llevarlo, si tienes la fuerza, si no pesa o si quieres cargarlo hasta el mismísimo fin del mundo. Vas a tomar un par de respiraciones y, con una sonrisa, vas a decir: "Bueno,

gracias". Luego le vas a entregar el paquete a la persona que se ofreció a ayudarte.

Ejercicio 2.
Cuando quieras saber algo, no vayas a Google. Pregúntaselo a alguien.

Quiero contarte que las probabilidades de que una persona te responda "Busca en Google" son muy altas porque tu inconsciente crea situaciones para reforzar la idea de que puedes hacerlo todo sola. Lo bueno es que con este libro ya has quedado advertida y no te lo vas a tomar personal.

Si esta es la respuesta, le puedes decir a esa persona "Muchas gracias, le preguntaré a alguien más", porque la idea de este ejercicio no es que lo resuelvas sola, sino que alguien te ayude... así sea que esa otra persona decida utilizar Google para darte la respuesta.

Ejercicio 3.
Inscríbete en algún proceso que te acompañe a materializar la pareja.

Sí, es normal que sientas que lo puedes hacer sola leyendo este libro, escuchando un pódcast y, tal vez, hablando con tus amigas. Vas a tener un logro más en tu vida donde "hacerlo sola" ha sido parte del éxito. Pero ¿puedes ver lo contradictorio que es esa forma de pensar si quieres materializar una pareja? Tener pareja, un proyecto de vida que se construye entre dos, es encontrar a alguien con quien hacer equipo, compartir y conectar, pero en vez de eso estás enfocada en hacerlo todo sola, reforzando tu independencia y fuerza únicas.

Te puedo asegurar que una de las cosas más poderosas para manifestar es encontrar una guía, un acompañamiento, alguien que te ayude a mantenerte en tu propósito y que te recuerde la responsabilidad que decidiste asumir contigo misma.

Ejercicio 4.
Acepta todos los eventos a los que puedas ir.

Sé que no es fácil salir de la zona de confort, que vamos cumpliendo años y quedarse en casa viendo una serie es muy tentador y el "mejor plan" que hay. Sin embargo, para materializar pareja debes activar tu energía y el valor de la conexión, cosa que puedes entrenar saliendo y disfrutando de tu vida.

Ahora, este punto es muy importante porque no solo te ayuda a activar el valor de la conexión, sino que además multiplica las posibilidades de conocer gente si lo comparas al escenario de quedarte en casa viendo una serie de televisión.

No esperes la chispa mágica, no esperes conexiones mágicas

Este es un punto muy interesante porque muchas veces quieres sentir esa chispa inmediata apenas conoces a alguien, ese clic especial y, sobre todo, el mensaje del universo de que esa persona es para ti.

Cuando esto sucede, hay dos problemas: uno, por lo general esa chispa es tu inconsciente eligiendo lo que no le conviene y, dos, te crea el imaginario de que el amor y las relaciones de pareja son un resultado mágico y que lo más difícil es tener ese clic; sin embargo, una vez que se logra, piensas que todo va a salir a las mil maravillas.

Esperar la chispa es problemático a largo plazo porque puede ser un fogonazo de ilusión que te dejará ciega y que te gustará mucho al principio, pero que, con el pasar de los meses o años, te darás cuenta de que no era suficiente.

El segundo problema de esta situación es hacerte creer que *eso* es lo importante, que sin esa chispa mágica no vas a poder tener una verdadera conexión con esa persona. En otras palabras, confías mucho en ese clic, que dura unos segundos, cuando en realidad lo que estás haciendo es una apuesta "para toda la vida". Eso lo que genera es que no se den las oportunidades de conocer a una persona realmente; que de no darse esa "revelación" instantánea, entonces te niegues a la posibilidad de generar una conexión que vaya más allá no solo de lo físico, sino de las expectativas que solemos tener alrededor de cómo se construye una relación de pareja.

Quiero que pienses en todas las historias de amor donde hubo el clic, donde parecía que eran supercompatibles en todo y hoy no están juntos. ¿Qué quiero mostrar con esto? Que esa chispa, ese clic, esa conexión mágica no es garantía ni certeza de nada. Quedarte atrapada en "No hay química" es quedarte atrapada en una creencia que a largo plazo no ayuda en la materialización de una pareja.

Con seguridad has oído historias de parejas que cuentan que al principio eran como conejos: tenían relaciones sexuales todo el tiempo, pero hoy no saben qué pasó y ya se esfumó esa pasión. Según ellos, se acabó la química y, por lo tanto, han concluido que ya no quieren estar juntos.

Por eso, si quieres tener una relación de alta consciencia, debes saber que esta no será sostenida por la chispa, por el clic, por la "química". Esa relación será sostenida por muchos otros aspectos en los que hay que trabajar a diario, y uno de ellos puede ser encender la llama.

Lo importante es tener la intención de conectar de manera profunda con alguien, querer conocerlo, entenderlo, acompañarlo en sus momentos difíciles, en los de mayor alegría. Cuando esto emerge, hay conexión, y cuando hay conexión, hay chispa.

Piensa en esa amiga que conociste y al principio te había caído mal, pero luego algo pasó, hubo una situación donde conectaron y a partir de ahí la relación cambió. Desde ese momento son inseparables.

Lo mismo sucede con la pareja. Si no te das la oportunidad para que esto suceda y te quedas con las primeras impresiones, te puedes estar perdiendo de tener en tu vida a alguien maravilloso.

¿Esto quiere decir que ahora debes querer conectar con todo el mundo? No. Lo más seguro es que te encuentres con personas que de entrada sabes que no serán tu pareja. Estas deberían ser aquellas con las que descubres que no compartes los mismos valores, que tienen comportamientos que no te parecen adecuados, que te faltan al respeto, entre otras cosas. Estas personas saldrán de tu vida muy rápido.

Pero aquellas a las que no les "ves nada malo", pero sobre las que tu mente te dice "No es mi tipo"... con esas te invito a que estés más atenta y observadora. Date la oportunidad, ve más allá de las apariencias y de tus patrones y permítete generar una conexión.

COMPROMISO

Piensa en situaciones que asocies con la palabra compromiso. Es posible que se te venga a la mente la escena de alguna película en la que el hombre se arrodilla frente a su enamorada, se saca del bolsillo del saco un pequeño estuche, lo abre, deja ver un anillo y luego él le pide que se casen. Ella acepta y él le pone el anillo. Desde ese momento, se dice que están "comprometidos". Se han hecho una promesa el uno al otro.

Te traigo esta imagen porque quiero que veas que cuando se va a tener una relación de pareja, el compromiso es muy importante y va más allá del evento donde se pide la mano. El compromiso es un concepto más profundo porque implica renovar todo el tiempo esa promesa de estar el uno con el otro y continuar juntos en la vida.

¿Esto cómo se traduce a tu vida cuando estás en el proceso de materialización de pareja? Pues bien, si retomamos el principio

LOS PRINCIPIOS DEL PROCESO

de la coherencia, este nos dice: si quieres a alguien comprometido, debes querer comprometerte. Estoy casi segura de que en tu mente dices: "Claro, yo estoy muy dispuesta. *Cuando llegue el hombre perfecto en el momento perfecto y él quiera comprometerse, yo voy a estar ahí con todas mis fuerzas*". Pero mientras llega el momento, esperas y no te comprometes ni contigo ni con este sueño.

Lo que pasa es que así no funciona la materialización. Debes estar comprometida desde ya. Mejor dicho, debes vibrar con la energía del compromiso para que llegue una pareja comprometida a tu vida. Vibrar con la energía del compromiso es sencillo, pero llevarlo a la práctica a veces es complicado porque hoy estamos en un mundo movido por lo instantáneo, lo efímero y la satisfacción inmediata y poco se promueve la energía de pensar a largo plazo, de la consistencia y la perseverancia.

Pongámoslo en palabras muy sencillas: si quieres vibrar con las mismas ondas del compromiso, debes encontrar, hoy, aquí y ahora, actividades y procesos en tu vida *con los que estés dispuesta a comprometerte*. El primero de ellos, y el que sería el más fundamental de todos, es con tu proceso de transformación personal para trascender aquello que hasta hoy te ha impedido estar en una relación.

Ahora, ¿qué es lo que sucede en la práctica? Que este proceso no solo requiere de constancia y consistencia de tu parte, sino que también implica confrontación, resiliencia y gestación (muchas veces, mal llamada "paciencia"). Además, te exige energía, tiempo y dinero.

Entremos en detalle en cada uno de estos aspectos.

Constancia

Esta es la cualidad de tener una meta fija y no cambiarla por los agentes externos e internos que suelen llegar a nuestra vida. Es decir, una vez que inicias un proceso para materializar pareja, es muy importante que te recuerdes que, pase lo que pase, no vas a renunciar a tu sueño.

Consistencia

La consistencia es la capacidad de hacer que esto sea constante en TODOS los aspectos de tu vida. Es decir, esta meta y sueño que tienes deben verse de forma consistente en las decisiones que tomas con relación a la casa en donde vives, la forma en que te relacionas con tu energía sexual, las creencias que eliges tener y la forma en que ves a los hombres y las relaciones.

Si, por ejemplo, en tu casa todo está diseñado para que viva una sola persona; si solo tienes una mesa de noche; si el clóset está repleto de ropa y no cabrían ni los calzoncillos del chico; si tienes un plato, un pocillo y no hay lavadora porque vas a lavar la ropa los fines de semana donde tus papás, en este punto no estás enviando un mensaje de que estás en el proceso de materialización de pareja.

También aplica si en el aspecto sexual estás en alguno de los extremos:

a. No tengo sexo en absoluto, llevas más de X años sin estar en contacto con alguien y adicionalmente pueden pasar meses sin que explores tu sexualidad al menos contigo misma. Si es así, lo más probable es que tu energía sexual esté muy bajita y no emanes vibraciones de "estar disponible" para tener un encuentro sexual, que, por cierto, es fundamental en una relación de pareja.

b. Estás con una energía sexual muy alta y solo buscas el placer inmediato, donde solo hay encuentros sexuales sin emociones, donde solo son por darle solución a una necesidad biológica y donde no hay conexiones con las personas con las que tienes estos encuentros. Si es así, la energía que vas a emanar es consistente con este deseo y quizás no llegue una relación de pareja "comprometida" y a largo plazo porque la energía que estás transmitiendo es otra.

Ahora, si tus creencias y tus pensamientos están siempre alrededor de juzgar a los hombres, de que las relaciones son sufrimiento y de que es mejor estar sola, por supuesto que este discurso va a enviar una energía y las probabilidades de que se verifique en tu vida son bastante altas.

Y si no te relacionas con los hombres, todo lo que haces implica estar rodeada de mujeres: vas a clase de danza del vientre, te ves con tus amigas para tomar un café y te la pasas con tus hermanas y tus sobrinos en plan de ir al parque, siempre con poca o nula interacción con la energía masculina. Si es así, esto es con lo que vas a vibrar y es difícil que conectes emocionalmente con los hombres. En primer lugar, porque en el plano físico no interactúas con ellos y, en segundo lugar, porque tu vida fortalece mucho la energía femenina.

Confrontación

El proceso de materializar pareja en una persona que ha tenido una vida amorosa que fluye no es lo mismo que para alguien que desde pequeña ha identificado que no fluye, que es diferente y que no es del todo fácil. Dicho esto, el proceso de autoconocimiento que se debe realizar para identificar qué es lo que, a nivel inconsciente, le ha estado impidiendo hacer realidad este sueño suele ser muy retador y desafiante. Te voy a contar algunas razones de por qué es así.

MAGIC L♥VE

a. **Implica entender la historia de nuestro árbol genealógico y mirarlo como los seres humanos que son y no como entes idealizados.** Sobre el árbol genealógico profundizaremos más adelante, pero es importante empezar a ver las historias de nuestra familia alrededor de las relaciones de pareja y estar dispuestas a descubrir información que no es grata o alentadora.

b. **Significa dejar de ser nosotras.** Una de mis premisas es: si siendo la mujer que eres, con las creencias que tienes y comportándote como te comportas, no has logrado obtener los resultados que esperas. Eso significa, como dice Einstein, que no puedes esperar resultados diferentes haciendo lo mismo de siempre. Significa que debes dejar de ser como has venido siendo, ver qué hay que cambiar y salir del confort si es que estás ahí.

Te voy a contar un ejemplo sencillo pero muy significativo. Gran parte de mi vida fui una mujer de pelo corto. Me encantaban los cortes diferentes porque me gustaba sentirme distinta a las demás. Sabía que a los hombres, sobre todo en la adolescencia, les gustaban y preferían a las mujeres de pelo largo.

En medio de mi proceso para identificar qué me impedía lograr mi sueño de tener pareja, noté que tenía bastante energía masculina y que una de las tantas maneras en que la reflejaba era llevando el pelo corto. Así que, después de ir a una ceremonia de temazcal, recibí el mensaje de que era hora de ponerme a hacer pequeños actos simbólicos para conectarme con la energía femenina. Algunos de estos eran usar tacones, ponerme faldas y dejarme crecer el pelo.

En principio me negué rotundamente a mi propia voz interior y me decía que si me dejaba crecer el pelo, me iba a volver una más del montón y que eso iba a hacer que el hombre que se

♡ LOS PRINCIPIOS DEL PROCESO ♡

fijara en mí no viera lo especial (y diferente) que yo era. Para ser honesta, tenía una mirada negativa de los hombres a quienes les gustaban las mujeres de pelo largo. Los menospreciaba. Solo me parecían valiosos aquellos que tenían la capacidad de ver más allá de lo típico, esos a los que les gustaba lo diferente y que no se iban por la convención social.

Pero luego de un rato de reflexión, descubrí que era yo la que le estaba dando demasiada importancia a la parte física, y si lo físico no es lo más importante, ¿por qué no podía dejarme crecer el pelo? ¿Por qué le estaba dando tanto valor a esto?

En ese momento, tomé la decisión de hacerlo y confrontarme a mí misma y mis creencias. Empezó mi proceso de dejarme crecer el pelo, ponerme tacones y usar falda para dejar de identificarme con un "deber ser", permitirme no tener límites y ser lo que sea que quisiera ser.

¡Ojo! No quiero que me malinterpretes y sientas que esto significa que todas las mujeres deben tener el pelo largo, usar tacones y falda para materializar la relación de pareja. Acá lo importante es la confrontación. De hecho, en mi programa MAGiC LOVE les he recomendado a mujeres que son muy diferentes a mí que se confronten. Para ellas, era IMPOSIBLE salir a la calle sin arreglarse. Como el viejo dicho: "Primero muerta que sencilla". Para que dejaran de ser ellas, debían hacer todo lo contrario: atreverse a salir sin maquillarse, estar desarregladas y andar en tenis.

Después de estas confrontaciones, ni ellas ni yo tenemos límites. Volví a tener el pelo corto durante cuatro años y hoy estoy tomando la decisión de dejarlo crecer de nuevo. Ahora también ando en tenis y de vez en cuando en tacones y en mi clóset hay una que otra falda. Hoy en día, las que amaban estar siempre arregladas no sufren si no alcanzaron a secarse el pelo o si alguien las ve sin una gota de maquillaje. Dejamos de aferrarnos a una identidad y somos más felices y libres.

MAGIC LOVE

c. **Significa entrar en acción masiva.** La metáfora más sencilla para hablar de la zona de confort es estar entre las cobijas por la mañana, supercómoda, tranquila y descansando. Sin embargo, para que las cosas sucedan, no te puedes quedar en la cama durmiendo. Tal vez sí puedas quedarte en la cama, pero no en el mismo estado de plenitud en el que estabas mientras dormías.

Esto es lo mismo que se requiere en un proceso de materializar pareja: ir más allá, salir de la zona de confort y ponerte en acción con el compromiso para alcanzar tus sueños. Créeme, he visto cómo cientos de mujeres hacen múltiples procesos terapéuticos, descubren e identifican todo aquello que hace que no materialicen pareja y a la hora de realizar una acción directa para ir hacia ello se paralizan.

También puede pasar que hagas unas pocas acciones y que, cuando no veas los resultados que esperas, te detengas y no continúes con la excusa de "Debe ser que esto no es para mí", cuando en realidad lo que ha pasado es que no te has comprometido con el proceso para que eso suceda.

Esto es lo que pasa cuando tomas la decisión de abrir una aplicación para encontrar pareja. Esa noche estás superentusiasmada o, por lo menos, decidida. Encuentras las fotos perfectas, le metes la ficha a tu biografía, revisas varios perfiles, haces pocos *matches* y al otro día te levantas aburrida porque no sucedió mucho. Unas noches más adelante, decides que vas a volver a darle una oportunidad, pero obtienes los mismos resultados, entonces, al cabo de ocho días, estás aburrida, cansada, frustrada y concluyes con tu energía más ferviente que "las aplicaciones no funcionan".

Revisemos este ejemplo en detalle y comparémoslo con una persona comprometida con marcar el abdomen yendo al gimnasio. Un día, toma la decisión de ir al gimnasio y con todas sus fuerzas hace tres repeticiones de veinte abdominales. Luego se mira en el espejo, pero todavía no lo tiene marcado y entonces decide ir por los próximos ocho días. Durante esta semana, se alimenta como le recomendaron y se esfuerza por cumplir con los ejercicios. Luego de ocho días, se mira al espejo y no ve ningún resultado. Está cansada, con ansiedad por ciertas comidas y frustrada porque su esfuerzo no se vio recompensado, así que concluye con su energía más ferviente que "el gimnasio no le funcionó".

Con seguridad, si esta mujer te estuviera contando su historia, pensarías que no fue el tiempo suficiente para empezar a ver los resultados, que se rindió muy rápido y que si hubiera sido perseverante y se hubiera atrevido a confrontar sus resistencias en el gimnasio, otra sería la historia.

Pues bueno, lo que pasa es que para lograr cosas en nuestra vida debemos superar desafíos, pensamientos y estados emocionales de: "No puedo, no soy capaz, no es para mí".

Y ante esto habrá dos tipos de mujeres: a) las que deciden seguir yendo al gimnasio, aceptando el cansancio y dolor muscular que conlleva/haciendo su proceso de materialización de pareja y dispuestas a ver sus vacíos, miedos y traumas y b) las que deciden no ir tras su sueño y dejar que sea la vida la que tome las decisiones y les forje su realidad.

Esto es muy importante que lo veas porque, al igual que el gimnasio, tú puedes crear una realidad distinta. Estoy segura de que tú crees que una mujer que se alimenta bien, va al gimnasio seguido, hace su entrenamiento y realiza acciones confrontantes que otros no hacen va a ver resultados. Lo mismo pasa contigo: si tomas decisiones que te lleven a materializar pareja, aunque sean incómodas para ti, también verás el resultado.

El problema es que no te has preparado para que sea desafiante, para que te haga evolucionar, para que te haga cuestionar toda tu vida. Quieres resultados inmediatos y fáciles, quieres cambiar cuarenta años de creencias limitantes en un taller de dos días o escuchando un pódcast todas las mañanas.

Resiliencia

Este proceso, como todo proceso de aprendizaje en la vida, tiene momentos donde todo parece ir muy bien y otros donde se siente que todo va mal. Imagina a un bebé de un año que está aprendiendo a caminar. ¿Cuántas veces crees que se cae antes de poder caminar solo? Además, una vez que camina solo, dará unos pocos pasos. En la medida que siga haciéndolo es que logrará poder caminar de forma autónoma.

La resiliencia es la capacidad de ese bebé de caerse y seguir intentándolo. ¿Te imaginas que los bebés tomaran la actitud de los adultos frente a los procesos de aprendizaje? Nunca aprenderíamos a caminar y nos quedaríamos arrastrándonos por el piso.

Lo mismo te puede pasar cuando no aceptas que la confrontación es un principio en tu vida. La vida te pondrá a aprender lo que es tener una pareja de alta consciencia, y cuando las cosas están ahí para que te levantes y lo vuelvas a intentar, tú vas a decidir no levantarte de nuevo, no vas a seguir haciéndolo y, como el bebé, si no lo haces, pues simplemente no vas a aprender.

Gestación

Por aquello de estar inmersos en una sociedad inmediatista, permitir que los procesos tengan una gestación es algo que nos perturba muchísimo. No puedo recordar cuántas veces las mujeres que se acercan a mí se sienten muy frustradas al descubrir que el programa de MAG1C LOVE dura semanas o meses.

El asunto es que en la materialización es importante entender que todo tiene un proceso, que las cosas no se manifiestan de la noche a la mañana y que es fundamental que en un plano sutil se siembre, en principio, la idea de eso que se quiere crear y que luego tomará un tiempo que eso se haga realidad.

Veamos el ejemplo de una mujer gestante. Desde que la energía se conecta y se produce el proceso de la concepción hasta el momento en que el bebé está desarrollando su vida independiente pasan, generalmente, nueve meses. Es decir, que por más que una mamá quiera acelerar el proceso, esto no va a ser posible. Ahora, si decidiera adelantar el nacimiento, este bebé no estaría del todo listo y desarrollado. Por tanto, será más propenso a enfermedades e incluso su vida puede peligrar.

Lo mismo sucede con el compromiso de materializar una pareja de alta consciencia: toma un tiempo. Para cada mujer será diferente de acuerdo con sus situaciones y circunstancias, pero una vez que empieza el proceso de consciencia, se siembran nuevos mensajes que deben asentarse y gestarse con calma.

Así que la pregunta sería: ¿estás dispuesta a comprometerte con un proceso de gestación y permitir que estas nuevas ideas y creencias se gesten en ti para que cuando te encuentres con alguien sea desde otro lugar?

Energía, tiempo y dinero

Como puedes ver, y como he explicado antes, este libro está dirigido a las mujeres que siempre han sentido que el amor ha sido algo difícil en sus vidas. Las mujeres que en sus procesos evolutivos no hayan tenido un conflicto con esto probablemente lo vivirán de un modo muy distinto.

Si este es tu caso y quieres transformarlo, todo esto que hemos hablado va a pedir energía y tiempo. Energía, porque es un proceso que requiere de sostenerse, y tiempo, porque serás tú la que deberá hacer los ejercicios y entrar en acción.

Frente al dinero, quiero que pienses cuáles son las áreas de tu vida que más desarrollo han tenido. Lo más probable es que sean aquellas en las que has invertido no solo energía y tiempo, sino también dinero. Muchas veces esperamos solucionar todo solas, pero esto desestima el poder que tiene asesorarse y recibir guía de profesionales y personas que se han especializado en el tema que, por ahora, a ti se te dificulta.

Es muy importante tener claro que no es el dinero el que te lleva a materializar pareja, sino la inversión que haces en ti misma y en metodologías que te acompañan en el proceso para hacerte un llamado al orden y recordarte cuál es el propósito de lo que estás haciendo.

La pareja es un compromiso

Ahora sé que las probabilidades de que leas esto y pienses "Si hay que hacer tanto para materializar pareja, tal vez es que no es para mí o es algo que no quiero" son altas. Esta es una posición muy válida. Hay mujeres para las que este sueño no es fundamental, no es importante. Pero si para ti lo es, quiero que te replantees esa frase porque te tengo noticias: cuando encuentres a alguien especial, el compromiso no termina. En ese momento, el compromiso se hace más fuerte, y si tienes hijos, se multiplica.

Por eso es por lo que el principio del compromiso es tan importante, porque tenemos la ilusión de que una relación de pareja nos hará feliz, que una vez que la tengamos será todo lo que alguna vez soñamos, pero la realidad es que pocas personas se atreven a decir que una relación de pareja, y más si es de alta consciencia, no es algo que fluye, sino todo lo contrario. Es algo que viene para retarte, confrontarte, desafiarte y para que, en muchos momentos, dudes de si quieres continuar compartiendo tu vida con esa persona.

Sé que es supercliché esa frase que dice que el amor es algo que eliges todos los días, pero al mismo tiempo siento que es una de las frases que mejor transmiten lo que significa poder construir una relación con un compromiso verdadero a largo plazo.

Vamos a ser claras: relaciones de pareja que duran años o incluso hasta que la muerte los separa hay por montones, pero relaciones de pareja con verdadero amor, con compromiso, con evolución y crecimiento constante, esas que van más allá de la costumbre, hay muy pocas. Y ese es precisamente mi propósito en esta vida: que en el mundo existan muchas más relaciones en consciencia, que las personas estén juntas porque así están generando un cambio y están aportando un mensaje muy poderoso a la humanidad.

Entonces, la reflexión final de este valor es que el compromiso es algo que tú debes integrar desde ya en tu vida. Primero, debes comprometerte con tu sueño y no dejarlo ir porque es más fácil rendirse. Segundo, comprométete con el proceso de materialización de pareja y no dejes que este sea un libro más que lees, uno que te deja un montón de información, pero que no te lleva a la acción. Tercero, extiende este compromiso con el propósito de que cuando estés en pareja continúes comprometiéndote día a día para hacerla brillar. Esto también quiere decir que si descubres que ya no es posible hacerla brillar, es una señal para terminar la relación desde un lugar amoroso.

VALORAR

Quiero contarte algo que me pasa muy a menudo en las redes sociales. En Instagram, comparto contenido específico para mujeres que tienen el sueño de materializar una relación de pareja. Si visitas esta cuenta, verás que todo lo que transmito ahí tiene que ver con este tema y es curioso cómo en algunos *posts* las personas comentan que no es necesario tener pareja, que podemos ser felices siendo solteras, que nuestra felicidad no puede depender de si estamos en pareja o no.

En la práctica, puedo decirte que estoy cien por ciento de acuerdo con estos mensajes. Sí, podemos ser felices siendo solteros. De hecho, esa es una de las condiciones para poder tener una relación de pareja de alta consciencia. Nuestra felicidad no puede depender de estar en pareja, así como tampoco debe depender del trabajo o del carro que tengas. En efecto, no es necesario estar en pareja para tener una vida plena puesto que las necesidades biológicas son alimento y techo y las necesidades sexuales y afectivas pueden resolverse sin tener que estar en pareja.

Esto significa que la discusión frente al sueño de tener pareja no gira alrededor de la carencia, sino que gira alrededor de la abundancia. En otras palabras, querer estar en una relación de pareja de alta consciencia vibra más con la intención de vivir el amor y menos con el deseo de cubrir unas necesidades emocionales o unos vacíos.

Sin embargo, hay personas que no le dan valor a las relaciones de pareja en sus vidas. Por una u otra razón, han elegido valorar otros aspectos de su existencia y son estos a los que les dedican su tiempo y atención. Para lograr materializar una pareja, debes empezar por valorar el hecho mismo de poder tener una.

Es posible que una persona tenga las siguientes ideas sobre conformar una pareja:

- No valoro tener una pareja, hay otros aspectos más valiosos en la vida y me siento una mujer plena y feliz.
- No valoro tanto tener una pareja, le doy más valor a otras cosas y me siento insatisfecha.
- Valoro la pareja como algo importante, pero me repito el discurso de que no es importante para sentirme más tranquila con los resultados en mi vida y actúo como si no fuera importante.
- Valoro la pareja como algo importante y actúo en coherencia con esa valoración.

Entremos en detalle de cada uno de los estados.

1. No valoro tener una pareja, hay otros aspectos más valiosos en la vida y me siento una mujer plena y feliz.

De los cuatro estados, este es uno de los ideales. Son mujeres que han decidido con determinación y plena consciencia que no desean una relación de pareja, que esta no hace parte de su desarrollo personal y espiritual y que, sin importar las circunstancias internas o externas, se mantendrán firmes en sus valores y no tendrán una relación de pareja porque es su decisión.

Para entender a esta mujer, podemos compararla con una persona que decide no tener hijos y que todas las decisiones de vida que toma serán para asegurarse de no traer vida a este mundo. Es importante recalcar que estas mujeres se sienten felices y plenas con su decisión y, por lo tanto, aunque en ocasiones tengan ciertas dudas, la reafirman y se sienten felices, tranquilas y plenas.

Si este es tu caso, te recomiendo que no continúes leyendo este libro. Para aquí mismo y regálalo a una amiga que sí quiera materializar pareja.

2. No valoro tanto tener una pareja, le doy más valor a otras cosas y me siento insatisfecha.

Este es el caso de una mujer que, por las circunstancias de la vida, ha decidido, algo resignada, que no va a tener una relación de pareja. Suele ser el caso de muchas mujeres divorciadas que sienten que ya se les pasó el tiempo, que "ya cumplieron" con el estándar social y que ya no están en edad para materializar pareja.

Aunque este es un ejemplo muy común, no solo les sucede a mujeres en esta situación. Hay mujeres, y puede ser tu caso, que a raíz de las múltiples experiencias que han tenido en la vida, las cuales las han hecho sufrir y no "creer en el amor", han decidido que no quieren tener pareja y comienzan a construir su vida valorando otros aspectos como el trabajo, cuidar de sus padres, viajar o disfrutar de una afición.

MAGIC LOVE

A diferencia del primer caso, son mujeres que no tomaron la decisión a consciencia y porque sea lo que verdaderamente quieren, sino como un mecanismo de defensa.

Este estado es muy fácil de identificar porque son mujeres que tienen lo que podríamos llamar una buena vida: parece que todo funciona muy bien para ellas, pero siempre sienten desazón a la hora de pensar en las relaciones de pareja. Son mujeres que no se hicieron responsables de su felicidad bien sea para decidir estar solteras o para ponerse manos a la obra y materializar pareja.

¡Ojo si te encuentras en este estado! Es muy peligroso porque lo que suele suceder es que te dices mentiras constantemente. Dices, de dientes para afuera, que todo está bien, pero en el fondo hay algo en ti que no se siente del todo feliz.

¿Cómo puedes identificar que te encuentras en este estado?

- No sabes si quieres pareja o no. Es decir, siempre estás en una posición dudosa.
- Cuando te preguntan si quieres estar en pareja, hay algo dentro de ti que se siente incómoda, rara.
- Te da rabia que hablen de lo importante que es tener pareja y defiendes a capa y espada que es posible ser feliz estando soltera.

*Nota: las mujeres del primer estado que describí entienden que la pareja puede ser valiosa para alguien en plena consciencia, saben que tener una no es para ellas y por eso no se enojan cuando alguien dice que tener pareja es importante ni sienten el deseo de defender su decisión de vida. De hecho, vibran en tanta plenitud con su decisión que son muy pocas las personas que las cuestionan.

3. Valoro la pareja como algo importante, pero me repito el discurso de que no es importante para sentirme más tran-

LOS PRINCIPIOS DEL PROCESO

quila con los resultados en mi vida y actúo como si no fuera importante.

Este es un estado en el que realmente valoras y deseas una pareja en tu vida, pero has elegido llenarte de razones para no darle importancia a este aspecto.

Has tomado esta decisión por varias razones:

- Porque, como muchas, estás influenciada por el discurso cultural de "empoderamiento femenino" que dice que ahora las mujeres no necesitan tener pareja para sentirse satisfechas. Y como también valoras tu trabajo, te suena como un discurso sensato y que tiene algo de razón.
- Porque durante muchos años has hablado de forma abierta de que quieres tener una relación de pareja y que es algo importante para ti; sin embargo, en vista de que no ha sucedido, te sientes juzgada porque llevas mucho tiempo deseando eso e incluso puedes llegar a pensar que la gente te tiene pesar por albergar ese sueño y no cumplirlo. Entonces has elegido decir, de dientes para afuera, que no es importante para ti, pero en el fondo sabes que sí, que lo deseas y que sí hay una chispita en ti que quiere encontrar a alguien especial.
- Puedes estar en piloto automático: vas por la vida por donde esta te lleve. Poco te has detenido a pensar, a hacer un proceso de desarrollo personal, a hacerte responsable de la vida que quieres crear, así que, si te preguntan si quieres pareja, dices de forma muy calmada que sí y al mismo tiempo no haces nada para que eso suceda. Casi podemos decir que se te pasará la vida sin cuestionarlo.

En este estado suelen verse mujeres paralizadas, que se victimizan y sienten que es lo que les tocó vivir. Se resignan a no tener una relación de pareja sin ser conscientes de todo el potencial que hay en sus vidas.

4. Valoro la pareja como algo importante y actúo en coherencia con esa valoración.

Este es un estado donde la mujer se encuentra en acción, reconoce la importancia de este aspecto en su vida y desde ya está tomando decisiones que la llevan a manifestar lo que se ha propuesto. Es algo a lo que le da valor por sí mismo y no porque eso vaya a saciar sus necesidades o darle la felicidad que no ha alcanzado. Todo lo contrario: las mujeres que se encuentran en este estado se sienten bien consigo mismas y con los logros que han alcanzado y ven en la pareja una posibilidad de enriquecimiento, de crecimiento personal, de desarrollo espiritual y de tener un compañero para este viaje que llamamos vida.

Entonces, para materializar una pareja de alta consciencia es fundamental encontrarse en el estado correcto y darle un lugar importante en la vida. Si estás en un estado dos o tres, es importante que empieces a hacer consciencia y poco a poco ir en camino hacia el estado cuatro.

Ahora, muchas veces puedes creer que encontrarte en un estado solo depende de tomar la decisión y decir "Estoy en X estado", pero no es así. Como decía antes, los principios se reflejan en la cotidianidad y serán las decisiones que tomas las que den cuenta de tus verdaderos principios. Te voy a poner un ejemplo.

Digamos que una persona dice que lo más importante en su vida son sus hijos. En otras palabras, que ellos son lo que más valora. Sin embargo, es una persona que sale a trabajar a las seis de la mañana y regresa a las ocho de la noche. Está muy pocos fines de semana en compañía de su familia, y si está con ellos, se la pasa pegada al celular.

Podríamos decir que para esta persona lo más importante es su trabajo. Por eso, quiero que ahora mismo hagas el ejercicio de ver objetivamente tu estilo de vida. Para esto, primero quiero que reflexiones en qué estás invirtiendo tus recursos más valiosos: tiempo, energía y dinero.

Escribe en la siguiente tabla:

Recurso valioso	¿En qué lo estoy invirtiendo?
Tiempo (¿a qué le dedicas gran parte de tu tiempo?).	
Energía (¿dónde están tu energía y tus pensamientos? ¿Qué es lo que más te preocupa?).	
Dinero (cuando piensas en invertir, ¿qué tipo de inversiones estás haciendo? Al hacerlas, ¿qué aspecto de tu vida se va a desarrollar gracias a estas inversiones?).	

Quiero enumerar algunas de las áreas de la vida en donde la mayoría de las mujeres a las que les cuesta trabajo el proceso de materializar pareja ponen sus recursos más valiosos. También mencionaré las consecuencias y los costos ocultos de decidir priorizar estos aspectos frente a la creación de una relación de pareja de alta consciencia.

Los hijos

No hay ninguna duda de que los hijos son muy importantes en la vida de una persona. Probablemente son la razón de su existencia y por ellos las personas son capaces de hacer lo imposible. Ahora quiero contarte sobre los "problemas" que conlleva tener a los hijos como la prioridad.

Cuando los hijos se vuelven la razón de existir de una persona, esto se les transmite a ellos de forma inconsciente. Esto significa

MAGIC LOVE

que, de una u otra manera, crecen con la idea de que son los responsables de tu felicidad. Si tu vida depende de ellos, si son la razón por la que existes y eres feliz, en el momento en que decidan hacer su vida, de manera inconsciente se empezarán a sentir culpables: "¿Qué será de mi mamá ahora que ya no vivimos con ella?".

Esto puede tener dos consecuencias principales: a) tus hijos se sienten mal de hacer su vida y buscar su felicidad o b) no hacen su vida y se quedan contigo para acompañarte y satisfacerte.

Lo segundo que sucede cuando priorizas a tus hijos frente a tu propia felicidad es que les enseñas, con el ejemplo, que la felicidad individual no es importante y que la vida es hacer feliz a los otros. Aprenden de ti que deben sacrificarse y que tener hijos hace que no cumplas los sueños, así que es muy probable que en sus relaciones futuras repitan este tipo de dinámicas. A pesar de que hagan todo para ser felices, nunca será suficiente.

Por último, quiero contarte el caso de muchas mujeres que ya se encuentran en la tercera edad y que tuvieron la fortuna de que sus hijos, a pesar del apego materno hacia ellos, buscaron su felicidad e hicieron su vida en otro país, formaron su familia y demás.

Muchas de estas mujeres, ya en sus setenta años, se sienten solas, reclaman a sus hijos, se quejan de que no comparten lo suficiente con ellos e incluso dicen que las han abandonado.

Estas mujeres generalmente no se hicieron cargo de su propia felicidad y sienten que es obligación de sus hijos cuidarlas porque ellas los cuidaron cuando eran niños. Esto, desde el punto de vista del inconsciente, se llama una deuda emocional: como mi mamá me dio tanto, yo le tengo que dar de vuelta. Si le doy, lo hago para no sentirme culpable, y si no le doy, me siento mala persona.

Te muestro estos ejemplos para que revises desde qué energía estás priorizando a tus hijos y para que puedas ver los "peligros" que existen por no darte tu lugar. Recuerda que la persona más importante en tu vida eres tú misma y que si tú estás bien, las personas que están a tu alrededor también lo estarán. Así que si tienes el sueño de materializar pareja, prioriza tu felicidad con la consciencia de que, al hacerlo, le estás enseñando algo superpoderoso a tus hijos: que no tienen por qué resignarse a no ser felices.

Los padres

Hay muchas mujeres que me cuentan que gran parte de su tiempo, su energía y su dinero la invierten en el bienestar y la felicidad de sus papás. Sus fines de semana están dedicados a ellos, su vida gira alrededor de sus papás y le tienen mucho miedo a su muerte. Piensan que deben encargarse de ellos porque no quieren sentir culpa o arrepentimientos en el futuro por no haberles dedicado todo su tiempo cuando estaban vivos.

Priorizar a los papás también es muy peligroso. Significa hacerse responsable de la felicidad de ellos y no hay nada que puedas hacer para que sean felices. Las personas solo pueden ser felices si ellas mismas deciden serlo.

La consecuencia es que poco a poco empiezas a tener resentimiento porque les dedicas la vida a ellos y puede que nunca se sientan satisfechos.

Puede que te dediques a ellos durante años y que en el momento en que no estén y puedas dedicarte a ti tu llama se haya apagado. Este es un riesgo enorme porque, con tantos años de no ir tras tus sueños, comienzas a dormirte, a vivir en el conformismo y en la cotidianidad, a sobrevivir… y cuando esto se convierte en tu *statu quo*, pasan, por lo general, dos cosas: sientes que la vida se te fue y que ir por tus sueños es ridículo o que salirte de ese estado es muy difícil y, por eso, las probabilidades de que sigas en piloto automático son muy altas.

Esto, como lo vimos en el caso anterior, es una respuesta a un mensaje que tus padres probablemente te enviaron de forma inconsciente y que te hace sentir que estás en deuda con ellos.

MAGIC L♥VE

Lo que voy a decir a continuación puede ser muy polémico (porque con los papás "nadie se mete"), pero ¿no te parece muy egoísta que este tipo de papás atrapen a sus hijos en estas dinámicas porque no fueron capaces de hacerse cargo de su felicidad y ahora les ponen esta responsabilidad a sus hijos?

Si la idea de unos papás amorosos es que sus hijos sean felices, ¿no sería más lógico que los motivaran a seguir tus sueños y no a que estén con ellos porque se sienten solos?

Si quieres materializar pareja y estás priorizando a tus papás frente a tu sueño, tienes dos opciones: eliges que tu camino sea servirles a ellos y dejas de lado, a consciencia, con felicidad y sin arrepentimientos, tu sueño de tener pareja o te sinceras y reconoces que has convertido a tus papás en una excusa, que has aceptado de un modo inconsciente la idea de pagarles lo que ellos hicieron por ti y que mientras tu energía esté volcada en ellos, las probabilidades de que llegue alguien a tu vida son muy bajas.

¿Qué hombre va a querer estar en una relación de pareja en la que él es un cero a la izquierda porque tú estás todo el tiempo con tus papás?

Y si me dices que el día en que encuentres a alguien ya no estarás pendiente de tus papás, lo que te puedo decir es que las probabilidades de que eso suceda son bajas porque energéticamente no hay lugar para una pareja. Ese lugar estará ocupado.

El trabajo

Estar enfocada en el trabajo es igual a estar enfocada en la energía material y la energía intelectual. Esto significa que, a nivel energético, poco le estás dedicando a tu parte emocional o sexual. Por supuesto, esto también tiene unas consecuencias.

Estás en tu etapa productiva, eres reconocida, tienes prestigio y cumples con todo lo que la cultura capitalista exige. Ahora, no estás siendo muy consciente de lo que esto significa, y es que es esta misma cultura la que cuando te van pasando los años empieza a decirte que eres vieja y obsoleta.

Muy pronto ya no serás tan valiosa para el mercado laboral y los lugares en los que valorarán tu experiencia serán cada vez más reducidos. Esto significa que la competencia se pone más dura y enfocarte en tu parte emocional va a ser aún más difícil porque deberás esforzarte más para seguir una carrera profesional de éxito. O vas a sentir la necesidad de evolucionar, y como en lo profesional no es tan fácil, te darás cuenta de que el trabajo no lo era todo, que le diste mucha importancia y que había otras cosas importantes en la vida.

Esto no lo digo yo. Lo dicen millones de mujeres que dedicaron su vida al trabajo y cuando llegaron a una edad más avanzada, miraron en retrospectiva y se dieron cuenta de que acumularon logros, dinero y reconocimiento, pero, como nunca cultivaron su parte emocional, se sienten vacías.

El entretenimiento

Es posible que en tus respuestas también hayas escrito que tu tiempo, energía y dinero están invertidos en un pasatiempo, afición o entretenimiento (viajes, rumba y videojuegos, entre otros). En estos casos, lo que podemos concluir es que invertir de más en esto probablemente sea una respuesta a las insatisfacciones interiores que tienes.

Vamos a aclarar este punto porque no quiero que lo malinterpretes. Dedicarle tiempo, energía y dinero al entretenimiento, de forma moderada, no solo es bueno, sino necesario. Lo que puede ser una respuesta a nuestras insatisfacciones internas es que esto sea la única prioridad en la vida.

Hablemos en específico de los viajes. Viajar es espectacular, pero si viajar es tu prioridad, tu vida va a ser muy vacía si tu trabajo no es viajar. Ese cuento de que "yo trabajo para viajar" es una oración muy esclavizante y demuestra que solo eres feliz cuando viajas.

Además, los viajes son satisfacciones cortas de un par de días o semanas, pero ¿qué pasa con el resto del tiempo? ¿Cómo te sientes cuando no estás viajando? Te recuerdo que tu vida es lo que pasa todos los días y que tu vida no puede ser la espera mientras llegan las vacaciones.

Si hablamos de un *hobby,* es lo mismo. Qué delicia tener algo que nos llena de placer y satisfacción, pero si un *hobby* se convierte en todo lo que hacemos, va a desequilibrar otros aspectos.

Existe una serie documental en Netflix que se llama *Losers* y cuenta la historia de diferentes deportistas que no fueron los más visibles o los más exitosos. En el quinto episodio, se narra la historia de Mauro Prosperi, un deportista olímpico, pentatlonista, que decide hacer la maratón Des Sables en el desierto del Sahara y se pierde por nueve días. Es una historia muy inspiradora y quienes vean el documental con una mirada deportista y de milagros humanos quedarán muy satisfechos. Sin embargo, lo más impactante es el testimonio de su exesposa. Ella cuenta que él no pensó en ella o en sus hijos cuando decidió aceptar esa hazaña tan peligrosa, pues siguió priorizando el deporte y esa fue la razón de su separación.

Esta historia ilustra cómo, si no valoramos a la pareja o a la familia y no la ponemos como una prioridad, podremos lograr muchas cosas, pero tener una relación de alta consciencia no será una de ellas.

Una vez hecho el análisis y la autoevaluación, ¿qué puedes decir de ti? ¿Estás valorando las relaciones de pareja en tu vida? ¿Te estás diciendo la verdad de lo que quieres y de lo que es importante para ti?

Si pudiste identificar que vas por la vida queriendo tener una relación de pareja, pero sin valorarla y ponerla como una prioridad, llegó el momento de que lo hagas. Créeme y confía en mí. Si empiezas a cambiar tu foco, a darle un lugar en tu vida y a dedicarle tiempo, energía y dinero a este sueño, con toda certeza vas a tener una relación de pareja de alta consciencia porque emanarás esa energía y con ella empezarás a sintonizar lo que quieres.

DECISIÓN

Entremos en el último principio que debes integrar para materializar una relación de alta consciencia. Si te soy completamente honesta, es el principio que debes tener si quieres materializar cualquier cosa en tu vida porque es gracias a las decisiones, las cuales se traducen en una acción, que mueves un montón de energía que te permite ser la receptora de tu sueño.

¿Cómo empezar a entender este valor? Pues bien, si quieres manifestar una relación de pareja, lo primero que debes hacer es elegir esta opción frente a todas las posibilidades. Sin un plan B.

Sí, este es el secreto de toda materialización: tomar la decisión irrevocable de que eso es algo que va a suceder. Este es el noventa y nueve por ciento del camino para que eso suceda.

Cuando no hay una decisión, sino que hay duda, eso es lo que vas a materializar: a veces sí, a veces no. Y lo más probable es que no sean buenas relaciones.

Detrás del "Es que no sé si quiero estar en una relación de pareja", lo que se expresa es miedo. Miedo a lo que has vivido o a lo que has visto que es una relación de pareja. Me explico: si crecí en una familia disfuncional, si mis papás no eran felices y veía que mis familiares tampoco lo eran, es probable que no quiera una relación de pareja porque creo que todas las relaciones conducen a la infelicidad. En este sentido, la frase adecuada debería ser: "No quiero estar en una relación de pareja como las que he conocido".

¡Claro! Pero frente al miedo hay tres caminos: te paralizas, huyes o te enfrentas. ¿Esto cómo se traduce en tu vida?

MAGIC LOVE

Paralizarte es no tomar decisiones, vivir como la rata en su rueda: en aparente movimiento, pero quieta. Cada vez que se te presenta la oportunidad de entablar una relación, la saboteas con creencias como: "Me aburrí", "No había chispa", "No sé qué pasó", etc. Y de esta forma huyes. O te enfrentas y te peleas con la sociedad o las personas que dicen que es bueno y lindo tener pareja. Te conviertes en una revolucionaria y enalteces la independencia, que las mujeres no necesitan de los hombres. Entonces armas una discusión, un conflicto o una pelea cada vez que te ponen el tema.

En este orden de ideas, para ti hay tres escenarios posibles.

1. Tomaste la decisión de que no quieres materializar pareja.
2. Estás en la duda, que es igual a decir que tienes miedo, y te encuentras paralizada, huyendo o peleando con el mundo.
3. Tomaste la decisión de que quieres materializar pareja.

Ahora, lo que te voy a decir acerca de tomar la decisión no te va a gustar. Tomar la decisión significa que no hay condiciones, expectativas y que esto es una decisión de vida. Te lo digo porque sé que tu mente va a empezar a definir un tiempo de cuándo debe suceder esto. "Tiene que ser antes de X edad, tiene que ser rápido, tiene que ser ahora mismo". Vas a empezar a pensar en todos los planes preconcebidos que tienes y que definen cuándo deben suceder las cosas.

Y como estás en una edad en la que la sociedad te pide que ya hayas elegido al hombre "para toda la vida", tu mente pensará: "Si no pasa en los próximos X años, ya me jodí". Entonces, lo que te propongo es verlo desde una perspectiva diferente. Vas a decidir que sí o sí vas a materializar una pareja.

¿Cuándo? No sabes y tampoco te importa, pero que lo vas a vivir, lo vas a vivir.

Sé que este es un sapo difícil de tragar porque te conozco y vas a decir: "Ah, no, pues si me va a pasar a los sesenta años, ¿ya pa' qué? Ya no quiero". Y este es el error más grave que puedes cometer, porque cuando piensas y dices eso, energéticamente se transmite que es algo que estás negociando, que hay un "tómelo o déjelo". ¿Con quién estás negociando? No lo sé, puede ser con Dios, puede ser con la vida, puede ser con el éter o puede ser contigo misma. Lo que es cierto es que estás abriendo la posibilidad de que quizá esto no suceda en tu vida.

El poder de decisión es muy fuerte y podemos decir que es el poder de la fe, porque es la certeza absoluta de que esto va a pasar y ¡solo esto es necesario para materializar la pareja que deseas!

¿Te acuerdas de lo que te conté al principio del libro, la promesa que le hice al universo? Si no te acuerdas, la comparto de nuevo:

"Universo, voy a hacer este sueño realidad sí o sí. No me importa cuánto tiempo me tome y no me importa si en el camino me van a llegar muchos "sapos". Lo que te prometo es que, pase lo que pase, no voy a desistir de este sueño y voy a seguir haciendo el trabajo en mí que haya que hacer. Te prometo que no voy a volver a aceptar en mi vida a alguien que solo me ofrezca migajas, así que mándame las pruebas, pues estoy dispuesta a probar mi compromiso y materializar este sueño".

MAGIC LOVE

Esto fue el poder de la decisión en mí. Fue definitivo, determinante y ante eso no hubo otra opción más que hacer que sucediera. ¡Ojo! Porque decirlo y creer que has tomado la decisión no es lo mismo que TOMAR LA DECISIÓN.

Te sorprendería la cantidad de mujeres que dicen: "Este año sí voy a meterle la ficha a materializar pareja" y aún no lo han hecho. Para que de verdad se tome una decisión, es fundamental entrar en acciones masivas que apoyen y edifiquen eso que se eligió.

De nada vale, y aquí entra de nuevo el principio de la coherencia, decir que ya decidiste estar en pareja si todas las acciones que realizas van en contravía de eso que deseas. En otras palabras, no se puede decir que has tomado una decisión si no has entrado en acción.

Ahora, también es importante ver el tipo de decisiones que tomas, porque muchas veces te engañas y dices que has entrado en acción cuando lo único que estás haciendo es llenarte de información.

¿Cuáles son las formas más comunes de llenarte de información?

1. Comprar libros.
2. Hacer talleres que duran un par de horas.
3. Sobreanalizar tu vida (esto puede incluir hacer terapia).
4. Escuchar pódcasts.

Estas acciones no son malas en sí mismas. Son los primeros pasos y son muy valiosas; sin embargo, tienen un "pero". Te dejan en el mundo de las ideas, en la dimensión intelectual, y no te llevan a mover el cuerpo, las emociones y la energía.

Para que me entiendas: ¿cuántas veces has leído un libro y has dicho "¡Qué interesante!" y después de eso han pasado los años y tu vida sigue siendo igual?

Ese es el peligro de este y todos los libros: que se quede solo en tu mente y que no se traduzca en decisiones diarias, cotidianas

♡ LOS PRINCIPIOS DEL PROCESO ♡

y que te lleven a vibrar con lo que significa tener una relación de pareja. Veamos algunos ejemplos de decisiones que debes tomar en el día a día. ¿Puedes identificar cómo unas te alejan de lo que quieres y otras te acercan?

1. Cuando te preguntan qué estás buscando en la aplicación, ¿qué respondes?

"Estoy viendo, estoy abierta".	"Estoy buscando una relación de pareja y en el camino puedo medirme a diferentes planes".

2. Cuando la conversación toma un tinte sexual, ¿qué haces?

Le sigo la corriente, pues me hace falta un poco de acción en mi vida.	Cierro la conversación y le digo a la persona que eso no es lo que estoy buscando.

3. Cuando llevan semanas chateando y no se ha concretado una cita presencial, ¿qué haces?

Sigo la conversación. Se ve que es una buena persona y puede que al final logremos conocernos.	Le digo que la virtualidad no es lo que estoy buscando, y si no se concreta una cita presencial, cierro el chat.

4. Cuando te cuenta que no quiere una relación seria, ¿qué dices?

Sigo en la relación porque la estoy pasando bien y "peor es nada". Además, es probable que se dé cuenta de lo buena mujer que soy y cambie de opinión.	Le manifiesto que eso no es lo que estoy buscando y me alejo para no caer en tentaciones.

MAGIC L♥VE

5. Cuando planean una cita, pero ese mismo día la cancelan y no la reprograman, ¿qué haces?

Entiendo la situación, pues a todo el mundo le puede pasar, y le doy otra oportunidad.	Entiendo que en los detalles están las verdades, y si esto es lo primero que muestra, prefiero dejarlo.

Sé que a veces tomar estas decisiones no es fácil. Primero, porque sientes que son muy estrictas y que de pronto, por exigente, el resultado es que los vas a espantar a todos.

Al principio es importante que seas muy estricta porque debes entrenarte en el arte de no justificar las acciones del otro, darte tu lugar y poner límites. Luego, con más fortaleza, podrás analizar con más detalles las situaciones sin que tu inconsciente y la ansiedad te traicionen.

Además, parte de la magia es tomar decisiones que te confronten y con las que no te sientas del todo cómoda porque gracias a esto es que empiezas a fortalecerte y elevar tu autoestima. Sí, es por fuera de tu zona de comodidad en donde está el crecimiento. Y esto más que una frase cliché: es una ley de la naturaleza.

Imagina a una persona que hace ejercicio. ¿Crees que algún día se va a hacer más fuerte si solo hace lo que le queda fácil? ¿Sabes qué les pasa a las plantas que crecen sin adversidades? Pueden crecer muy lindas, pero sus frutos no son nutritivos y sus semillas no se pueden reproducir.

¿Cómo aprendería un niño si no se atreviera a hacer cosas nuevas?

Esto nos demuestra que, para que haya transformación y crecimiento, tiene que haber momentos retadores y desafiantes. Así que si quieres materializar pareja, cuando llegue el momento de tomar una decisión, cualquiera que sea, pregúntate con cuál acción te sentirías más incómoda y cuál será la que, a la vez, te acerque a tener eso que quieres.

♡ LOS PRINCIPIOS DEL PROCESO ♡

Este principio es poderoso porque cada vez que tomas una decisión que se concreta con una acción entras en movimiento y estos movimientos producen energía, activan el campo y envían señales de que tienes claro lo que quieres.

Cuando estás en acción, por lógica, no estás quieta o paralizada, sino yendo hacia eso que quieres. Y si, a consciencia y con intención, tomas decisiones para materializar tu sueño, vas a ver que la consecuencia será un reflejo de los caminos que has tomado.

Es importante que sepas que tomar decisiones no significa que todo vaya a salir bien, que no te vayas a equivocar y todo vaya a fluir de forma perfecta.

Todo lo contrario. Tomar decisiones y entrar en acción implica que hay más posibilidades de cometer errores, pero si te entrenas en tomar decisiones, saldrás pronto de las situaciones que no fueron lo que querías.

Así pues, cuando hablamos del principio de la decisión, es importante que lo veas desde sus dos aspectos fundamentales: tomar la decisión de que la pareja es una experiencia de vida que vas a tener e identificar diariamente las decisiones que vas a tomar y evaluar si son coherentes con tu sueño de materializar pareja.

PARTE 2: ✦
Preparar el terreno
para materializar pareja

Los principios le dan la estructura al propósito de materializar pareja, así que, con ellos definidos y establecidos, ya podemos preparar el terreno para empezar la transformación. Para esto, será importante llevar a cabo cinco procesos de autodescubrimiento:

1. Cambiar la mentalidad frente a las relaciones de pareja y sembrar nuevas creencias.
2. Identificar los patrones que te limitan para alcanzar este sueño.
3. Transformar la información inconsciente que te hace creer que es seguro estar soltera y peligroso estar en pareja.
4. Entender cómo funciona un proceso de materialización.
5. Crear y sostener en el largo plazo la relación.

En esta parte, vamos a entrar en detalle en cada uno de estos pasos, de tal manera que al finalizar tengas una hoja de ruta clara para empezar tu proceso de crecimiento.

CAMBIAR LA MENTALIDAD FRENTE A LAS RELACIONES DE PAREJA Y SEMBRAR NUEVAS CREENCIAS ✧

Te hablaré de tres nuevas creencias que debes integrar en tu sistema para que materializar pareja sea posible.

a. ¡Sí es posible para mí!
b. Las relaciones de pareja son seguras y puedo confiar en los hombres.
c. La energía femenina y masculina son importantes.

Sí es posible para mí

Si de entrada este libro te llamó la atención, es probable que hayas sentido que estás destinada a quedarte soltera o que simplemente el amor no es para ti. La mayoría de las mujeres con las que hablo sienten, de alguna u otra manera, que antes de nacer ya estaba escrito que la experiencia de tener una pareja no iba a ser para ellas.

En este orden de ideas, como supuestamente ya está escrito, no hay nada que puedan hacer y solo les queda resignarse a que esa sea su vida, y si tienen algo de consciencia, deciden asumir esta realidad con valor y decisión.

Esto se traduce también en creer que hay un destino y que frente a este estamos sin salida. Si tener una pareja es algo que no nos corresponde vivir, no lo viviremos y punto.

Sin embargo, gracias a mi experiencia y a la de las mujeres que han hecho procesos conmigo, he podido verificar que tener esta creencia es lo que impide materializar pareja y que, una vez que esta se transforma en "sí es posible para mí", encontrar una pareja es una realidad.

♡ PREPARAR EL TERRENO PARA MATERIALIZAR PAREJA ♡

¿Por qué sucede esto? Porque en este momento presente existen TODAS las posibilidades para ti: que te quedes soltera, que encuentres a alguien que no sea chévere, que encuentres a alguien espectacular, etc. Y todo está ahí, con potencial, listo a realizarse, cualquiera de las posibilidades infinitas que tiene el universo. Nada se ha materializado, pero existe en un campo no manifiesto.

Sobre este tema de las múltiples posibilidades quiero explicarte algo.

Imagina a una hormiga que camina sobre un mantel estampado sin seguir un orden muy preciso. A veces va hacia la izquierda, a veces va hacia la derecha, a veces hacia arriba, a veces hacia abajo y a veces parece devolverse. Si estuvieras en la perspectiva de la hormiga, verías diferentes estampados a medida que caminas y estos serían las distintas experiencias que vive la hormiga.

Ahora, si detuvieras el tiempo por un momento y la hormiga se quedara quieta, verías que está en un punto preciso del mantel, pero no sabrías hacia qué dirección va a seguir su trayectoria cuando termine la pausa. Pues bien, esta imagen del mantel y la hormiga es una metáfora que he adoptado de cómo funciona la vida según mis interpretaciones de algunos conceptos de física cuántica.

Tu vida es el mantel y tú eres la hormiga. Como "hormiga", tienes la creencia de que vas en una línea recta de acontecimientos, que hay un pasado atrás, un presente donde estás y un futuro por delante.

Pero si ves el mantel y la hormiga caminando por años, ¿podrías identificar qué está atrás y qué está delante del mantel? Si, además, decides que no vas a ver el mantel siempre desde la misma posición, también cambiará lo que era "pasado" y lo que era "futuro". Imagina que te vas unas horas y dejas de ver a la hormiga. ¿Podrías identificar con claridad cuáles fueron sus pasos "pasados" y qué estaba "atrás de ella"? Tampoco.

Ahora, haz una pausa y mira tu vida como si se detuviera el tiempo por un momento. Haz una fotografía mental de ella. ¿Cómo es tu vida ahora mismo, en este momento? ¿Dónde estás parada y hacia dónde vas a caminar? No hay nada escrito. Tienes todo un mantel por explorar. Hay cientos y miles de posibilidades y caminos y puedes elegir si quieres seguir por el mismo o empezar una nueva ruta. Todo está disponible para ti.

Sin embargo, imagina que sobre el mantel hay granos de azúcar y que a la hormiga le gustan, de modo que irá por el camino por el que los encontrará para tomar alguno. El azúcar es lo que conoce, es lo que le gusta, es lo que sabe hacer, y tal vez si la observamos podamos prever cuál es el camino que va a tomar, pero eso no quiere decir que sea el único camino posible.

Lo mismo te sucede a ti: estás persiguiendo los granos de azúcar sin darte cuenta de que puedes tomar decisiones diferentes y crear otra vida para ti, una en la que es posible materializar una relación de pareja.

Por eso, es fundamental que te salgas de la creencia de que tener una pareja y una relación estable y de alta consciencia no es posible para ti y que te repitas que sí está en tus manos y te puedes hacer responsable de esta realidad. ¿Por qué? Porque en el momento en que cambies tu mirada sobre este sueño, materializarás eso nuevo que estás observando.

Aquí aprovecho para recomendarte el libro de Joe Dispenza, *Deja de ser tú,* en donde habla de física cuántica, neurociencia, biología y genética para enseñarnos a reprogramar la información que tenemos en la mente y llevarnos a crear una realidad diferente a la que creíamos que estábamos destinados. También sería muy interesante que vieras el documental *¿Y tú qué sabes?* en el que explican, de forma muy detallada, un experimento que te permite entender conceptos científicos de forma más sencilla y que abren tu mente a nuevas ideas.

Por ejemplo, en un episodio del pódcast de Cathy Heller, *The Cathy Heller Podcast,* ella contaba que su maestro de cábala le enseñó algo que le cambió la vida: para materializar los sueños, no debemos pensar en la ley de la atracción, sino que debemos concebirla como la ley de recibir.

Este es un cambio pequeño de perspectiva porque significa que eso que quieres ya está disponible para ti, que ya está esperando que te pongas en sintonía para recibirlo. No es algo que está lejos y que debes esforzarte por hacer que te llegue. Solo debes atreverte a observar para que se haga realidad.

Ese hombre interesante, amoroso, afectuoso, respetuoso y perfecto para ti (aunque no es perfecto) ya está listo para hacer presencia en tu vida. Ahora solo falta que estés dispuesta a recibirlo, a creer que sí es posible, a que reconozcas que hay múltiples posibilidades y que solo basta con que cambies tu mirada y el camino que eliges transitar.

Lo que deseas ya existe, está a tu alrededor (como una onda de radio) y ya se está moviendo junto a tu cuerpo, lo que pasa es que no tienes una antena o no estás sintonizando la emisora correcta. Incluso puede que tengas ruido e interferencia, pero solo con el movimiento de unos botones podrás recibir el amor que YA está disponible para ti. Necesitas estar dispuesta a recibir las señales.

Entonces, si eres una hormiga en un mantel, yendo hacia una vida de soltería, llegó la hora de tomar la decisión de crear una relación de pareja. Esta posibilidad ya existe para ti. Por favor, lee bien estas palabras: YA EXISTE. No está escrito en ninguna parte que nunca vaya a pasar y, por lo tanto, no debes asumirlo como una certeza.

Si tu vida es ese mantel estampado, la posibilidad de tener una pareja existe. Está ahí, hecha una figura. Lo que pasa es que has caminado por otras experiencias y solo falta que te sintonices con ese camino.

Si te quedas con algo de este libro, que sea que tener una pareja sana está escrito en tu vida y que es una de las tantas experiencias que sí puedes vivir. También es cierto que es posible no vivirla, pero ya viste que si tu foco, tu mirada y tu consciencia están en el lugar correcto, esta posibilidad, que a veces parece imposible, se va a materializar porque tu mirada se va a fijar en ella.

Si cambias esta primera creencia, el avance será enorme.

Ahora, no esperes un cambio de la noche a la mañana. Recuerda el principio del compromiso: haz un compromiso contigo para cambiar esta creencia. A veces llegarán las dudas y pensarás que este libro, Joe Dispenza y los científicos se equivocan. Creerás que el amor no es para ti y tú, con decisión ferviente, traerás a consciencia tu determinación y recordarás que esto está disponible en tu mantel.

Las relaciones de pareja sí son seguras y puedo confiar en los hombres

Quiero que hagas un listado de todo lo que se te viene a la mente cuando piensas en las relaciones de pareja y también de todo lo que sientes y piensas cuando traes la idea de un hombre a la mente.

¿Qué pasó con este ejercicio?

1. Solo te llegaron pensamientos positivos.
2. Te llegaron algunos positivos y otros negativos.
3. Solo te llegaron pensamientos negativos.

Si estás en el primer grupo, pueden pasar dos cosas: ya estás en una relación o fue tu ego quien hizo el ejercicio y se enfocó en lo que "es correcto" decir y no en lo que verdaderamente piensas y sientes a consciencia.

Cuando digo que no tienes solo pensamientos positivos es posible que sientas enojo y pienses: "Pero si yo solo pienso cosas positivas; Silvana no sabe de lo que habla". Con eso, más certeza tengo de que te estás engañando y que no hiciste el ejercicio de corazón.

Lo sé porque si solo tuvieras una mirada positiva sobre las relaciones de pareja, ya tendrías una y sería un hecho para ti, punto.

Ahora, si estás en el grupo dos o tres, quiero que entiendas que todas las ideas negativas que se te vinieron a la mente son tus creencias limitantes y que estas son las que te están impidiendo materializar pareja.

Estas creencias se alojaron en tu inconsciente y vienen de varios espacios intangibles:

a. Información cultural.
b. Información del árbol genealógico.
c. Información de tu proyecto sentido.
d. Información de los acontecimientos de tu vida.

Información cultural

Son todas aquellas creencias que están en el inconsciente colectivo y que se han reforzado en la educación, así como información que has recibido a lo largo de tu formación. Las creencias más comunes y arraigadas que impiden materializar pareja desde un lugar de alta consciencia son:

1. Las mujeres no necesitan a los hombres.
2. Lo más importante es ser una mujer independiente.
3. El sexo es malo.
4. Los hombres son malos.
5. Todos los hombres son iguales.

6. La infidelidad es lo peor que le pueden hacer a una persona.

Todas estas creencias generan energía a tu alrededor y con solo leerlas en voz alta te puedes dar cuenta de que son un coro inmenso. No puedes identificar a una persona que sea la dueña de estas palabras. Es como un discurso, un mensaje colectivo, y esto tiene un impacto en cómo ves las relaciones de pareja.

Información del árbol genealógico

Más allá de las creencias colectivas, tu inconsciente tiene la información de todo tu árbol genealógico, las historias que han vivido tus familiares y antepasados, y cómo los afectaron. Esta información está guardada en el inconsciente de todos tus ancestros y está ahí por una razón muy práctica: la supervivencia.

Tus familiares vivieron diferentes situaciones, algunas de las cuales fueron peligrosas y van generando una energía muy fuerte que se transmite de generación en generación.

Imaginemos a una consultante, Ana, a quien se le dificulta encontrar pareja. Ella en realidad no sabe qué pasa. Es divertida, estable profesional y financieramente y con mucho para dar y recibir en el amor. Sin embargo, a pesar de su gran deseo, siempre pasa algo sin explicación y por eso mismo lleva más de ocho años sin una relación duradera.

Ana recuerda que los domingos, cuando era niña, iba a la casa de sus abuelos a almorzar con sus papás, tíos y primos para compartir en familia una tarde agradable. La abuela era servicial con el abuelo y les gustaba hacer juntos el crucigrama que salía publicado en el periódico dominical.

Para Ana, sus abuelos son ejemplo de amor, pues ve que se quieren, tuvieron ocho hijos como muestra de ello y son una familia "normal" y funcional.

No obstante, ella empieza a investigar la historia de su árbol genealógico y descubre que a su abuela la obligaron a casarse cuando tenía catorce años, mientras que el abuelo en ese entonces tenía treinta. Los recuerdos de Ana sobre sus abuelos son bonitos y especiales; sin embargo, con una mirada más profunda y sin romantizar su árbol, puede ver que su abuela era apenas una niña y que su abuelo ya era un hombre hecho y derecho cuando empezaron a vivir juntos.

Reconoce que las probabilidades de que ese matrimonio fuera la respuesta a un amor profundo son pocas y que su abuela empezó a ser mamá a los quince años, cuando todavía era una niña.

Si Ana no estuviera en consciencia, probablemente pensaría lo que tú estás pensando en este momento: así eran las cosas en esa época; eso era normal. Pero ella, que está en su proceso de sanación, puede conectarse con esa niña de catorce años que inició muy temprano su sexualidad y su maternidad y puede imaginar que una mujer de esa edad, ignorante e ingenua podría sentir miedo, abuso e impotencia frente a un hombre maduro, con experiencia y poder.

Dedicar su vida a estar embarazada y tener hijos puede haber sido una carga muy fuerte para una persona que recién salía de la infancia. Luego, que toda su existencia girara en torno al hogar y la crianza puede haber sido frustrante, no solo para su abuela, sino para muchas mujeres del árbol con la misma historia.

En este sentido, la información inconsciente que se aloja en Ana no es solo la de la pareja feliz que ella ve los domingos, sino que también esconde las memorias dolorosas de una niña enfrentada a la sexualidad, a la maternidad y a la crianza sin mucha información y con un único mandato: ese es tu rol y punto.

Entonces, es muy probable que para la abuela de Ana estar en pareja sea lo mismo que enfrentar un grave peligro. Poco tiene que ver que haya logrado sostener su relación por más de cincuenta años. El asunto es sobre las sensaciones, emociones y confusión que pudo vivir de pequeña mientras se acostumbraba a la única posibilidad que tenía, todo sin poder compartirlo con nadie y aparentando que la relación funcionaba muy bien.

¿Puedes imaginar que hoy en día obligaran a una niña de catorce años a casarse con un hombre de treinta y que comenzara a tener hijos de inmediato?

Este escenario no es común hoy. Y justificar que era normal en la época no significa que no generara traumas y que no sea una información muy poderosa en el inconsciente de la abuela y de sus hijos, información inconsciente que hoy se manifiesta en la vida de Ana, quien se aleja de los hombres y de toda relación que parezca que va a prolongarse sin saber por qué. Al final, para ella, por lo que está alojado en su inconsciente, el matrimonio se equipara a una obligación, a una pérdida de sus sueños e ilusiones, a una maternidad no deseada y a la represión de todas sus emociones.

Ahora bien, no todas las historias de tu árbol genealógico tienen un impacto en ti. Habrá algunas que conscientemente te puedan parecer más dolorosas, pero que a nivel inconsciente en realidad no estén impidiendo que materialices una pareja. Lo importante es identificar aquellas que sean relevantes según tus patrones y tu proceso.

Trabajar con el árbol genealógico e identificar qué memorias hay en él que te llevan a repetir patrones por lealtad, incluso a ancestros que no conociste, es un camino de años; más adelante profundizaremos en este tema. También, si quieres explorar más sobre esto, te recomiendo el libro de Alejandro Jodorowsky: *Metagenealogía*.

Información del proyecto sentido

El proyecto sentido es un término que acuñó Marc Frechet, psico-oncólogo y psicólogo clínico francés, para darle explicación al impacto que tienen los deseos conscientes e inconscientes de los padres, así como el ambiente que hay en el entorno familiar, nue-

♡ PREPARAR EL TERRENO PARA MATERIALIZAR PAREJA ♡

ve meses antes de ser concebidos, durante la concepción, en todos los meses de gestación, en el nacimiento y hasta los tres años.

Según Frechet, todo lo sucedido, sentido, pensado y experimentado por los padres durante este período (que es un total de cuatro años y seis meses) crea en el inconsciente de la persona un proyecto de vida. En otras palabras, unas expectativas de lo que debe ser su vida.

Además, lo que pase en este tiempo le dará un sentido a la existencia. Esto quiere decir que, gracias a lo que sucedió durante estos meses, la vida de la persona fue posible. Sin eso (aunque sea negativo), la vida de ese sujeto no habría sido posible. Quiero que pienses en lo poderosa que es esta etapa y la poca importancia o relevancia que solemos darle.

Tu nacimiento, en unión con tu muerte, son y serán por siempre las fechas más importantes de toda tu existencia. No importa qué pase en tu vida, si te casas, si tienes hijos o si logras ganar un premio, ninguna fecha será tan significativa como el día que llegas a este mundo y el día que te vas.

Ahora, más allá de ser una fecha importante, quiero que nos pongamos espirituales y sientas lo poderoso que es que hayas venido a tener esta experiencia de vida en un momento puntual de la historia, en un lugar concreto del mundo y en una familia específica. Imagina todo lo que tuvo que alinearse para que tu vida fuera posible. Digamos que tu vida no es un evento fortuito más, sino que tiene un sentido, tiene una razón. Eso es muy fuerte y tiene implicaciones para ti en tu existencia.

Por eso, cuando hablamos de proyecto sentido gestacional, revisamos nueve meses antes de la concepción. Antes de ser concebidos, existe un ambiente en el que fuimos proyectados. Este ambiente puede estar envuelto en algunas circunstancias:

a. Ser un embarazo no deseado y no buscado (los padres no tienen intenciones de engendrar una vida).

b. Ser un embarazo no deseado, pero buscado (los padres hablan del proyecto de tener un bebé y acuerdan tenerlo, pero uno de los padres no desea realmente tener un hijo o ser papá/mamá).

c. Ser un embarazo deseado, pero no buscado (sucede cuando los padres han recibido la noticia de que no es posible gestar un bebé y se han resignado a la idea, pero sí desean tener un hijo).

d. Ser un embarazo deseado y buscado (los padres están en consciencia, quieren tener un hijo y hacen lo que está en sus manos para concebirlo).

Estas cuatro circunstancias son los hitos de un espectro de posibilidades, posibilidades que hacen que el caso de cada persona sea un mundo completamente diferente porque pueden presentarse matices que dan información distinta para cada proyecto sentido, por ejemplo:

a. Pérdidas voluntarias antes de una concepción que llega a término.

b. Pérdidas no voluntarias antes de una concepción que llega a término.

c. Procesos de fertilización.

d. Procesos *in vitro*.

e. Procesos con subrogación.

Todo esto va dejando información muy profunda en los padres y va impregnando el proyecto sentido de quien va a ser concebido.

Veamos un ejemplo.

Una pareja desea tener hijos. Los médicos les dicen que son infértiles y que las posibilidades son prácticamente nulas. Este es el ambiente y entorno en el que una persona es gestada. Cuando los padres se enteran del embarazo, este se convierte en un milagro. La persona nace con el proyecto de vida de ser el milagro de sus padres. Al revisar la etimología, se ve que la palabra "milagro" viene del latín *miraculum,* que está compuesta del verbo *mirari* (admirar) y el sufijo *culum* (instrumento). Así, es la acción de contemplar algo con admiración. Esto puede significar una carga muy pesada para una persona porque le exige, a nivel inconsciente, ser siempre admirable y extraordinaria para cumplir con las expectativas de los papás.

Además de la información previa a la concepción, también se tiene en cuenta todo lo que viven los papás durante la gestación, nacimiento y los tres primeros años de vida, pues estos impactos emocionales tienen la capacidad de transmitirle energía al individuo.

Los siguientes son algunos ejemplos de situaciones que se presentan durante el proyecto sentido y afectan la materialización de una relación de pareja:

Caso	¿Cómo afecta?
1. Infidelidad de alguno de los padres.	Se impregna, a nivel inconsciente, que gracias a la infidelidad mi vida tiene sentido. Por eso, suelo materializar relaciones con triángulos amorosos. Me son infieles o soy infiel.
2. Padre ausente por trabajo.	Se codifica que es gracias a la ausencia del hombre que yo existo. Por eso, suelo no tener parejas o las que tengo cuentan con compromisos que las hacen ausentarse.
3. Madre soltera.	Se programa la información inconsciente de que es gracias a la fuerza independiente de la mujer que yo existo. Por eso, tiendo a ser muy autosuficiente y decir que no necesito de los hombres.

Al igual que en el árbol genealógico, no todo lo que pasó en este período de tiempo te afectó de la misma manera. Habrá acontecimientos que sí generan limitantes para materializar pareja, pero también otros que simplemente pasaron desapercibidos.

Para identificar si hay información de proyecto sentido que está en tu inconsciente, es importante que realices el siguiente proceso:

a. Identifica cuál es el patrón que se repite en todas las relaciones o en todas las interacciones románticas de tu vida.

b. Revisa tu historia en este período e identifica información simbólica que sea similar a tu patrón.

c. Cuando revisas tu patrón, ¿sientes que es algo que no quisieras vivir, pero que igual se repite?

Te doy algunos ejemplos y su posible evento de proyecto sentido para que tengas ideas para hacer tu ejercicio.

Patrón	Evento durante el proyecto sentido
Hombres con adicciones.	Uno de los padres es adicto.
Relaciones a distancia.	Uno de los padres trabaja mucho o trabaja lejos de la casa.
Infidelidad.	Infidelidad de uno de los padres.
Relaciones cortas.	Alguno de los padres con relaciones cortas.
No tener relaciones.	Negación de la sexualidad.
Hombre depresivo.	Pérdidas previas a tu concepción.

Aquello que se repite en tu vida de forma compulsiva, es decir, aquello de lo que parece que no tienes el control, pero que se sigue haciendo presente en tu vida, tiene la capacidad de darle sentido a tu vida, de darte una razón de existir y de convertirse en tu proyecto sentido.

Es importante que sepas que el objetivo no es cambiar el proyecto sentido o eliminarlo por completo de tu vida, sino hacerlo consciente y tener un plan de acción cuando este se ponga en marcha de manera automática. En esos momentos debes recordar que vas a repetir estas situaciones porque ahí tienes un hogar emocional y al mismo tiempo eliges construir una nueva realidad.

Información de los acontecimientos de tu vida

Estoy segura de que has oído que antes de los siete años los niños son como esponjas que todo lo reciben, lo absorben y así van aprendiendo a vivir en este mundo. Los primeros años de vida tienen mucha relevancia porque la información que recibimos no la procesamos igual a como lo hacemos de adultos.

Cuando somos niñas menores de siete años, todavía no tenemos desarrolladas todas las habilidades cognitivas e intelectuales. Esto significa que todo lo que recibimos lo procesamos con el cuerpo y las emociones.

Supongamos que eres una niña de cinco años y que tus papás se acaban de separar. Hasta el momento, lo único que conoces es que tus papás viven juntos bajo el mismo techo. De un momento para otro, cambian tus rutinas y, además, ves que tus papás están tristes, incluso los oyes hablar mal del otro y parece que ya no se quieren.

A esa edad, es muy difícil entender racionalmente que el divorcio era la mejor decisión para tus papás y solo puedes procesar esta situación a través de lo que sientes en el cuerpo y las emociones que tienes. Tu inconsciente comienza a integrar toda la información que está percibiendo y la convierte en creencias:

1. Cuando las relaciones terminan, las personas quedan muy tristes.

MAGIC LOVE

2. Al terminar una relación, debes "odiar" a la otra persona.
3. No puedes tener otro tipo de relación cuando un matrimonio termina.
4. Nunca quiero vivir esto (separación).
5. Nunca quiero volver a sentirme así.
6. Nunca quiero que mis hijos vivan esto (lo que tú viviste al ver a tus papás separarse).

Como adultos, muchas veces decimos "Cuando seas grande lo vas a comprender". Y la mayoría de las veces, siendo personas adultas, podemos racionalizar lo que sucedió. Sin embargo, por más que lo entendamos y por más que aceptemos que la idea de separarse, según el ejemplo que estamos viendo, era lo mejor para las partes, no sabes por qué hoy no puedes tener una relación bonita o por qué tan pronto como las cosas se ponen interesantes con el chico con el cual llevas tan solo unos meses, algo inesperado pasa, como que él te deja de gustar y ya no quieres seguir.

Bueno, pues esto sucede porque en tu inconsciente persiste la memoria de una niña de cinco años que amaba a su papá y un día tuvo que separarse de él y fue muy doloroso. Esa niña pensó que nunca más quería volver a sentirse así y el inconsciente, que está para protegerte, dice: "Listo, otorgado, voy a hacer que 'mágicamente' ya no te guste este chico para que no te enamores de él, no generes un vínculo emocional fuerte y nos aseguremos de que no se repita la separación". Tu inconsciente se anticipa y crea realidades que te evitan vivir lo que tanto temes.

No solo lo que nos pasa antes de los siete años queda grabado en la memoria inconsciente. Con seguridad, estas serán las memorias más profundas porque no tendremos cómo procesar esa información de una manera racional, pero existen muchos recuerdos lo largo de toda la vida que pueden ir generando limitantes inconscientes que te impiden materializar una pareja.

A continuación, te voy a nombrar algunas de las más comunes:

1. Ser víctima de *bullying* o matoneo.
2. Una traición.
3. Abuso sexual, emocional o físico.
4. Una primera historia de amor muy bonita que tuvo una ruptura dolorosa.
5. La muerte temprana de alguno de los padres.
6. La muerte de una pareja.
7. Abandono de la pareja durante el embarazo.
8. Una separación traumática.
9. Complejos físicos.
10. Enfermedades de transmisión sexual.

Todos estos eventos tienen en común que pueden generar un impacto muy fuerte en la vida. Aunque puedas entenderlos desde la razón, no tienes herramientas para procesarlos emocionalmente, entonces quedan grabados como un "gran peligro" que se debe evitar y de nuevo tu inconsciente crea barreras para protegerte y hace que huyas de situaciones donde puedas repetirlo.

Por otro lado, es posible que te des cuenta de que, en vez de huir de los potenciales eventos traumáticos, efectivamente los repites una y otra vez. Si este es el caso, quiero que revises eso con atención porque lo que suele ocurrir es que si lo repites de forma compulsiva, sabiendo que te hace daño pero que no puedes hacer nada ante ellos, estás frente a información de árbol genealógico o de proyecto sentido y no con un bloqueo inconsciente por una situación traumática.

Esto se debe justo a que esta información la recibiste de forma inconsciente y no hay presencia de la razón. En cambio, si lo que haces es huir y evitar aquello que te causa angustia, lo más probable es que estés evitando repetir un evento traumático de tu historia de vida.

La energía femenina y masculina es importante

Lo primero es entender que todos los seres humanos tenemos integradas la energía femenina y la energía masculina. Sin la interacción entre estas, la vida no sería posible. Esto quiere decir que todos tenemos las dos energías en diferentes proporciones. Lo más común es que los hombres (para efectos de este libro hablaremos de hombres y mujeres heterosexuales) tengan más porcentaje de energía masculina y menor porcentaje de energía femenina y que las mujeres presenten el escenario contrario.

Machos y hembras alfa
- Energía femenina
- Energía masculina

"Machos y hembras alfa"

La proporción puede variar en cada persona, por lo que se puede encontrar un hombre con mayor porcentaje de energía femenina e incluso que la energía femenina predomine, así como una mujer con mayor porcentaje de energía masculina o donde la energía masculina predomine.

Hombres con más energía masculina y mujeres con más energía femenina
- Energía femenina
- Energía masculina

♡ PREPARAR EL TERRENO PARA MATERIALIZAR PAREJA ♡

Hombres con más energía femenina y mujeres con más energía masculina
● Energía femenina
● Energía masculina

Esto significa que estas energías no son las que nos identifican de un género u otro y tampoco son las que determinan la orientación sexual. Solo reflejan una combinación única de cómo tenemos integradas ambas energías.

Sin embargo, para tener una relación de pareja sana es fundamental que haya una compensación entre la energía femenina y masculina que tienen los dos individuos involucrados. Esto significa que un hombre con mucha energía masculina y una mujer con mucha energía femenina podrán tener una buena relación, así como un hombre con mucha energía femenina y una mujer con más energía masculina también podrán tenerla, pues de esta forma se compensa la energía y hay un equilibrio.

Ahora, por razones culturales y biológicas, son pocas las parejas que logran sostener una relación sana que no cumpla las expectativas sociales y que sea opuesta al instinto biológico. Por eso, podemos ver relaciones saludables donde el hombre tiene más energía femenina y la mujer más energía masculina, pero serán un porcentaje reducido.

También es cierto, y no voy a engañarte, que, por más avances y nuevos discursos que haya, la mayoría de las personas heterosexuales prefieren construir parejas en las que en el hombre predomine la energía masculina y en la mujer la energía femenina.

Es importante comprender que esta compensación de las energías entre las parejas no es estática, exacta y equilibrada. Puede variar en el tiempo o en ciertas situaciones y es precisamente esta dinámica la que permite una relación armónica.

Slinky

Para entender mejor, quiero que pienses en un Slinky (el juego de resortes). Para que esté en acción, es importante que varíes las cargas entre mano y mano, a veces a la derecha, a veces a la izquierda, a veces en el medio. Eso es lo que queremos en una relación de pareja: que esté en movimiento y que haya una danza entre la energía femenina y masculina.

Te voy a explicar, de manera general, cómo se aplican estas dos energías en las relaciones de pareja.

> **Nota:** si este es un tema en el que deseas profundizar, te recomiendo leer *Los hombres son de Marte y las mujeres son de Venus* de John Gray, *Reglas espirituales de las relaciones* de Yehuda Berg y *Actúa como dama, pero piensa como hombre* de Steve Harvey.

Nuestro mundo está formado por fuerzas opuestas que se complementan. Gracias a esto, la creación es posible y tenemos dinámicas que nos permiten existir. Esta explicación de la vida está en las diferentes culturas iniciáticas y cada una le ha puesto nombres diferentes: *yin* y *yang*, Shiva y Shakti, energía femenina y masculina. Todas coinciden en que es gracias a esta dualidad que la vida es posible.

Así, las energías femeninas y masculinas son fuerzas que se oponen las unas a las otras, pero que al unirse y complementarse generan vida.

El principio de todas las energías duales es dar y recibir. Esto quiere decir que, para que exista cualquier cosa en este mundo, es fundamental que exista una energía que emita y otra que reciba. Si solo existe la parte dadora, simplemente será energía dispersa, y si solo existe la recepción, nada será creado porque nada será recibido.

En este contexto, podemos ver que el universo funciona en un concepto dialéctico. Estas energías, fuerzas y condiciones naturales son fundamentales. No hay una que prime más que la otra, no hay una que sea menos que la otra. Es la unión de estas dos lo que hace posible la vida.

Cada una tiene su magia, su poder, su aporte y es importante tener consciencia de que, sin la existencia de la otra, no existiría siquiera el concepto.

En este orden de ideas, si el principio básico es dar y recibir, todo lo que a nivel biológico, natural y conceptual sea asociado con el efecto de dar estará inscrito en esa categoría y todo lo que esté con la habilidad de recibir se asociará con dicha categoría.

Veamos unos ejemplos:

Dar	Recibir
Sol	Luna
Semilla	Tierra
Macho	Hembra
Río	Mar
Esperma	Óvulo
Blanco	Negro

Así, en principio, más que hablar de masculino o femenino, se habla de dos categorías que se oponen y se complementan. Las mujeres y los hombres poseen unas características biológicas reproductivas que permiten categorizarlos y ubicar al hombre en la categoría de dar y a la mujer en la categoría de recibir.

Este lugar biológico tiene un impacto muy fuerte en cómo actúan los hombres y las mujeres y, en este sentido, en cómo se van desarrollando las interacciones humanas y posteriormente las civilizaciones.

Pensemos en la época de las cavernas, donde el alimento no era tan sencillo de conseguir (no podían ir al supermercado) y donde cuidar el fuego era una de las tareas más importantes para la supervivencia de un grupo de seres humanos. Partamos de que, en términos biológicos, el hombre es quien sexualmente tiene la energía de dar, pues provee el esperma a través de su pene, y la mujer lo recibe con el óvulo y gracias a esto se concibe una vida.

Ahora veamos los impactos que esto tiene en una sociedad cavernícola.

La mujer empieza el proceso de gestación, la mayor parte de su energía se la consume la creación de este bebé y, con el tiempo, físicamente se encuentra con más peso, con los órganos desplazados y con movimientos limitados. En este contexto, es necesario cazar la comida en un ambiente hostil, peligroso y que requiere de un esfuerzo físico mayor.

En este escenario, podemos comprender que el hombre fuera quien tuviera, en ese momento, las condiciones idóneas para realizar esta tarea. Físicamente no estaba viviendo cambios y podía salir y enfrentarse a los peligros.

Ahora imagina que esta mujer no solo está embarazada, sino que ya tiene dos hijos: uno de cuatro años y otro de dos, seres que hasta ahora están desarrollando habilidades y que dependen mucho de los adultos para protegerse de los peligros del ambiente.

♡ PREPARAR EL TERRENO PARA MATERIALIZAR PAREJA ♡

Imagina que se acerca un animal salvaje a la caverna y que es inminente defenderse. En este momento, hay una mujer embarazada, dos criaturas muy pequeñas y un hombre adulto. ¿Quién es la persona idónea para entrar en batalla? El hombre adulto.

Ahora, que la mujer no fuera a cazar o no defendiera de los peligros a las crías no significa que no ocupara un papel fundamental. Es la mujer quien se queda en la caverna cuidando el fuego, el hogar. En sus manos también está la supervivencia de sus hijos y el calor que, con su capacidad de transformar el alimento, se convierte en algo fundamental para nuestro desarrollo como especie. Además, es la encargada de administrar la presa y garantizar que la comida alcance para todos y para el futuro.

Sin una dinámica de este estilo, no hubiera sido posible la supervivencia del ser humano. Era vital tener unos roles definidos y estos se dieron de forma orgánica al comprender las condiciones biológicas que nos enmarcan y al potenciar las habilidades que cada uno tiene.

Hoy en día, estas dinámicas de relacionamiento tienen un impacto muy fuerte en nosotros como seres humanos. La sociedad ha cambiado y las condiciones son otras, pero el cerebro no ha tenido mayores cambios biológicos desde los tiempos de las cavernas, lo que significa que una parte instintiva todavía replica estas dinámicas y las entiende como fundamentales para sobrevivir.

Puedes pensar que en esa época eran lógicos estos roles, pero que hoy en día la sociedad ha cambiado mucho y mantener estos conceptos es anticuado, retrógrado y que no se aplica en nuestra vida. Pero una cosa es lo que queremos crear y otra muy distinta es cómo el inconsciente y el instinto actúan.

Veamos otros momentos históricos en los que la vida ha sido preservada gracias a mantener los roles sociales. Uno de ellos es la guerra.

En tiempos de guerra, los hombres van al campo de batalla y las mujeres se quedan sosteniendo la crianza de los hijos, los hogares y, en general, la economía del país. Mientras los hombres van a pelear, las mujeres están en los hospitales con los heridos, a cargo de los negocios y de las familias. En lo conceptual, todos podemos hacerlo todo, pero, en la práctica, las mujeres, en su mayoría, van a elegir contener y los hombres enfrentarse.

Jordan Peterson, psicólogo clínico muy polémico, ha mostrado investigaciones de países que buscan la igualdad de género y promueven, mediante becas, que las mujeres estudien ciertas carreras que a lo largo del tiempo han sido principalmente estudiadas por hombres. En estos países, toda mujer que elija estudiar esas carreras podrá hacerlo de forma gratuita. ¿Cuál crees que ha sido el resultado? Que ha subido la participación, pero está lejos de ser igualitaria.

¿Por qué se da este fenómeno? Hay varias hipótesis:

1. Existen afinidades a ciertos temas de acuerdo con el género.
2. El constructo social les hace creer a las mujeres que dichas carreras no son para ellas. Con esta creencia instaurada, no las tienen en su radar.

Este es un debate interesante y de mi parte argumentaré que es algo más instintivo que cultural.

¿Por qué lo pienso así?

Hace un tiempo, cuando mi sobrinita y sus amigos estaban cumpliendo nueve años, uno de ellos quiso celebrarlo jugando *paintball*. Fueron niños y niñas, pero las niñas no lo disfrutaron tanto como los niños. Para ellos, era muy emocionante todo el concepto de lucha y guerra; para ellas, era doloroso (los impactos de las bolas de pintura eran fuertes) y no conectaron con tanto entusiasmo con la actividad como los chicos.

♡ PREPARAR EL TERRENO PARA MATERIALIZAR PAREJA ♡

Así, puedo continuar con muchos ejemplos que se remontan a edades más pequeñas, cuando, por ejemplo, los niños juegan fútbol en el recreo, lo cual es una extensión civilizada de la lucha y la guerra (dos bandos, un vencedor), y las niñas juegan en la arenera.

Podría contraargumentarse que es el mensaje inconsciente que tenemos desde los tiempos de la caverna porque nos han impuesto esos roles y que somos esclavos de este inconsciente colectivo, pero que no tiene que ver con nuestro instinto y biología.

La verdad, creo que inconscientemente tenemos una información biológica que nos genera una forma instintiva de actuar y que, desde un lugar racional y de conciencia, eso se puede transformar, de modo que poco a poco los roles sociales irán cambiando y esto seguro generará cambios evolutivos en nuestra especie.

Sin embargo, creo que para que eso suceda debe pasar más tiempo, un tiempo de adaptación, pues aunque en el discurso ya es posible, en la práctica todavía faltan muchas medidas para que sea seguro a nivel físico e instintivo.

Ahora, si aceptas la premisa de que, por el momento, será importante contemplar las diferencias entre la energía femenina y masculina, puedo asegurarte que materializarás relaciones más armónicas y que fluyan mejor.

Si tienes dudas, si te causa resistencia creerlo, si incluso te da rabia, solo te invito a probarlo, a intentarlo y a que compruebes tú misma si el cambio que se producirá en tu vida es benéfico o no. Que sea tu experiencia la que te permita tomar una decisión y no un discurso o unas creencias con las que te hayas identificado.

Una vez explicado esto, continuemos con las características de las dos categorías y cómo los hombres y las mujeres se asocian con cada una de ellas.

Dar	Recibir
Masculino	Femenino
Hombre	Mujer
Lógica	Intuición
Individual	Colectivo
Acción	Planeación
Externo	Interno
Resultado	Proceso
Independiente	Conexión
Competitivo	Colaborativo
Hacer	Ser
Razón	Emoción
Rígido	Flexible
Realidad	Visión

¿Esto qué quiere decir?

Los hombres que tienen más energía masculina tendrán potenciado lo que está en la categoría de dar y las mujeres que tienen más energía femenina tendrán potenciado lo que está en la categoría de recibir.

En temas de pareja, y cuando materializarla ha sido difícil, será importante que revises qué tanto tienes de energía masculina y cuánto de energía femenina. Por lo general, descubrirás que tienes muy potenciada la energía masculina.

¿Y esto por qué sería un problema?

Primero, como ya lo vimos, es fundamental que en la relación haya una compensación de estas energías. Una mujer con energía masculina potenciada querrá estar con un hombre de energía masculina potenciada. Esto genera una tensión y una lucha de poder para ver quién es el más fuerte. La mayoría de veces lo que se presenta es una relación muy conflictiva y con muchas discusiones. En otras palabras, son dos machos alfa compitiendo por ser el que domina.

Segundo, así como a ti como mujer te gusta un hombre con energía masculina potenciada, a ellos les gusta una mujer con energía femenina potenciada. Y si no tienes la energía femenina potenciada, es posible que los hombres no se fijen en ti o no te vean como una pareja potencial, pues ellos están buscando el equilibrio y la compensación.

Es injusto exigirles a ellos que acepten a las mujeres con energía masculina fuerte (porque la sociedad capitalista y machista insiste en que esta energía es mejor y nosotras como mujeres no queremos activar nuestra feminidad) cuando nosotras, al mismo tiempo, no queremos hombres con una energía femenina dominante.

Es incoherente pensar que ellos están mal al querer una mujer con energía femenina, cuando nosotras queremos hombres con buena energía masculina.

Piensa y reflexiona sobre los hombres que son muy sensibles, que se conmueven con facilidad, que mantienen la calma, que son pacíficos y que esperan que tú hagas un movimiento para darte un beso e imagina si es lo que quieres. Si tu respuesta es "no", quieres un hombre con energía masculina fuerte.

Ahora, imagina lo que desea un hombre de una mujer: quiere alguien femenina, que lo escuche, que sea comprensiva, que contenga, que piense en colectivo y no solo en sí misma, que se enfoque en lo emocional y no en los logros externos.

Está bien querer encontrar la energía opuesta, está bien que quieras un hombre con energía masculina fuerte y está bien reconocer que te has dejado engañar por el sistema y que has creído que la energía masculina es mejor que la femenina.

Pero si quieres una relación de pareja de alta consciencia, es importante que te permitas valorar la energía femenina. No puedes ser feminista y ser la abanderada de los derechos de las mujeres si todo lo que quieres es activar la parte masculina y la parte machista de nuestra sociedad.

¿Puedes ver la paradoja y el engaño en el que estamos inmersas? La igualdad se convirtió en ser igualmente masculinos (tanto hombres como mujeres) y en negar el poder y la magia de la feminidad.

Para cambiar tu realidad, será importante que actives tu energía femenina. Como lo mencioné antes, empieza por permitirte comprobarlo, experimenta por ti misma qué pasa cuando dejas de creer que lo masculino es lo mejor y lo que sucede cuando activas la feminidad en ti.

¡Ojo! Que nada de esto tiene que ver con el éxito, el dinero y la profesión. Continúa siendo la mujer maravillosa que eres y sigue tus sueños profesionales. Al mismo tiempo, revisa cómo activar tu energía femenina en las relaciones (con los libros que ya te recomendé), pues ahí es superpoderosa y en tus manos está esa transformación de realidad.

IDENTIFICAR LOS PATRONES QUE TE LIMITAN PARA ALCANZAR ESTE SUEÑO ✧✦

Una vez que hemos identificado las creencias que nos impiden materializar pareja, es fundamental entrar al paso número dos, que es reconocer cuáles son los patrones inconscientes que nos están limitando para hacer realidad nuestro sueño de tener una pareja de alta consciencia.

¿Qué es un patrón?

Es un arquetipo, un molde, un modelo que permite reproducir ejemplares "iguales". En este sentido, un patrón es un comportamiento arquetípico que está en el inconsciente y que repites una y otra vez de forma instintiva.

♡ PREPARAR EL TERRENO PARA MATERIALIZAR PAREJA ♡

Esto significa que es un hábito que se repite en varias áreas de tu vida. Es el comportamiento típico que asumes cuando sientes que tu vida está en riesgo, sobre todo cuando percibes un peligro que está más en tu mente que en la realidad.

Hay tres tipos de patrones que debemos reconocer:

1. Patrón de supervivencia.
2. Patrones de estado mental.
3. Patrones de árbol genealógico.

Patrón de supervivencia

Estos se refieren a los mecanismos de defensa que activamos ante un peligro inminente. Están directamente relacionados con el instinto animal y son una forma automática de responder cuando sentimos que nuestra vida está en peligro.

Estos comportamientos eran muy importantes en el pasado, cuando teníamos muchos riesgos de morir. Sin embargo, estos riesgos no existen hoy y, aun así, seguimos utilizando estos mecanismos de defensa para protegernos de manera inconsciente. Esto se traduce en que de nuevo el inconsciente toma el control de las decisiones y nos lleva por caminos "seguros" y "conocidos", impidiéndonos transformar la realidad y crear la vida que deseamos.

Para entender estos cuatro patrones, imagina que estás, otra vez, en la época de las cavernas y que un lobo hambriento se acerca a ti. En este momento, hay cuatro reacciones instintivas para defenderte:

1. Atacar.
2. Huir.
3. Paralizarse.
4. Adular.

En el caso de atacar, lo que podrías hacer es tomar una antorcha y ponerla muy cerca del lobo para que este se asuste y se aleje. En el caso de huir, sería salir corriendo y evitar que el lobo te alcance. Si, por el contrario, te paralizas, lo que haces es quedarte inmóvil esperando que el peligro se aleje. Y, finalmente, en el caso de adular, lo que puede suceder es que tienes un pedazo de carne y se lo ofreces al lobo para saciar su hambre e incluso generar un lazo de "amistad". De esta forma, te salvas del peligro y, una vez que este desaparece, vuelves a tu estado normal y continúas tranquila con tu vida.

Hoy en día, sigues en ese mismo estado de alerta. La diferencia es que los peligros, en general, no son de vida o muerte. Esto quiere decir que, ante situaciones que tu inconsciente asocia como riesgosas, actúas como si en realidad la vida estuviera en peligro.

Es importante aclarar, antes de continuar, que los comportamientos de supervivencia son esenciales para preservar la vida cuando estás en peligro. Eso quiere decir que, si vas por la calle y alguien te quiere robar, lo más probable es que se active uno de los cuatro comportamientos. En estos casos será deseable, útil y necesario y no lo llamaremos "patrón". Nos referiremos a un patrón cuando este sea un comportamiento que se presente en tu vida frente a peligros imaginarios y que solo estén en tu mente. En ese caso, se habrá convertido en un patrón limitante y no será una reacción biológica a los peligros reales de la vida.

Veamos algunos ejemplos de peligros no reales:

Situación	Peligro imaginario que el inconsciente toma como si fuera de vida o muerte	Realidad
Te van a despedir del trabajo.	Me voy a morir de hambre y de frío. No voy a poder vivir.	Tienes cesantías, una excelente hoja de vida y personas que pueden recomendarte.
Tu mamá te regaña.	Mi mamá no me quiere, me va a expulsar de la manada, me voy a morir.	Es un simple regaño y con una conversación se soluciona.
Vas a tener una relación sexual.	Mujeres de mi árbol sufrieron abuso, la sexualidad es mala y me puede hacer sentir muerta en vida.	Estás en una relación amorosa en la que los dos se respetan.
Te sirven pollo en el almuerzo.	De pequeña casi me muero por una intoxicación con pollo. Si como pollo, me muero.	El pollo no es malo. El pollo de cuando eras pequeña estaba dañando, pero el de hoy está bueno.

Como puedes ver, estos peligros no son reales, pero tu mente inconsciente te hace creer que sí y responderá de acuerdo con el patrón de supervivencia que tenga.

Veamos cómo sería con uno de los ejemplos:

MAGIC LOVE

Te van a despedir del trabajo			
Atacar	Huir	Paralizarte	Adular
Te llenas de ira y rabia. Hablas mal de la compañía y empiezas a planear cómo vengarte.	Comienzas a buscar un trabajo y escoges el primero que aparezca para así poder renunciar.	Lloras todo el tiempo, te sientes angustiada, no sabes qué hacer y esperas a que te echen para entrar en acción.	Te portas mejor ante tu jefe, dejas de ser tú misma para agradar.

Si es un patrón de supervivencia, significa que no importa de qué área de tu vida se trate, repites una y otra vez el mismo comportamiento.

Veamos cómo un mismo patrón se repite en diferentes áreas de tu vida. Para hacerlo muy ejemplificante, lo revisaremos con cada uno de los comportamientos arquetípicos de supervivencia.

ATACAR				
Dimensiones humanas				
Material	Sexual	Intelectual	Emocional	Espiritual
Es una persona que le hace daño a su cuerpo con alimentos chatarra, bebidas alcohólicas y drogas.	Es muy feminista, está en contra de los hombres y genera enfrentamientos con otras personas por este tema.	Es muy competitiva en el trabajo y siente que está en combate constante, atacando y defendiendo sus posiciones.	Es hiriente con sus palabras, sabe lo que al otro le duele y lo usa de forma consciente para ganar una discusión y sentirse victoriosa.	Es una persona que ataca las creencias religiosas. Si cree en Dios, pelea con él porque no le suceden las cosas como desea.

♡ PREPARAR EL TERRENO PARA MATERIALIZAR PAREJA ♡

HUIR				
Dimensiones humanas				
Material	**Sexual**	**Intelectual**	**Emocional**	**Espiritual**
Es una persona que gasta el dinero en cosas para olvidarse de sus problemas. Puede ser en comida o en otros rubros que le permiten huir de lo que le molesta.	Evita tener relaciones sexuales. Puede llegar a estar muy cerca de tener un encuentro, pero al final sale corriendo sin darle explicaciones al otro.	Se llena de entretenimiento superficial para no pensar, puede durar horas en las redes sociales o escoge ver series y películas de "no pensar".	Es una persona que le tiene miedo al compromiso y que ante los conflictos y peleas prefiere irse de la situación o quedarse callada.	Es una persona que va a muchos encuentros espirituales y que quiere hallar respuestas en lo exterior en vez de hacer una conexión interior.

PARALIZARSE				
Dimensiones humanas				
Material	**Sexual**	**Intelectual**	**Emocional**	**Espiritual**
Es una persona que ahorra mucho dinero por miedo a lo que puede suceder en el futuro. No toma decisiones porque tiene miedo a equivocarse.	Ante encuentros sexuales que no le satisfacen, elige continuar sin manifestar su incomodidad.	Es una persona que lleva muchos años en el mismo lugar de trabajo, pero desde hace tiempo se queja de estar aburrida y estancada.	Es una persona que, ante una discusión, se siente mal, pero elige quedarse callada, no darse su lugar o enfrentar al otro. Al final, se siente impotente por lo que no pudo decir.	Es una persona sin propósito y que siente que la vida no tiene un sentido espiritual. Podría decirse que vive pasmada y esperando que la vida pase.

ADULAR				
Dimensiones humanas				
Material	**Sexual**	**Intelectual**	**Emocional**	**Espiritual**
Es una persona que compra el amor de otros. Es decir, siempre está dando regalos para agradar y para ser amada.	Es una persona que, ante encuentros sexuales, solo hace lo que al otro le gusta y no piensa en sus gustos personales o deseos.	Es una persona que empieza a acomodar sus gustos a los del otro. Parece que es una persona flexible que se adapta fácilmente, pero en realidad es alguien que no sabe qué quiere.	Es alguien que busca complacer a la otra persona y se adapta a la forma de ser de los demás. Es fácil ver a una persona con este patrón, pues es diferente con cada grupo de amigos.	Es una persona fanática de algún movimiento religioso y da su vida por el servicio que ofrece. Prácticamente todo empieza a girar alrededor de este tema en su vida.

En estos ejemplos, lo que puedes ver es que el patrón de supervivencia no siempre es literal y no se ve igual en todas las dimensiones de la vida. De hecho, muchas veces se manifiesta de forma simbólica o metafórica y es posible que no sea tan evidente como en los ejemplos que acabamos de ver.

Es más, muchas veces un patrón limitante puede estar enmascarado en otro.

Digamos que estás saliendo con una persona y tienen una pelea, así que decides que ya no es bueno continuar con la relación. A simple vista, puede parecer que tu patrón es el ataque (una pelea), pero cuando ahondas en la razón de la pelea, entiendes que fue por algo insignificante y ridículo. Las personas que te rodean te dicen que fuiste un poco exagerada, pero tú mantienes la misma posición. En este caso, es muy posible que tu patrón sea huir

♡ PREPARAR EL TERRENO PARA MATERIALIZAR PAREJA ♡

y que la pelea sea la excusa para hacerlo. Gracias a una pelea insignificante, tienes una razón que justifica la retirada.

Por eso, es muy importante que identifiques cuál es tu patrón de supervivencia con un proceso de autoobservación y análisis profundo.

A continuación, te voy a compartir un cuestionario que te servirá como una guía para encontrar cuál puede ser tu patrón de supervivencia.

Para las siguientes preguntas, elige la opción que más se relacione contigo.

1. Emociones que sientes:
   a. Rabia.
   b. Ansiedad.
   c. Estar pasmada.
   d. Necesidad de caer bien.

2. La gente suele decirte que tú:
   a. Buscas peleas.
   b. No confrontas.
   c. No transmites lo que piensas.
   d. Eres falsa.

3. Te gustan:
   a. Las actividades extremas.
   b. Las actividades calmadas.
   c. Nada. Te da igual todo.
   d. Todas las actividades. Eres muy flexible y todo te parece chévere.

4. Ante un obstáculo, tú:
   a. Te enojas con que las cosas no fluyan.
   b. Te culpas de no poder superarlo.

MAGIC L♥VE

  c. Decides hacer otra cosa.

  d. Buscas las opiniones de otros para superarlo.

5. Cuando te preguntan si tienes pareja:

  a. Te da rabia que la gente se meta en lo que no le importa.

  b. Evitas la conversación y cambias de tema.

  c. Escuchas todo lo que la otra persona tiene por decir y luego te sientes mal por no haber dicho nada.

  d. Le das la razón a la otra persona y terminas apoyando su punto de vista.

6. Generalmente te enfermas por:

  a. Infecciones y virus.

  b. Ausencia de algo importante (una vitamina, una hormona, etc.).

  c. Dolores de cabeza y musculares.

  d. Afecciones de la piel.

7. Te molesta que:

  a. La gente sea pasiva.

  b. La gente sea peleona.

  c. La gente sea tan activa.

  d. La gente sea tan fría.

Resultados

Mayoría de a: ataque.

Mayoría de b: huir.

Mayoría de c: parálisis.

Mayoría de d: adular.

Como te decía, esta es una pequeña guía que te permite identificar en cuál de los patrones de supervivencia puedes estar inmersa.

♡ PREPARAR EL TERRENO PARA MATERIALIZAR PAREJA ♡

Ahora te estarás preguntando "¿Y qué hago con lo que he identificado?".

Lo primero es reconocer que el hecho de hacerlo consciente ya es el noventa por ciento del avance. Y si bien este noventa por ciento ya es muy significativo, el diez por ciento restante es muy exigente.

Lo segundo que debes hacer es empezar a hacer conciencia de cómo vives este patrón en tus actividades diarias:

1. Cómo te relacionas con la comida.
2. El tipo de vacaciones que te gustan.
3. Por qué te gustan ciertas series y no otras.
4. Qué pasa cuando se presenta una pelea.
5. Cómo reaccionas cuando te dan una mala noticia.

Después, lo que debes hacer es caer en cuenta, justo en el momento, de que estás repitiendo tu patrón de supervivencia.

Por ejemplo, acabas de recibir una mala noticia de un dinero que te debían, así que en ese instante reconoces que vas a reaccionar o que estás reaccionando como sueles hacerlo. En ese segundo, piensas que este es tu piloto automático y que puedes reaccionar diferente.

Justo en ese momento, que no dura más que un suspiro, de forma consciente y metódica, decides que vas a reaccionar de un modo diferente.

En la siguiente tabla, te muestro cuál sería la acción contraria.

Patrón	Acción
Pelear	Conciliar
Huir	Quedarte
Paralizarte/callarte	Hablar/realizar una acción
Adular	Callarte y no hacer nada

MAGIC LOVE

Cuando ves este proceso, puedes pensar que es muy sencillo y en realidad lo es. Sin embargo, se requiere de tu autoobservación y consciencia para poder ponerlo en práctica. Mira muy bien la palabra que acabo de escoger para ilustrar cuál debe ser tu actitud para transformar este patrón: practicar.

¿Qué significa practicarlo?

- Que no sucede de un día para otro.
- Que requiere de tu entrenamiento y determinación.
- Que al principio quizás no lo hagas tan bien como lo harás con el paso del tiempo.
- Que al practicarlo te harás una maestra.

Es normal que cuando hagas la acción contraria no te sientas bien, dudes de que fuera la reacción correcta y te llenes de argumentos para justificar que el mejor camino era seguir repitiendo tu patrón limitante.

Ahora lo que quiero que pienses es que no hay ninguna reacción que sea mejor que la otra, pues todas son reacciones instintivas e inconscientes si no hay un peligro real. Entonces, este ejercicio, más que convertirte en la persona que debes ser, lo que logra es que dejes de hacer lo que hacías de forma sistemática y sin sentido.

Con el paso del tiempo, lo ideal es que en esos tres segundos de la verdad puedas identificar cuál es la reacción acorde frente a una situación determinada.

En principio, si te están atacando, será positivo pelear.

Si el ambiente en el que te encuentras es tóxico, es muy bueno huir.

Si la situación no tiene sentido y cualquier cosa que hagas va a escalar a algo peor, será mejor paralizarse.

Y cuando alguien te vaya a hacer daño, puede ser bueno conectar para evitar que te haga algo peor.

Esto quiere decir que cuando se ha trascendido un patrón, no hay una forma única de reaccionar. Cada situación te va a dar la información de cómo enfrentarla y ya no actuarás desde un patrón, sino desde un lugar orgánico que te ayudará a seguir evolucionando.

Patrones de estado mental

Además de los patrones de supervivencia que están muy asociados a tu parte instintiva y a lo que haces por mantener la vida, existen unos patrones que son los que vas adquiriendo para justificarte y engañarte en cualquier proceso de materialización.

Los patrones de comportamiento, a diferencia del patrón de supervivencia, pueden cambiar durante las etapas de la vida, mientras que el patrón de supervivencia, al ser instintivo, está mucho más arraigado en el inconsciente.

Así, los patrones de comportamiento son estados mentales en los que te ubicas, que te hacen pensar, sentir y actuar de una manera determinada y que te limitan para construir la realidad que quieres.

Para revisar cada uno de estos, los veremos en el orden en que se manifiestan:

1. Todo parte de un estado mental.
2. Este estado mental se convierte en emociones y sentimientos.
3. Estos sentimientos se convierten en acciones que realizamos.

Veamos, entonces, los cuatro estados mentales en lo que te puedes quedar atrapada y te impiden materializar pareja:

1. Esto es lo único posible para mí.
2. Esto es imposible para mí.

3. No puedo hacer nada para cambiar mi realidad.
4. Me da igual lo que pase, así estoy bien.

Cada uno de estos estados mentales genera un tipo de sentimiento:

Estado mental: esto es lo único posible para mí. Sensación: conformismo.	Estado mental: esto es imposible para mí. Sensación: frustración.
Estado mental: me da igual lo que pase, pues así estoy bien. Sensación: pasmada.	Estado mental: no puedo hacer nada para cambiar mi realidad. Sensación: cansancio.

En el caso del estado mental de "esto es lo único posible para mí", entras en una dinámica en la que decides conformarte con las situaciones que te acontecen. Sientes que lo que te sucede es lo que te corresponde y que no tienes la capacidad de cambiar tu realidad. En este estado, no puedes imaginarte una vida diferente a la que ya tienes.

Cuando entramos al estado de "esto es imposible para mí", la situación es similar a la anterior, pero se diferencian en que en este caso sí puedes imaginarte un escenario ideal e incluso puedes llegar a romantizarlo. Sin embargo, sientes frustración porque crees que eso nunca te va a pasar, pues es inalcanzable.

En el estado mental de "no puedo hacer nada para cambiar mi realidad", eres una víctima de las repeticiones en tu vida. Todo el tiempo estás materializando el mismo tipo de hombre, de relaciones y de conflictos. Te sientes cansada y aburrida de la vida que llevas y crees que la única solución es desistir de tu sueño. El peligro de este estado mental es que por más que desees detener las repeticiones, generalmente vuelven a aparecer en situaciones similares que te mantienen en un lugar de víctima, haciendo que creas que no puedes hacer nada para cambiar tu realidad.

♡ PREPARAR EL TERRENO PARA MATERIALIZAR PAREJA ♡

Por último, en el estado emocional de "me da lo mismo", lo que puedes percibir es que no hay motivaciones, no hay algo que te llene de alegría, los días pasan sin que suceda nada emocionante y en realidad vas por el mundo sin pena ni gloria. Por eso, el sentimiento de este estado es de estar pasmada, dormida, apagada.

Una vez identificados estos sentimientos, empiezan a hacerse tangibles en las acciones y decisiones que tomas en la cotidianidad.

Así que veamos los comportamientos o patrones limitantes de cada estado mental.

1. "Esto es lo único posible para mí" (conforme):
   a. Esperar a que suceda un milagro o que el universo conspire a tu favor.
   b. Empiezas cosas y nunca las terminas.
   c. Te justificas y explicas por qué no estás haciendo nada para materializar pareja.
   d. Sientes que ya has hecho todo lo que está en tus manos para materializar pareja y, como "nada ha servido", estás convencida de que esta será siempre tu realidad.
   e. Crees que ya has identificado todo lo que te impide materializar pareja y puede ser que tengas mucha información terapéutica al respecto.
   f. Hablas mucho de la información que posees. Al oírte hablar, la gente siente que tienes claro lo que te pasa; sin embargo, a pesar de tanto conocimiento, tu realidad es la misma y no puedes materializar pareja.

2. "Esto es imposible para mí" (frustrada):
   a. Te cuesta trabajo escuchar a las otras personas. Si alguien te comparte una reflexión, le haces saber que está equivocada o internamente no le crees.
   b. Te cuesta mucho trabajo recibir algo de las demás personas, como cumplidos, regalos o invitaciones.

MAGIC LOVE

c. No eres consciente de los errores que cometes. Si otras personas te los muestran, te justificas porque no tienen razón.

d. Te quedas en lo que no fue, pensando mucho en el pasado, y también en lo que no será porque es imposible para ti.

e. Tienes muy presentes las situaciones que te hirieron y que te generaron de cierta manera un trauma.

3. "No puedo hacer nada para cambiar mi realidad" (cansancio):

a. Eres una persona muy estricta que no admite que le cambien los planes o que las cosas se hagan de una forma diferente a la que quieres.

b. Repites las mismas historias una y otra vez en diferentes áreas de tu vida. Esto quiere decir que puedes repetir el mismo tipo de relaciones, las mismas enfermedades del árbol, las mismas carreras de tu familia, etc. Eres, de una u otra manera, un clon.

c. No ves los errores de las otras personas, y si los ves, los justificas. Es decir, explicas o das argumentos de por qué están bien las acciones de alguien que se equivocó.

d. Minimizas las fallas de otras personas o las tapas para que no se den cuenta. Esto puedes hacerlo en tu trabajo, con tus amigas o con tu familia.

4. "Me da igual" (pasmada):

a. Dependes de situaciones externas para ponerte en movimiento. Si afuera no pasa nada, no actúas. Por ejemplo, estás aburrida en tu trabajo, pero solo buscas otro cuando te despiden.

b. Te cuesta mucho animarte a hacer cosas diferentes o nuevas. Estás muy inmersa en tus rutinas y ni siquiera te cuestionas si te hacen bien.

♡ **PREPARAR EL TERRENO PARA MATERIALIZAR PAREJA** ♡

c. Parece que nada en la vida te importara: las cosas no te emocionan ni te entusiasman. En la práctica, la pasas bien y disfrutas de las actividades, pero no hay en ti muchos picos o baches emocionales.

d. Dudas mucho para tomar una decisión, sea pequeña o grande, te cuestionas mucho cuál sería el mejor escenario y pocas veces te defines.

e. Consultas mucho la opinión de otras personas incluso para tomar decisiones pequeñas.

f. Te sientes una persona insegura y como si nada de lo que hicieras fuera suficiente.

Para identificar en qué estado mental te encuentras y, por lo tanto, cuáles son los patrones de comportamiento que repites, solo debes leer con detenimiento y revisar cómo reacciona tu cuerpo a cada uno de ellos. Aquel que genere en ti la emoción más fuerte es en el que te encuentras.

Puede que, al revisar los detalles de cada uno de los grupos, no te sientas identificada con TODO lo que plantean y puede que sientas que sí estás en un estado mental, pero que no lo experimentes tal como está descrito o que no cumplas con todos los comportamientos. En la práctica, esto no importa, pues lo más importante es que verifiques cómo reacciona tu cuerpo a cada uno de ellos. El que más energía te genere será tu estado mental y patrón limitante.

Como te decía al inicio de este capítulo, los estados mentales pueden variar y tener diferentes estados en distintos momentos de tu vida. Incluso hay personas que pasan por los cuatro estados mentales en un mismo día.

Sin importar si estás atrapada en un estado mental o si vives los cuatro de forma repetitiva, lo que esto significa es que no estás en consciencia. En ambos casos, estás en medio de un patrón limitante que no te deja crecer ni avanzar para materializar la relación de pareja que sueñas.

¿Qué debes hacer para cambiar tu realidad y transformar estos patrones de estados mentales?

Lo primero y más importante es ser consciente de que existen y que es normal que estés atrapada en uno de ellos o circulando por los cuatro. Al hacer consciencia, sabes que estos estados no te funcionan y que más bien debes estar en control de tu mente, tus emociones y tus acciones. Con eso, no te dejas envolver por los patrones inconscientes.

Ahora, en la práctica también existe un método que te ayuda a salir de los estados mentales y de las emociones que producen: realizar los comportamientos opuestos a tu patrón limitante.

Si estás atrapada en "esto es lo único posible para mí":

Atrapada	Nuevos comportamientos
Esperar a que suceda un milagro o que el universo conspire a tu favor.	Defines un plan de acción que implique disciplina, repetición y perseverancia.
Empiezas cosas y nunca las terminas.	Elijes al menos una cosa que implique que la repitas por varios días y estableces una fecha límite que te comprometes a cumplir.
Te justificas y explicas por qué no estás haciendo nada para materializar pareja.	Procuras no justificarte.
Sientes que ya has hecho todo lo que está en tus manos para materializar pareja. Como "nada ha servido", estás convencida que esta será siempre tu realidad.	Encuentras una alternativa a lo que has hecho y en vez de manifestar que esa es otra cosa que no te servirá, le pones la intención de que va a ser la primera cosa que te va a servir.

PREPARAR EL TERRENO PARA MATERIALIZAR PAREJA

Atrapada	Nuevos comportamientos
Crees que ya has identificado todo lo que te impide materializar pareja y puede ser que tengas mucha información terapéutica al respecto.	Dejas de buscar más información inconsciente. En tu caso, ya no es necesario saber. Ahora es importante hacer.
Hablas mucho de la información que posees. Al oírte hablar, la gente siente que tienes claro lo que te pasa; sin embargo, a pesar de tanto conocimiento, tu realidad es la misma y no puedes materializar pareja.	Aceptas que tener tanta información no te ha servido de nada, te mantienes silencio y entras en acción.

Si estás atrapada en "esto es imposible para mí":

Atrapada	Nuevos comportamientos
Te cuesta trabajo escuchar a las otras personas, y si alguien te comparte una reflexión, le haces saber que está equivocada o internamente no le crees.	Escuchas sin argumentar y sin creer que tienes la razón. Descubre la verdad que la otra persona sí tiene. No tiene que ser todo lo que dice. Con que encuentres una cosa para hallarle la razón, estarás avanzando. En otras palabras, no seas terca.
Te cuesta mucho trabajo recibir algo de las demás personas, como cumplidos, regalos o invitaciones.	Recibe cumplidos, regalos e invitaciones con una sonrisa y un maravilloso "gracias".
No eres consciente de los errores que cometes. Si otras personas te los muestran, tú te justificas porque no tienen razón.	Cuando alguien te dice que cometiste un error, créele. Cuando te sientas mal por algo, no te convenzas de que no hiciste nada mal. Reflexiona y analiza si puedes hacerlo mejor la próxima vez y pide disculpas.

MAGIC LOVE

Atrapada	Nuevos comportamientos
Te quedas en lo que no fue, pensando mucho en el pasado, y en lo que no será porque es imposible para ti.	Imagina que perdiste la memoria y tu vida es lo que construyes a partir de ahora. Haz consciencia de que las decisiones del pasado te llevaron a donde estás, así que las decisiones de hoy te llevarán a donde quieres estar.
Tienes muy presentes las situaciones que te hirieron y que te generaron de cierta manera un trauma.	Toma decisiones azarosas en tu día a día y déjate sorprender con lo que puede suceder cuando no te estás fijando en lo que te dolió.

Si estás atrapada en "no puedo hacer nada para cambiar":

Atrapada	Nuevos comportamientos
Eres una persona muy estricta que no admite que le cambien los planes o que las cosas se hagan de una forma diferente a la que tú quieres.	Cambia de planes, haz cosas que no te permites, vístete diferente, no cumplas el horario, rompe las reglas.
Repites las mismas historias una y otra vez en diferentes áreas de tu vida. Esto quiere decir que puedes repetir el mismo tipo de relaciones, las mismas enfermedades del árbol y las mismas carreras de tu familia. Eres, de una u otra manera, un clon.	Haz un proceso para identificar tus patrones de árbol y de tu vida. Sé consciente de ello. Realiza ejercicios para transformar la información que tienes en tu inconsciente.
No ves los errores de las otras personas, y si los ves, los justificas. Es decir, explicas o das argumentos de por qué están bien las acciones de alguien que se equivocó.	Empieza a reconocer los errores de los demás y no los pases por alto. Uno de los más comunes es no informar en un restaurante que te trajeron lo que no pediste. Reconoce los errores del otro y actúa.

PREPARAR EL TERRENO PARA MATERIALIZAR PAREJA

Atrapada	Nuevos comportamientos
Minimizas las fallas de otras personas o las tapas para que no se den cuenta. Esto puedes hacerlo en tu trabajo, con tus amigas o con tu familia.	No justifiques los errores de los demás y no pienses que todo son buenas intenciones. Si algo te molesta, te molesta y punto. Está bien que no seas la persona que siempre es comprensiva.

Si estás atrapada en "me da igual":

Atrapada	Nuevos comportamientos
Dependes de situaciones externas para ponerte en movimiento. Si afuera no pasa nada, tú no actúas. Por ejemplo, estás aburrida en tu trabajo, pero solo buscas otro cuando te despiden.	Toma decisiones para cambiar tu vida así no tengas ganas.
Te cuesta mucho trabajo animarte a hacer cosas diferentes o nuevas. Estás muy inmersa en tus rutinas y ni siquiera te cuestionas si te hacen bien.	Inscríbete en una actividad diferente, algo nuevo que nunca hayas intentado. Procura que sea algo que les interese también a los hombres para que sea una oportunidad de conocer gente.
Parece que nada en la vida te importa y las cosas no te emocionan ni te entusiasman. En la práctica, la pasas bien y disfrutas de las actividades, pero no hay en ti muchos picos o baches emocionales.	Exagera tus emociones, voluntariamente, ante las diferentes sensaciones. Diles a diez personas que las amas y las quieres.
Dudas mucho para tomar una decisión, sea pequeña o grande, y te cuestionas mucho cuál sería el mejor escenario. Pocas veces te defines.	Regla 1: toma decisiones inmediatas. Regla 2: si te equivocas en tu decisión, vuelve a la regla 1.

Atrapada	Nuevos comportamientos
Consultas mucho la opinión de otras personas incluso para tomar decisiones pequeñas.	No consultes tus decisiones. Empieza a decidir sin preguntarle nada a la gente (aunque sientas la necesidad).
Te sientes una persona insegura y como si nada de lo que hicieras fuera suficiente.	Toma decisiones a pesar del miedo y la inseguridad. Esta práctica te irá haciendo más segura.

Una vez que identificas tu patrón de estado mental y logras empezar a realizar los comportamientos que te permiten transformarlo, es importante que entres en mucha consciencia para no quedarte atrapada en alguno de los otros estados mentales.

Es muy común que una persona que está atrapada en el cuadrante de "esto es lo único posible para mí" se pase al cuadrante de "me da igual", sobre todo cuando entra en un estado de resignación. En este caso, sus comportamientos limitantes serán otros y es importante que no los tomes como avances.

Por ejemplo, si identificas que estás atrapada en el cuadrante de "esto es lo único posible para mí", puedes decidir tener nuevos comportamientos. Cuando pase el tiempo, te darás cuenta de que ya no vives en los comportamientos del primer estado mental y creerás erróneamente que has avanzado y superado tu cuadrante, pero en realidad, desde un lugar inconsciente, te quedaste atrapada en otro estado mental con sus respectivos comportamientos. Por eso, es fundamental estar siempre en conciencia, revisando si te estás quedando atrapada en un estado mental, actuar y estar en continuo movimiento. Mientras estés en conciencia, no serás esclava de tu inconsciente y podrás materializar la realidad que deseas.

♡ PREPARAR EL TERRENO PARA MATERIALIZAR PAREJA ♡

Patrones de árbol genealógico

En el primer apartado de creencias, vimos cómo nuestro árbol genealógico nos ha transmitido una información que se ha quedado en el inconsciente como una verdad absoluta cuando en realidad es una creencia.

Ahora, en este apartado de patrones de árbol genealógico, vamos a hablar de las historias del árbol más comunes que vivieron nuestros ancestros y que muchas veces quedan arraigadas y dificultan la materialización de pareja.

Las historias más comunes que se convierten en patrones son:

1. Padre ausente.
2. Infidelidad.
3. Violencia física, sexual, psicológica o económica.
4. Madre castradora.
5. Hijo bastón.
6. Represión sexual.
7. Madre frustrada.
8. Amor imposible.

Padre ausente

Hablamos de padre ausente cuando el hombre, en su papel de padre, no está presente para las cinco dimensiones humanas:

a. Material-física.
b. Sexual-creativa.
c. Intelectual-admiración.
d. Emocional.
e. Espiritual.

Esto quiere decir que, para un desarrollo utópico de la relación de pareja, es fundamental que las hijas tengan una figura paterna presente que les entregue la información inconsciente de que es seguro tener al lado un hombre. Ahora, en la práctica, las cosas son diferentes y son pocas las mujeres que cuentan con un padre presente de forma consciente.

Es por esto que quiero que veas la ausencia del padre como un espectro, donde en un extremo estará ligeramente ausente y en el otro demasiado ausente. Para efectos de identificar si este patrón de árbol genealógico está en ti, quiero que reconozcas si la ausencia del padre tiende más hacia el extremo de "demasiado ausente".

Si identificas pequeñas ausencias, no tan significativas y con poca relevancia, quiero que lo tengas presente, pero no como uno de los patrones principales que te impiden materializar pareja.

Veamos las características de cada uno de los tipos de padres ausentes.

Material-físico:

- No provee económicamente.
- Murió.
- No reconoció a los hijos.
- Se distancia de los hijos.
- Viaja mucho.
- Tiene un trabajo que le impide estar la mayor parte del tiempo en casa.

Sexual-creativo:

- No hay contacto físico con los hijos.
- La relación se distancia a partir de la adolescencia.
- No habla de sexualidad.
- No hay contacto físico visible con la madre.

- No apoya la creatividad de los hijos.
- Está enfocado en la razón y el conocimiento científico.

Intelectual-admiración:

- No educa a los hijos y los deja a cargo de otros.
- El trabajo o la profesión es más importante que los hijos.
- Por sus comportamientos, transmite una imagen negativa de los hombres.
- Es una persona que no ama lo que hace y está siempre aburrido de la vida.
- No admira a otros hombres y los minimiza.

Emocional:

- No hay palabras amorosas y de aliento.
- No permite que se expresen emociones en el hogar.
- No expresa sus emociones y siempre todo está bien.
- Tiene alguna adicción que lo lleva a otro estado de conciencia y a estar presente físicamente, pero ausente en lo emocional.
- Solo bajo los efectos de su adicción es capaz de demostrar su amor.
- Tiene otra familia (aunque no lo sepas).

Espiritual:

- No encuentra el propósito de ser padre.
- No le encuentra sentido a la vida.
- Tiene pensamientos suicidas.
- No tiene conexión con alguna divinidad.
- No transmite que la vida sea más que la experiencia humana.

MAGIC LOVE

Una vez revisadas las diferentes características, quiero que veas si tu padre vivía de forma muy intensa alguno de estos grupos de comportamientos. Además, me gustaría que te enfocaras en tu papá cuando eras niña-adolescente, porque es muy probable que hoy en día tu padre sea distinto, haya cambiado y actúe diferente. Sin embargo, el impacto es mucho más fuerte cuando eras pequeña.

Si tu tuviste un padre ausente, de una u otra manera, el 99.99% de las veces eso quiere decir que no es el primer padre ausente del árbol y que en las generaciones anteriores también encontraremos este patrón. Entre más padres ausentes haya en tu árbol genealógico, más fuerte puede ser el mensaje de que cuando el hombre no está, mejor es nuestra vida.

Como te decía, por la sociedad y la cultura en la que vivimos, es muy normal que la mayoría de las personas tengan padres ausentes en su árbol genealógico. Para ver si tu caso es diferente al de la mayoría, lo que quiero que identifiques es si los discursos alrededor de los padres refuerzan su ausencia.

Me explico: si tu mamá cada vez que habla de su padre cuenta lo aburrido que era que él bebiera alcohol, que siempre estaba borracho, que se la pasaba más en el bar que en la casa, eso te demuestra que la memoria de un padre ausente está muy presente.

Si, por el contrario, el discurso de tu madre o los recuerdos más vívidos eran cuando era Navidad y el papá les hacía un asado delicioso para toda la familia, en ese caso lo más probable es que aunque también fuera una persona que tomara alcohol, esto no lo hizo ausentarse del hogar.

Quiero que sepas que, por lo general, cuando hablamos de papás y mamás, sobre todo cuando han sido buenos en su función, nos cuesta mucho trabajo ser objetivas y reconocer que nuestros padres no fueron perfectos. A nivel inconsciente, tu niña interior sigue viéndolos como sus superhéroes y le cuesta aceptar la realidad.

Te pido que seas consciente de esto y vayas más allá, pues esta consciencia, estas verdades sin luz, son las que están anquilosadas en tu subconsciente y no te permiten transmutar para crear una realidad completamente distinta a la que has experimentado.

Infidelidad

Otro de los patrones limitantes de árbol genealógico que más impacto tiene en el inconsciente, cuando se presenta de forma sistemática, frecuente y con mucho sufrimiento, es el de las historias de infidelidades.

De nuevo, es fundamental identificar la cantidad de infidelidades y la magnitud del daño causado. Te lo digo porque, una vez más, las probabilidades de que haya infidelidades en un árbol genealógico son altas. Lo que pasa es que no todos los árboles las reciben igual y no todos tus familiares consideran la infidelidad como la mayor traición que se puede vivir.

Empecemos por entender qué es la infidelidad.

Según Wikipedia, la infidelidad "Se refiere, popularmente, a las relaciones afectivas del tipo romántico, a corto o largo plazo, establecidas con personas distintas del vínculo oficial que a menudo se mantienen en secreto por considerarse como una amenaza a la institución familiar".

En esta definición, podemos ver dos cosas importantes:

1. Habla de un consenso social.
2. Por lo general se mantienen en secreto.

Sobre el primer punto, vale destacar que la fidelidad es un concepto al cual hemos llegado como sociedad no porque sea lo mejor para una relación de pareja, sino porque es lo que más nos funciona como colectivo.

Para entender este concepto o definición, es importante remontarnos a épocas donde las personas no vivían como nosotros, donde los temas médicos y la economía de la familia eran los que determinaban cómo vivir en sociedad.

En el pasado, la infidelidad podía significar la propagación de enfermedades de transmisión sexual mortales o causar demencia, como en el caso de la sífilis. En momentos donde no había mecanismos para combatir estos virus, la mejor manera de evitar su propagación era llegando a un consenso en el que la monogamia marcaba la parada.

Hoy en día, el riesgo existe, pero no es tan peligroso ni impactante como lo era antes.

Por otro lado, está el manejo de las economías familiares y la herencia de propiedades y activos. En el pasado, era usual que las propiedades fueran traspasadas, después de la muerte, al primogénito o al hijo mayor para que este se encargara de seguir protegiendo económicamente a la familia.

La maternidad es muy sencilla de comprobar con el embarazo de la mujer; sin embargo, la paternidad podía ser cuestionada. No solo porque no había un efecto inmediato que le permitiera al hombre saberse el padre de la criatura, sino porque no se contaba con los mecanismos genéticos para comprobar el vínculo entre dos personas.

Así las cosas, la fidelidad era fundamental para poder sostener la sociedad. Imagina que en esta época estuviera bien visto que una mujer tuviera varios compañeros sexuales. ¿Cómo podrían ellos asegurar que son los padres y a quién heredarles las propiedades? Era muy difícil, a no ser que el hijo naciera físicamente muy similar al padre.

En la actualidad, la sociedad es más flexible con la infidelidad y eso genera mucha competencia biológica y conflictos entre los implicados. Para el Estado, supone más recursos en policías, comisarías de familia, más hijos abandonados por sus padres al no confirmar su paternidad y, por lo tanto, su responsabilidad económica y muchas otras consecuencias que se pueden controlar con un mensaje de que la infidelidad es la traición más grande y que no debe ser aceptada en ninguna circunstancia.

Te cuento esto para que comprendas que la fidelidad es más una construcción social que una respuesta a la naturaleza del ser humano. Esto es importante si empiezas a identificar que este patrón se presenta en tu familia.

Como siempre que revisamos el árbol genealógico, es importante observarlo generación tras generación, desde la más reciente (tus padres) hasta las más antigua (los tatarabuelos). Las generaciones más antiguas a estas también tienen un impacto en ti, pero su fuerza es la fuerza de una estela que se ha ido alejando, entonces, para efectos de tu transformación, quiero que te enfoques en esas cuatro generaciones.

También es importante que sepas que el impacto del árbol siempre será más potente si las historias sucedieron antes de tu nacimiento o durante tu proyecto sentido. Ahora, si son de tus familiares en tu edad adulta, te pueden afectar, pero no a un nivel inconsciente tan profundo.

Así que lo que quiero que hagas es que cojas las siete parejas de tu árbol genealógico y revises si hay historias de infidelidad.

Quiero que analices estas historias con una mirada detectivesca, viendo lo que otros no ven, escuchando lo que otros ocultan. Por ejemplo, tu mamá te puede contar que tu papá estuvo muy distante en una época y que ella piensa que quizás la engañó con otra. No hay pruebas y nunca se confirmó la infidelidad, pero tu mamá tiene ese sentimiento. Si le preguntas a tu papá, puede que diga que no.

Por lo general, cuando no estamos en un proceso de sanación del árbol, elegimos creer y pensar: "Fueron ideas de mi mamá, seguro mi papá estaba aburrido y por eso se distanció". Pero como tienes mirada de detective, sabes que es probable que el asesino no confiese el asesinato, así que hay un sospechoso. No tienes la verdad absoluta, pero sí hay un evento que revisar.

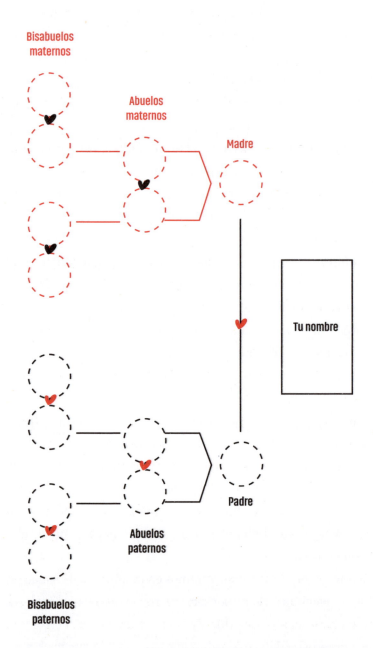

Continúa por el árbol, y si encuentras infidelidades que emocionalmente marcaron muy fuerte a uno o varios integrantes del mismo, las probabilidades de que eso también haya pasado con tus padres son muy altas. Y quizás tus padres hayan repetido la historia.

Violencia

La información de violencia es, tal vez, una de las que se queda impregnada en la mente subconsciente de forma más instintiva y visceral. En los otros casos, la sensación de supervivencia y de que la vida está en peligro es más sutil y metafórica. Sin embargo, cuando hablamos de historias de violencia en el árbol genealógico, significa que nuestros ancestros sintieron que su vida estaba en peligro, de modo que todo lo que sucedió a nivel instintivo cuando hubo que mantener la vida fue muy fuerte.

Entonces, empecemos a explicar cómo se ejerce cada una de ellas en el contexto de las relaciones de pareja. Esto es muy significativo porque este tipo de violencia se puede experimentar en otras conexiones humanas, pero, para efectos de nuestro propósito, nos enfocaremos en las vivencias que se tienen en pareja.

Física

En este caso, hablamos de violencia que afecta directamente el cuerpo físico, como golpes, disparos, cortes en la piel, entre otros.

Puede ser ejercido por el hombre, la mujer o ambos, y dependiendo de la circunstancia, tendrá efectos diferentes sobre la información con la que cuentas a nivel inconsciente.

1. El hombre ejerce violencia física sobre la mujer: genera miedo y falta de confianza hacia los hombres.
2. La mujer ejerce violencia sobre el hombre: genera miedo a ser como tus ancestros y hacer daño o materializar hombres con inteligencia emocional débil.

3. Ambos ejercen violencia: genera miedo a entrar en relaciones para no repetir o tener relaciones similares, donde la violencia física puede escalarse.

Sexual

Este es un tema muy delicado y quiero que te permitas recibirlo con la mayor apertura posible. Hago esta introducción porque la violencia sexual, por lo general, está relacionada con accesos no consensuados, pero veremos en este aparte que incluso puede existir violencia sexual con el consentimiento de las partes.

a. La primera forma de violencia sexuales es cuando una persona ejerce sobre otra la obligación de tener alguna forma de contacto sexual y lo hace a la fuerza a pesar de la negación clara de la otra parte para participar en el acto.

b. Otra forma de violencia sexual es manipular a la persona para que tenga relaciones sexuales sin que realmente lo desee. Al final, la persona da su consentimiento a pesar de no querer hacerlo. Este es un caso muy común en los matrimonios de los abuelos y generaciones anteriores, para quienes la sexualidad era un deber. Y aunque las mujeres no desearan tener relaciones, se las manipulaban con "Es tu deber de esposa" y ellas accedían. También podemos ver esta forma de violencia sexual cuando alguno de los dos integrantes de la pareja se encuentra alcoholizado e insiste en tener relaciones sexuales. La otra persona no lo desea, pero cede para que finalice la solicitud y se duerma. Por lo general, se justifica este tipo de abuso por el consumo de alcohol y se "defiende" que fue un acto consensuado para no catalogarlo como un acto violento.

PREPARAR EL TERRENO PARA MATERIALIZAR PAREJA

c. Una tercera forma de violencia sexual es ejercer la prostitución y el consumo de pornografía. En primera medida, es una violencia con la pareja por el incremento de riesgo a enfermedades de transmisión sexual. Con respecto a la pornografía, perpetúa conductas machistas que se van enquistando en la mente y desvirtúa la noción de una sexualidad saludable.

d. Existe un cuarto tipo de violencia sexual más soterrada y de la que poco se habla: continuar gestando hijos cuando la madre ya no quiere ni quedar embarazada ni tener más. Esto es violento con su cuerpo y con su estado emocional. Sin embargo, en el pasado, a falta de información y más métodos anticonceptivos, muchas mujeres, entre ellas tu abuela, bisabuela y tatarabuela, posiblemente, se vieron obligadas a criar más hijos de los que hubieran querido. Aquí no hay culpables ni responsables absolutos. Aun así, eran y son actos violentos. Obligar de forma explícita o tácita a una mujer a gestar un bebé para luego criarlo es violencia sexual. También es violencia cuando una mujer busca quedar embarazada en secreto sin el consentimiento del hombre.

Cuando el hombre ejerce violencia sexual sobre la mujer, en las siguientes generaciones las mujeres tendrán dificultad para sentir placer y creer que son atractivas para el sexo opuesto. Además, creerán que los hombres solo quieren sexo. También puede presentarse una libido muy alta e insaciable.

Si es la mujer quien ejerce violencia sexual sobre el hombre, la consecuencia en las siguientes generaciones es que prevalecerán las relaciones con hombres sumisos, con dificultades para crear nuevos proyectos de vida, muy planos y "sin chispa".

Si ambos ejercen violencia sexual, de nuevo, hay ausencia de la relación por miedo a repetir o se es leal a la familia teniendo experiencias similares.

Psicológica

Cuando hablo de violencia psicológica, me refiero a los actos que conllevan a desvalorizar o disminuir a una persona. Esto se puede hacer a través de las palabras o con acciones cotidianas.

Las formas más comunes de violencia psicológica son:

a. Atemorizar.
b. Amenazar.
c. Explotar.
d. Rechazar.
e. Aislar.
f. Ignorar.
g. Manipular.
h. Insultar.
i. Ridiculizar.

Para identificar si se está ejerciendo alguna violencia psicológica, basta con reconocer si hay un desequilibrio de poderes en la pareja. Es decir, parece que alguien es el que manda y otro es el que obedece.

Si se ha generado esta dinámica en la que hay una persona dominante y otra sumisa, no es necesario que veamos situaciones puntuales o tratos concretos donde sea evidente la violencia psicológica, pues este tipo de relaciones ya nos permiten deducir que al interior de la relación hay, en una u otra medida, violencia psicológica que ha llevado a uno de los integrantes a ceder su poder.

Cuando el hombre ejerce violencia psicológica sobre la mujer, crea desconfianza de las mujeres hacia los hombres en las futuras generaciones. Ellas, para compensar, se convierten en fervientes defensoras de los derechos de la mujer.

Cuando la mujer ejerce violencia psicológica sobre el hombre, se crean mujeres que continúan repitiendo este patrón, pensando

PREPARAR EL TERRENO PARA MATERIALIZAR PAREJA

que ningún hombre es suficiente y que ellas son "mucha mujer". En otras palabras, nadie les da la talla.

Cuando ambos ejercen violencia psicológica: de nuevo, hay ausencia de relaciones por miedo a repetir o se es leal a la familia teniendo experiencias similares.

Económica

La violencia económica se da cuando se limita a un integrante de la pareja a tener acceso a los recursos económicos a través de una actitud dominante y restrictiva.

¿Quiere decir que las familias que eligen un sistema donde alguno de los integrantes trabaja y el otro se encarga del hogar y de los hijos presentan una dinámica de violencia económica? No.

¡Ojo con confundir decisiones de cómo organizar financieramente a la familia con violencia económica!

Para que esta sea ejercida, es importante que cumpla con:

1. Tener restricciones.
2. Decisiones unilaterales.
3. Manipulación con el dinero.

Veamos algunas formas en las que se ejerce la violencia económica en una relación de pareja:

1. Uno de los dos recibe los ingresos económicos y toma todas las decisiones relacionadas con el dinero. Controla los gastos de la otra persona y da permiso para utilizar el dinero de cierta manera.
2. Existe la violencia económica cuando uno de los integrantes se aprovecha económicamente de la otra persona, victimizándose y creando situaciones extremas para que el otro se sienta culpable y entregue más dinero.

MAGIC LOVE

3. Ocultar compras, gastos y deudas de altas cuantías es una forma de ejercer la violencia económica.

4. Priorizar la tranquilidad económica de un ser querido sobre la pareja y la familia es también otra forma de ejercer violencia. En estos casos, lo que suele suceder es que alguno de los integrantes de la pareja prefiere darle dinero a su mamá o a sus hermanos antes que a la esposa y los hijos. Esto es violento en la medida que el inconsciente entra en estado de alerta por peligro, pues se desatienden las necesidades del núcleo familiar.

Cuando el hombre ejerce violencia económica sobre la mujer: crea mujeres superdependientes o superindependientes. No hay un punto medio.

Si es la mujer quien ejerce violencia económica sobre el hombre: un síntoma muy común de que esto ha sucedido en un árbol genealógico es que el hombre haya decidido irse con otra mujer y que esta tenga un nivel socioeconómico inferior.

Si ambos ejercen violencia económica: de nuevo, hay ausencia de la relación por miedo a repetir o se es leal a la familia teniendo experiencias similares.

Madre castradora

Son madres que, en nombre del amor, someten a sus hijos a sus deseos y expectativas. Son mujeres que controlan y manipulan a sus crías y parejas para que sean como ella lo desea. Además, invalida todo asomo de independencia.

Como en todo lo que hemos visto, hay un espectro que comprende los dos extremos y muchos matices en el medio.

Una de las formas más sencillas para identificar a una madre castradora es reconocer a las mujeres que no pueden ser felices sin sus hijos, pues ellos y sus nietos son la fuente de su felicidad, y si ellos no están cerca, su vida se arruina.

Cuando se tienen madres castradoras en el árbol genealógico, lo más común es que tanto el hombre como la mujer, en la relación de pareja, tengan madres castradoras.

Esto genera dos tipos de escenarios simultáneos:

1. Mujeres con mamá castradora: serán inseguras, no sienten confianza en ellas mismas para tener una pareja y "hacerlo bien" y, además, suelen encontrar de pareja a un hombre con una madre castradora.

2. Hombres con mamá castradora: se casarán, pero su mamá será su prioridad, dejando a su esposa en segundo plano. Él no tendrá poder sobre sí mismo.

En este segundo escenario, donde hay un matrimonio de dos individuos con sus respectivas mamás castradoras, la mujer tendrá una suegra castradora para repetir la relación con su mamá y se sentirá insegura. Además, pensará que no "hace nada bien" y repetirá la relación con su papá al manifestar un esposo castrado e inútil.

Hija bastón

Las características de la noción de hija bastón vienen de sociedades muy antiguas en las que se destina a la hija menor para que se encargue de cuidar a los padres. Desde antes de nacer, se sabía que este sería su rol y por ningún motivo podía crear su propio destino o sería excluida de la familia.

Este concepto se ha transmitido de manera inconsciente de generación a generación, lo que hoy se traduce en que en ocasiones hay una hija que, a nivel inconsciente, siente que debe ser la persona encargada de sostener a los papás en su vejez.

En mi consulta, he visto diferentes casos de hijas bastón y te voy a enunciar los tres más comunes.

MAGIC L♥VE

1. Uno o los dos papás han tenido una enfermedad desde que la hija es independiente de ellos, así que se crea en su inconsciente el mensaje de que deberá estar ahí para ellos en todo momento.
2. La hija mayor de treinta años vive aún con sus padres y ellos son dependientes económica y emocionalmente de la hija.
3. La hija es independiente emocionalmente y vive en otro lugar, pero es la proveedora principal de sus papás.

Ser la hija bastón significa tener dificultades para materializar pareja porque en realidad no hay espacio energético para que llegue una persona. Además, si la mujer se encuentra en el caso uno o dos, es muy complicado crear una relación de pareja que no desequilibre esta dinámica familiar.

Me explico: si los papás de Juanita dependen de ella, las posibilidades de que Juanita pueda crear una relación de pareja independiente de ellos son muy bajas. Ahora, supongamos que la pareja de Juanita esté bien con que ella dedique su tiempo y recursos a sus padres. La pregunta será, y sobre todo si tú eres Juanita: ¿esa es la relación de pareja que quieres tener? Hay muchas familias para quienes esta dinámica funciona (en especial si es solo un papá quien vive con ellos). Solo tú puedes saber si eso es parte de tu proyecto de vida y dejarlo muy claro desde el principio.

Ahora, es muy posible que, si tú eres Juanita, en este momento sientas mucha frustración porque igual no le ves salida a tu situación. Tus padres dependen de ti y no hay forma de que eso cambie. Solo puedo decirte que esto es una creencia y lo siguiente, aunque va con todo el amor, sé que va a doler:

1. Es una creencia porque puedes encontrar formas de que tus papás estén bien cuidados y al mismo tiempo puedas crear la vida que deseas. Sé que en principio tu inconsciente va a traer cientos de razones para que esto no sea posi-

♡ PREPARAR EL TERRENO PARA MATERIALIZAR PAREJA ♡

ble (van a estar solos, no los van a cuidar bien, no tengo el dinero para pagar el lugar que ellos se merecen, me van a odiar por dejarlos en un lugar, etc.), pero es importante que hagas algo al respecto.

2. Acá viene la parte dura. La verdad es que si tus papás te van culpan por querer hacer tu vida y te van a hacer sentir mal por pensar en ti, tus papás son unos egoístas. Aunque es duro reconocerlo, es importante que lo veas y te preguntes si eso es justo contigo, si eso no es traicionarte a ti. Si de corazón y en consciencia decides que la vida como hija bastón es lo que eliges porque te hace feliz, hazlo, pero si no lo es, piensa a quién están priorizando ellos.

Represión sexual

En muchos árboles genealógicos, la sexualidad es un tabú. Primero, porque la religión ha tenido un papel muy importante para distanciar a los seres humanos de su sexualidad y de la capacidad de sentir placer y, segundo, porque socialmente es el instinto más fuerte que tenemos y es fundamental controlarlo para que podamos vivir unos con otros en sana convivencia. Permitir una sexualidad instintiva y animal es riesgoso para todos los integrantes de una sociedad.

Ahora, en el espectro de las represiones sexuales, hay familias en un extremo más que en otro. Quiero que, por favor, revises de forma detallada y con mirada detectivesca si es posible que existan estas memorias inconscientes en tu árbol.

1. Individuos a los que no se les habló de sexualidad y debieron descubrirlo por sí solos en el matrimonio.

2. Familiares con orientación sexual diferente o de identidad de género que no se acomoda al estándar. Sobre todo en el pasado, esto era reprimido o se vivía en secreto.

3. Individuos a quienes les dieron una educación sexual enfocada en la reproducción y sin ningún foco en el placer.

En el caso de las represiones sexuales, se ven diferentes tipos de patrones que se pueden manifestar y que le dificultan a una persona materializar una relación de pareja. A continuación, te enuncio los más comunes:

1. No disfrutar de la sexualidad y no poder conectarse a este nivel con la pareja, lo que produce roces y que no haya satisfacción en esta área.
2. Se pueden materializar parejas homosexuales o con cuestionamientos sobre su identidad de género. Lo más común en mis consultas es que las mujeres descubren, años después de terminada la relación, que a su chico le gustan los hombres.
3. Cuando hay dificultad para disfrutar la sexualidad, en general se hace difícil disfrutar la vida y gozarla. Entonces, suelen ser mujeres muy frías, racionales y sin expresiones emocionales, lo que crea problemas en la conexión con los hombres. Si bien es cierto que también hay hombres inexpresivos, las mujeres sabemos "lidiar" mejor con hombres no expresivos, pues quizás tuvimos padres distantes emocionalmente y estamos "acostumbradas", mientras que ellos, al haber sido criados por mujeres amorosas, tienden a querer esto de sus parejas y, por lo tanto, a desconectarse de mujeres con baja inteligencia emocional.

Madre frustrada

En los árboles genealógicos hay muchas mujeres con sueños truncados, mujeres que deseaban otras cosas para sus vidas y se vieron envueltas en situaciones por las que debieron renunciar a ello.

Cuantas más generaciones atrás esté en el árbol, tal vez la frustración sea menor, pues desde pequeñas reciben el programa de que deben cumplir y se acomodan a este más fácil. Sin embargo, existen mujeres excepcionales en los árboles, mujeres que se querían salir del molde y que no compraron el discurso, pero que aun así sucumbieron al orden social porque crear otro tipo de vida significaba demasiada rebeldía y quizás no llegaban a ese nivel de revolución. Así que dejaron sus sueños atrás y fueron madres y esposas como mandaba la sociedad.

Ahora, la generación nacida en los años cincuenta y sesenta del siglo pasado tuvo una educación contradictoria: por un lado, ya las mujeres se abrían un camino profesional, pero al mismo tiempo seguían con las expectativas de ser amas de casa y cuidar de los hijos.

Es precisamente esta generación la que tiene el conflicto de madre frustrada más presente, pues esas mujeres sí pudieron soñar con una vida diferente a la de ser esposas y madres. Incluso algunas de ellas alcanzaron las mieles de la independencia financiera y el poder de trabajar en algo que les daba placer. El conflicto se presentaba, para algunas, cuando se casaban y el esposo les prohibía trabajar o les exigía quedarse al cuidado de los niños.

La mayoría de las madres lo hacen desde el amor y por el bienestar de sus descendientes; no obstante, lo hacen sacrificando sus sueños y dejándolos atrás.

Es muy común oír el discurso de las mamás que dicen que ellas eran "alguien" hasta que tuvieron hijos. Dicen que quedarse en casa fue la mejor decisión que tomaron; sin embargo, los hijos pueden entender el sentimiento de frustración de estas mujeres y se impregna en ellos un sentimiento de culpa.

Esto tiene un impacto en las relaciones de pareja de los descendientes porque deja un mensaje oculto que dice que se debe escoger entre la carrera profesional y la vida emocional, que si se casan van a tener que renunciar a sus sueños profesionales.

Se genera un camino de lealtad con esa madre frustrada para hacer lo que ella no pudo hacer: ser exitosa en lo profesional y no dejar que el matrimonio o los hijos le trunquen el camino. Así el inconsciente va a dificultar la materialización de pareja y va a crear barreras para que esto no suceda.

Además, genera un sentimiento de culpa, "Mi mamá hizo esto por mí", y crea una deuda emocional con la mamá, la cual pagamos en la adultez de forma inconsciente y que se traduce en muchas formas de no ser feliz. Sentimos que si nuestra mamá no pudo ser feliz, ¿quiénes somos nosotras para serlo?

Así, tener una pareja de alta consciencia es muy desafiante porque se debe hacer desde el amor y el crecimiento espiritual, no desde las convenciones sociales. Eso crea un conflicto en la persona que no pudo hacerlo diferente (la mamá), y para justificar sus decisiones, persuade inconscientemente a la hija para que haga las cosas igual a ella.

Amores imposibles

Finalmente, en las historias de árbol genealógico, encontramos muchas historias de amores imposibles o prohibidos que generan una memoria inconsciente que puede significar el impedimento de materializar pareja en las generaciones siguientes.

Un amor imposible o prohibido es aquel que fue truncado por las convenciones sociales. Los más comunes son cuando los enamorados eran muy diferentes en alguna característica importante para la sociedad, como el nivel socioeconómico, la edad, la raza o las creencias religiosas, entre otras.

Alrededor de estas historias, generalmente hay dos caminos.

1. La relación amorosa es truncada por los familiares de tal forma que los enamorados siempre se quedan con la frustración. Pueden rehacer su vida y casarse o no, pero lo importante acá es que siempre queda el mensaje inconsciente

de "Este era el amor de mi vida… ¿Qué habría sido de mí si lo hubiera podido experimentar?".

2. Que los enamorados deciden escaparse para poder estar juntos y que la familia los exilie por meses, años o incluso para siempre. Así queda en el discurso familiar que fue un amor tan grande que se eligieron a ellos antes que a los familiares.

Cualquiera de estos dos caminos puede causar, en generaciones futuras, la dificultad de materializar la pareja.

En el primer escenario, una mujer puede repetir estas historias con amores espectaculares que, por una u otra razón, nunca llegan a feliz término. Son historias muy frustrantes porque significa que sí logra conexiones muy profundas, pero queda con esa sensación de mala suerte porque todo al final se desmorona.

En el segundo caso, se genera una memoria inconsciente de "peligro", donde amar significa perder a tu familia, y aunque un integrante lo haya hecho en el pasado, no significa que las generaciones más recientes no reconozcan el peligro de amar. Así que, a nivel inconsciente, temen que enamorarse o casarse signifique perder a su árbol.

Por lo general, en estos casos de repetición, la familia no aprueba o no quiere a la pareja, entonces la mujer siente que si esto progresa no va a ser bienvenida en el árbol familiar, así que empieza a sabotear las relaciones o a sentirse muy frustrada por nunca encontrar a alguien que sea del gusto de sus padres o familiares.

TRANSFORMAR LA INFORMACIÓN DEL INCONSCIENTE

Hasta este momento, nos hemos enfocado en identificar las creencias y los patrones que nos impiden materializar pareja, y esto es muy poderoso y valioso, pero debemos hacer un proceso activo para transformar eso que hemos descubierto porque, de lo contrario, corremos un riesgo muy grande: quedarnos con mucho conocimiento y sin cambios reales en la vida.

Por eso, quiero que leas este capítulo con mucha conciencia, porque lo que vas a descubrir debes llevarlo a la práctica y entrar en acción. Si solo te quedas con la información intelectual de las primeras partes del libro, puede que tu realidad no cambie y, por mucho que sepas qué es lo que te tiene bloqueada, tu vida seguirá exactamente igual.

Antes de contarte cuáles son las características que debe tener una herramienta para hacer la transformación, quiero explicar de forma muy didáctica cómo funciona el inconsciente. Con esto será más fácil comprender cómo transformarlo.

Quiero que imagines que el inconsciente es como un mundo lleno de destinos que está dentro de ti. Hay rutas y lugares de interés y cada uno de los destinos y lugares tiene unas coordenadas particulares, así como diferentes caminos por los que se puede llegar al mismo lugar. ¡Claro! También dependerá desde qué punto partes.

Imagina que este mundo tiene miles de millones de sitios, puntos, destinos e incluso espacios vacíos. Todo esto que contiene el mundo son tus memorias conscientes e inconscientes. Hay unos destinos que has visitado: los recuerdas, sabes dónde están y cómo son y puedes contarles a los otros lo que allí viviste. Pero hay otras memorias que quedaron grabadas en el inconsciente, en un lugar muy particular que no tienes tan presente, y no puedes recordar con exactitud cuándo ni cómo sucedieron.

Es más, este mundo empezó a construirse de memorias muchos años antes de nacer. Están en tu mundo, pero no las has visto

♡ PREPARAR EL TERRENO PARA MATERIALIZAR PAREJA ♡

ni conocido. Al momento de nacer, cada situación que sucede va creando una memoria en tu inconsciente, es decir, un punto de interés, y algunas quedarán consignadas en tu memoria de forma muy fuerte, mientras otras serán tenues y podrán despertarse en algún momento de tu vida. Otras más tendrán una señal muy débil y tan suave que creerás que no son parte de tu historia.

Ahora, como has decidido hacer tu proceso de materializar pareja, has identificado diferentes momentos y situaciones que pueden impedir que logres tu sueño, pero si esas memorias se quedan tal cual como están, tu mundo no cambia, sigue siendo el mismo.

Por eso, es importante viajar a estas memorias, abrirlas, volverlas a vivir y depositar en ellas nueva información que las reprograme y te permita concebirlas de forma diferente. Es como una actualización del sistema operativo del computador o celular. Al parecer, es exactamente el mismo, pero gracias a unos ajustes funciona de un modo diferente y te permite hacer cosas distintas a las que hacía antes de la reprogramación.

Hay algunas características de la mente inconsciente que es importante que conozcas para que este proceso, que parece muy mágico, adquiera sentido para tu mente racional.

1. La mente inconsciente no experimenta el tiempo que, como seres humanos, vivimos. Esto quiere decir que no hay un pasado, un presente y un futuro, sino que todas las memorias están presentes en su mundo al mismo tiempo. No hay un antes y un después.

2. Cada vez que recordamos un acontecimiento, este vuelve a vivirse a través de las emociones así sea algo que pasó hace mucho tiempo. Cuando lo recordamos, es como si lo viviéramos de nuevo.

3. La mente inconsciente no entiende de razones y lógica. No importa la verdad de lo sucedido ni las razones in-

telectuales para que una situación se llevara a cabo de cierta manera u otra. La vivencia de cada individuo frente a esta situación le hace crear su propia memoria inconsciente. Esto explica por qué diferentes personas que vivieron un mismo evento tienen una respuesta distinta a este acontecimiento. Lo importante no son los hechos como tal, sino la forma en que cada individuo los vivió y los interpretó.

4. En este mismo sentido, es importante saber que el lenguaje que usa el inconsciente es simbólico y metafórico. Por eso, suele darse licencias poéticas incomprensibles para la mente racional y aun así realizar sus procesos. Los sueños son los ejemplos perfectos de cómo funciona la mente inconsciente. Puedes ser una serpiente que se quiere comer un unicornio, saber que ese unicornio es un pastel de chocolate y que cuando te lo comes se convierte en Brad Pitt, pero tú sabes que no es Brad Pitt, sino tu papá.

Cuando comprendes la naturaleza de la mente inconsciente, aceptas que la información que allí se aloja es la que toma el noventa y seis por ciento de tus decisiones de vida y te das el permiso de ir a transformar esta información para que ahora tome las decisiones desde otro lugar.

Luego, es importante que utilices herramientas que te permitan penetrar tu inconsciente, llegar a la memoria que quieres transformar, sembrar una nueva información y nutrirla con acciones cotidianas.

Para que una herramienta sea efectiva para transformar la mente inconsciente, se requiere que hable en su mismo lenguaje. Por eso, será necesario que cumpla con dos características.

1. Que no sea lógica.
2. Que use un lenguaje simbólico y metafórico.

♡ PREPARAR EL TERRENO PARA MATERIALIZAR PAREJA ♡

Esto quiere decir que no es necesario que tu parte racional comprenda cómo y por qué va a funcionar. Por supuesto, será un desafío si eres una mujer que se ha aferrado a lo científicamente comprobado y al lenguaje de la razón. Es como querer darle lógica al sueño de la serpiente y encontrar las razones científicas de por qué existe el unicornio y cómo se convirtió en un pastel de chocolate.

De hecho, mientras más intervenga la mente racional, menos vas a poder penetrar en el inconsciente.

Te contaré sobre algunas de las herramientas más poderosas que ayudan a ingresar directo en el inconsciente y luego me centraré en la que utilizo en mi programa MAG1C LOVE.

1. Todos los rituales.
2. Meditación.
3. Respiración holotrópica.
4. Sanación con el sonido.
5. Masajes y movimientos corporales.
6. Regresiones.
7. Tarot.
8. Constelaciones familiares.
9. Biodecodificación.
10. Actos simbólicos.

Todas estas herramientas tienen algo en común: no se centran en lo racional para el proceso de sanación. De hecho, gran parte de su fuerza es que apagan o alteran la percepción consciente y aminoran la bulla de la mente racional y su ego.

Actos simbólicos

Los actos simbólicos son un derivado de la propuesta de Alejandro Jodorowsky, quien habla de actos psicomágicos. Son representaciones teatrales y poéticas de la memoria inconsciente que se quieren transformar y que deben ser ejecutadas por la persona interesada de forma autónoma y en completo poder de su proceso y camino.

Durante la ejecución de un acto simbólico suceden muchas sincronías y situaciones mágicas que nos permiten darnos cuenta de que estamos fuera del campo lógico y racional, aunque al mismo tiempo estemos muy presentes y conscientes de lo que está sucediendo.

El poder de los actos simbólicos está enmarcado en:

1. La sensación de confrontación que producen.
2. La utilización de elementos simbólicos puntuales que permiten abrir la memoria que se quiere transformar.
3. La voluntad de la persona de hacer el acto a pesar de lo ridículo o difícil que parezca.

Entremos en cada uno de ellos.

La sensación de confrontación que producen

Como ya he explicado, los actos simbólicos no se rigen por un lenguaje lógico y racional; sin embargo, cuando son creados para una situación puntual que ha estado enquistada durante mucho tiempo, la persona que recibe el acto simbólico no quiere hacerlo, no desea ejecutarlo y puede crear un rechazo físico de solo pensarlo. Mientras más rechazo produzca el acto simbólico, más efectivo es.

Esto sucede porque, en efecto, el acto es darle un giro a una memoria que está alojada en el inconsciente y que no quiere ser modificada. Así, un acto simbólico para una persona puede ser muy sencillo de ejecutar y para otra puede ser más confrontante porque la dificultad no está en lo que hay que hacer, sino en ir más allá del inconsciente para transformarlo.

Esto quiere decir que cuando una consultante se resiste a hacer un acto porque tiene unas ideas y creencias alrededor de este, estamos justo en el punto que es importante transformar.

Te voy a contar sobre un acto simbólico para que identifiques si te resistes. Por favor, haz conciencia de tus pensamientos, de lo que ocurre en tu cuerpo y si surgen justificaciones para no hacerlo. Lee con atención y fíjate en qué parte puntual del acto algo cambia en ti.

ACTO: resignificar el dinero

Para este acto, quiero que consigas un billete de la denominación más alta que haya en tu país. Lo vas a poner durante diez minutos en tu corazón y le vas a agradecer al dinero por todo lo que ha hecho por ti. Luego vas a alejar el billete para verlo y le vas a decir en voz alta: "Yo soy abundante y no te necesito. El dinero siempre llega a mi vida". Luego vas a cortar el billete con unas tijeras. Después de cortarlo, vas a sembrar un árbol que dé muchos frutos y pondrás los pedazos de billetes dentro de la tierra. Procura sembrar el árbol en un lugar que no visites constantemente.

¿Sentiste resistencia ante la idea de cortar el billete? ¿Crees que el dinero no puede desperdiciarse así? ¿Sientes que eres capaz de hacer el acto y darle un nuevo valor al dinero?

Si en tu caso, como es el caso de la mayoría de las personas, en el momento en que te digo que debes cortar el billete con unas tijeras sientes algo distinto, como un pequeño cortocircuito en tu cuerpo, quiero decirte que estás ante una resistencia. Esta sensación es ideal percibirla cuando se recibe un acto simbólico, porque si esto sucede, sabes que el acto es perfecto para ti.

También puede suceder que en principio seas muy abierta a hacer el acto y parezca que no tienes resistencia, pero pasa el tiempo y no lo haces, bien sea porque no te dan ganas, no has tenido tiempo o porque cuando vas a hacerlo algo se interpone. Todas

MAGIC LOVE

estas reacciones también son resistencias del inconsciente y son una excelente señal de que el acto va a funcionar.

Utilizar elementos simbólicos puntuales que permiten abrir la memoria que se quiere transformar

Para que un acto sea efectivo, debe contar con elementos simbólicos. Estos son los que, como un código, al ponerse todos juntos, permiten activar las coordenadas de una memoria específica.

Veamos un ejemplo.

Tienes un recuerdo traumático del día en que tu papá decidió irse de la casa y se hizo oficial la separación de él con tu mamá. Recuerdas estar en la ventana con una pelota azul en la mano, viendo cómo tu papá se iba de la casa con una maleta marrón y se subía en un taxi amarillo. Tu mamá lloraba en la cocina mientras preparaba unos espaguetis para ti y para tu hermana. Es un momento muy triste, recuerdas querer despedirte de tu papá, pero no lo hiciste. Solo observabas como él se alejaba y luego recuerdas estar triste comiendo espaguetis.

Esta escena contiene algunos objetos que le dan fuerza:

1. La pelota azul.
2. La maleta marrón.
3. El taxi amarillo.
4. Los espaguetis.
5. El padre.

Cada uno de estos elementos por separado no significa mucho, pero juntos simbolizan el día en que tu papá se fue de la casa. Así, cuando se crea un acto simbólico, se deben tener presentes estas simbologías e integrarlas en conjunto para que, como un código de acceso, le den entrada a la memoria inconsciente.

¿Cómo sucede esto en la práctica?

♡ PREPARAR EL TERRENO PARA MATERIALIZAR PAREJA ♡

Digamos que la mujer que tiene esta memoria no ha podido materializar una pareja de alta consciencia porque teme ser abandonada (como lo hizo el padre aquel día). Les tiene pavor a las despedidas y prefiere no tener pareja, pues de solo pensar en terminar una relación siente que puede morirse.

Sin embargo, esta misma mujer efectivamente quiere encontrar a alguien y aprender que no hay abandono y que despedirse a veces es parte del camino, así que crea un acto simbólico para reprogramar esta memoria:

Mensaje inconsciente	Nueva programación
Fui abandonada por mi papá y para mí no es posible despedirme.	No hubo abandono, sino una decisión de vida. Está bien para mí despedirme y que las relaciones se terminen.

Para poder acceder a esta memoria y resignificarla, es importante revivirla y sembrar un nuevo mensaje, pero como esta se encuentra en el ámbito inconsciente, al cual no tenemos acceso y no sabemos dónde está exactamente, debemos aplicar un código que, una vez puesto en marcha, resuene con la memoria inconsciente, haciendo que se active.

Entonces, decidimos hacer el siguiente acto simbólico:

Vamos a hacer una cena con el papá. Para eso, alguien nos ayudará a representarlo y portará una fotografía del padre. Se compran un balón azul y una maleta marrón. Van a comer los dos juntos un delicioso plato de espaguetis mientras hablan de anécdotas y cosas agradables. Cuando llega el momento de despedirse, la persona que está reviviendo el acto va a tomar el balón azul en sus manos y le va a leer una carta de despedida al padre (representado por el ayudante). El padre le va a decir a la chica que la ama, que la quiere, que siempre la lleva en su corazón, que siempre va a

MAGIC LOVE

estar ahí para ella y que puede contar con él. El ayudante se va a poner una foto de la niña junto a su corazón, va a tomar la maleta marrón y se va a ir en un taxi. Mientras se despiden, los dos se sienten seguros y amados.

Este es el acto en teoría, pero llevarlo a la práctica es un siguiente paso.

Lo que va a suceder cuando se ponga en marcha el acto es que se van a tener los cinco elementos simbólicos: la pelota, los espaguetis, la maleta, el taxi y el padre. Cuando ya no son ideas intangibles, sino que han "cobrado vida", se ha activado el código y casi de forma instantánea estarás justo en esa memoria inconsciente.

En realidad, tu ser racional seguirá alerta y sabrá que está en un acto simbólico, una representación, pero al mismo tiempo se habrá despertado la memoria inconsciente y esta se reprogramará en tiempo real.

En otras palabras, estás en dos estados de consciencia al mismo tiempo.

Como para la mente inconsciente no existe la lógica, no importa que el ayudante no sea tu verdadero papá. Es como cuando Brad Pitt es tu papá en un sueño. Tampoco está en el tiempo, entonces no está pensando de forma cronológica: "Ah, esto pasó hace muchísimo tiempo, no se puede repetir, no se puede cambiar y lo que ya fue, fue". No, todo lo contrario. La mente inconsciente simplemente está volviendo a vivir la misma situación (como cuando recuerdas las emociones), solo que esta vez vas a depositar una información diferente y la vas a vivir de una manera distinta.

Ya te decía que cuando se activa un acto simbólico van a pasar sucesos sincrónicos que son muy interesantes para todo el proceso de sanación. Por ejemplo, para este caso específico, puede que la mamá o la hermana llamen y mencionen algo que tiene que ver con el papá. Puede que el ayudante, sin saberlo, llegue con una camisa idéntica a la que tenía el papá ese día. Puede que la pelota azul tenga la fecha de fabricación del mismo día de tu cumpleaños y cosas por el estilo que son demasiado impresionantes como para ser casualidades.

Una vez se resignifica esta memoria con un final distinto y feliz, se da por terminado el acto simbólico y es importante deshacerse de todos los elementos utilizados para no volver a despertar la memoria.

De hecho, es mi responsabilidad decirte que si no tienes experiencia en crear actos simbólicos, es importante que te dejes guiar por una persona que sí conozca del tema y te dé los detalles de cómo abrir y cerrar el acto desde un lugar de amor, así como las indicaciones para deshacerse de los elementos, así sea simbólicamente. A veces, lo mejor será quemarlos, botarlos a la caneca, llevarlos a un río o enterrarlos, y cada uno tendrá un significado particular.

Lo importante de este apartado es que entiendas el poder de las simbologías para poder activar y reprogramar una memoria inconsciente.

La voluntad de la persona de hacer el acto a pesar de lo ridículo o difícil que parezca

Desde mi experiencia, uno de los efectos más poderosos de hacer un acto simbólico es la fuerza que te da el simple hecho de ejecutarlo.

Sigamos con el ejemplo anterior. En principio, te da pereza, tienes que hablar con un amigo, echarle todo el cuento, ver si te ayuda, organizar la logística, decidir qué día lo vas a hacer y muchas otras cosas más que seguro no te van a entusiasmar tanto. Además, si el acto fue bien creado, aunque no lo veas, es posible que emocionalmente sea muy fuerte para ti y que por lo mismo te confronte y opongas resistencia.

En mi caso, cuando leo el acto del ejemplo, me parece muy sencillo de hacer y no le veo problema, pero sé que si una mujer vivió esto y fue muy doloroso, el solo hecho de pensar que hay que revivir ese momento le generará tensión y ganas de no hacerlo.

Por otro lado, está la resistencia de la parte consciente y racional, que se preguntará si esto en realidad va a servir para algo, que dirá que es ridículo, que es estúpido y que es imposible que funcione y transforme una realidad.

Pero si desde un lugar de amor, voluntad y poder decides que vas a hacer el acto, esto en sí mismo ya es sanador. No solo porque te atreves a ir más allá de lo lógico, sino porque cuando lo hagas vas a ver que pasarán cosas maravillosas, mágicas y te sentirás de una forma muy particular. Además, la experiencia en sí misma es divertida (no siempre, ya que hay algunos actos que son muy intensos). Al hacer actos más desafiantes, te sientes invencible, te das cuenta de que eres capaz de hacer muchas cosas impensables y los límites y barreras empiezan a derrumbarse porque hiciste aquello que creías irrealizable. Esa sensación de victoria nadie te la puede quitar.

Nutrir la información que se ha reprogramado

Siempre les digo a mis consultantes que los actos simbólicos son la siembra de una semilla muy poderosa, pero que una semilla sin cuidado y sin abono nunca puede germinar. Así que es fundamental nutrir esta semilla en la vida cotidiana para que germine. Esto significa que los efectos de un acto simbólico no serán inmediatos, sino que se tomarán tiempo en asentarse y empezar a romper el cascarón. También es cierto que hay diferentes tipos de semillas: están las de fríjol, que en menos de ocho días ya están germinadas, y están las de bambú, que se tardan un par de años. Con esto no quiero desalentarte y que solo te enfoques en el tiempo, pero debes saber que cada acto se tomará el plazo que necesite. Sin embargo, mientras lo nutras día a día, le llegará el momento de florecer.

¿Qué significa nutrirlo y cuidarlo? Que ahora es importante que tus acciones sean coherentes con eso que acabas de transformar. En el caso del ejemplo, será realizar acciones concretas frente al miedo al abandono y decir adiós cuando haya que hacerlo.

♡ PREPARAR EL TERRENO PARA MATERIALIZAR PAREJA ♡

En el caso de esta mujer hipotética, será dejar de evitar esas situaciones en las que podría sentirse abandonada y confrontarlas. Digamos que esta mujer que le tenía miedo al abandono antes del acto simbólico usó las aplicaciones, pero desistió muy pronto porque se aburrió de que los hombres le hicieran *ghosting*. Estas situaciones, por supuesto, le tocaban su herida y eran muy dolorosas, no porque un "equis" le dejara de hablar, sino porque eso le recordaba de manera inconsciente la sensación de abandono que tenía hacia su padre.

La mujer que ha reconocido que ese miedo al abandono viene de una memoria inconsciente debe volver a intentar en las aplicaciones de citas y tener un nuevo acercamiento a los hombres que le hicieron *ghosting*. Por ejemplo, puede pedir una explicación amable a la desaparición, reconociendo que está bien que la "abandonen", o puede escribir un mensaje de cierre y despedida, sin expectativas, pero que le haga entender a la otra persona que el *ghosting* no está bien y que un "no" es válido para el potencial de relación.

Ahora, frente a las despedidas, también debe empezar a actuar diferente. Digamos que, en términos generales, evita las fiestas de despedida o no asiste a los funerales porque son muy intensos emocionalmente. En este caso, la mujer debe hacer consciencia de su resistencia a decir adiós, actuar y empezar a despedirse aunque esto le cause resistencia y rechazo.

Mientras más acciones masivas a consciencia se hagan en el día a día, más rápido germinará la semilla del acto simbólico. Cuando menos lo piense, esta mujer no solo será la mejor anfitriona de futuras fiestas de despedida, sino que a nivel inconsciente también habrá comprendido que todas las relaciones pueden llegar a un final y que incluso está bien decir adiós cuando el camino ya no es el mismo y las oportunidades de evolucionar y crecer se han acabado.

MAGIC L♥VE

Con esto en la mente y en el corazón, será más fácil construir una relación de pareja de alta consciencia porque ya no será desde el miedo al abandono, sino desde la certeza de que las despedidas son posibles y que pueden ser una excelente decisión.

> **Nota:** Para encontrar actos simbólicos que te puedan ayudar, puedes ir a mi cuenta de IG (@silvanapiedrahital) y escoger el que más te resuene o más resistencia te genere entre los cientos que hay disponibles.

PREPARARTE PARA SOSTENER LA RELACIÓN DE PAREJA

En este capítulo vamos a profundizar en cómo prepararte para una relación de pareja de alta consciencia. Aunque a veces la historia parece girar en torno a "encontrar al chico ideal", la realidad es que el verdadero compromiso y la magia de construir algo profundo viene después. Es fácil perderse en la ilusión de la búsqueda, pero el amor de verdad demanda algo más: dedicación, apertura y la valentía para trabajar juntos hacia una conexión que realmente transforme.

Aquí exploraremos esos conceptos que te permitirán construir una relación donde la comunicación fluya y el crecimiento sea conjunto. Hablaremos de la consciencia que puedes desarrollar ahora mismo, de las prácticas que fortalecen tu mundo interno y de las actitudes que te preparan para sostener, con amor y confianza, una relación que honre la evolución de ambos.

Para empezar, hagamos un símil con un viaje que deseas hacer para conocer un país que toda la vida has querido conocer y que, por alguna u otra razón, habías pensado que era imposible y que nunca lo lograrías. Un día, decides que vas a realizarlo y empiezas a hacer todos los preparativos que eso implica: investigar en internet sobre el destino, comprar los tiquetes de avión, organizar documentos o visas, escoger los hoteles en los que te vas a hospedar y decidir qué actividades vas a hacer.

Todo esto significa una inversión de energía, tiempo, dinero, decisión y determinación. Sin embargo, todavía no estás viviendo esa experiencia, aún no estás en el país que sueñas y no ha llegado el momento de la victoria.

Sí, estás convencida de que ese viaje va a suceder y has invertido tus recursos en ello, pero eso no significa que lo hayas logrado. Para haberlo alcanzado, realmente es necesario que regreses del viaje y que hayas vivido todo lo que querías experimentar en la estadía. Entonces, celebrar que encontraste pareja es como celebrar que llegaste al aeropuerto. Llegó el día, de eso no cabe duda, pero todavía falta mucha aventura por vivir.

Lo mismo sucede con tu sueño de materialización de pareja. Y me encanta romperte el globito porque llevas mucho tiempo convencida de que cuando eso pase, cuando conozcas a la persona, cuando por fin se materialice un hombre en tu vida, podrás darte por ganadora y lo que vendrá de ahí en adelante será la vida fluyendo de la manera más armónica, amorosa y perfecta.

No, mi querida amiga, eso no es lo que va a suceder. Si quieres casarte, lo más probable es que vaya a llegar la proposición, que tengas un anillo en la mano y que tengas la boda que quieres, pero al mismo tiempo te vas a dar cuenta de que estar en pareja es otro aspecto de la vida y que, si no lo cultivas y cuidas, se te va a ir de las manos.

Este paso me encanta porque soy la primera animadora de que logres tus sueños y hagas lo que esté en tus manos para alcanzarlos, pero también soy la que te dice que lograr tus sueños no es la solución a los problemas, no es lo que te da felicidad y no es lo que te hace sentir como has anhelado sentirte.

Cuando encuentras a la persona y empiezas una relación de pareja, te puedes sentir feliz, pero si esta felicidad no llegó porque tú hiciste tu trabajo interior, el día que el amor se acabe o que alguno tenga una experiencia humana que fragmente la relación o incluso la termine, tu "felicidad" se habrá ido y eso no es lo que queremos si haces este proceso.

Si quieres tener una pareja de alta consciencia, eso significa que eres una mujer de alta consciencia. Encontrarte en este estado del ser significa solo aceptar en tu vida situaciones, personas y proyectos que te permitan evolucionar, crecer, mejorar y amar.

Como ves, estar en alta consciencia no significa ser feliz, sino que es más un estado de plenitud con quien eres y con la vida, uno que te prepara para experimentar TODAS las experiencias sin la expectativa de que todo debe ser perfecto.

Eso significa que es importante que te prepares para lo que vas a vivir, lo cual es una aventura espectacular que te va a traer muchos momentos de alegría, con la que vas a sentir cosas maravillosas y, al mismo tiempo, te va a traer desafíos, retos, aprendizajes y desarrollo personal y espiritual.

Si quieres que esta relación dure muchos años, es fundamental que entiendas que ese momento en que encuentras a la persona es solo el principio de la materialización de tu sueño y que es bueno que estés leyendo este libro para prepararte desde ya y estar lista para sostener una pareja de alta consciencia.

Así que empecemos con los preparativos.

Este libro está dirigido a mujeres que desean ser personas en alta consciencia para tener un estilo de relación que no es el más común. Es decir, está escrito para ti, que quieres pertenecer a esta revolución de mujeres y de personas que tienen el deseo profundo de relacionarse entre seres humanos, y especialmente con los hombres, desde un lugar evolutivo y amoroso.

Es para mujeres que desean una experiencia muy especial y saben que especial no significa perfecta. Ahora, para sostener esta relación en el tiempo, debes desde ya trabajar en lo siguiente: soltar aquello a lo que estás aferrada.

♡ PREPARAR EL TERRENO PARA MATERIALIZAR PAREJA ♡

Deja de estar aferrada

Este capítulo explora cómo ciertos conceptos están frenando tu camino hacia una relación de alta consciencia. Aferrarte a la independencia como un símbolo de fortaleza, resistirte a cambiar tu forma de pensar o actuar y creer que eres víctima de las circunstancias son ideas que te atan. Para abrir espacio a una relación de pareja, es necesario soltar estas creencias.

Al romper con estos conceptos limitantes, te liberas de una versión de ti que, aunque cómoda, no permite la expansión. Este es un llamado a dejar de lado las barreras invisibles que has construido y permitir que el amor entre sin restricciones.

Revisemos las tres ideas a las que puedes estar aferrada:

A la independencia

Estar apegada a tu independencia es, por definición, estar enamorada de ti, de tu vida, de lo que has construido. Es construir una relación contigo misma donde no hay espacio para que llegue una persona nueva para enamorarte.

No quiero decir con esto que no puedas ser una mujer exitosa y capaz de muchas cosas. Lo que quiero decir es que exaltar la independencia, vanagloriarse de la autosuficiencia y sentir que es lo único a lo que no renunciarías a tu vida muestra dos cosas:

a. Que valorar esto más que una relación de pareja hará que materialices eso: estar soltera.

b. Que si estás peleando conmigo a través de estas palabras es porque estás aferrada.

Hay que desapegarse de esta idea para que sea posible construir una relación de pareja donde seas tú misma, te sientas libre y al mismo tiempo ames vivir y construir tu vida con otra persona.

A la forma de ser y de pensar

A lo largo de la vida nos vamos aferrando a una personalidad construida. Existen una serie de creencias que refuerzan la idea de que es imposible cambiar la forma de ser y de pensar. Pasan los años y estamos convencidas de que somos lo que somos y no hay nada que podamos hacer.

Puede que esa personalidad nos guste o no, pero nos apegamos a ella con todas nuestras fuerzas. Pensamos con firmeza que tenemos una verdad o algo que demostrar al mundo. De nuevo, como ya lo he mencionado antes, nos vamos a enfocar en los extremos. Esto quiere decir que solo te vas a fijar en aquellos comportamientos y formas de pensar que:

1. Sientes que nunca vas a poder cambiar.
2. No quieres cambiar porque te parece lo máximo ser o pensar así.

Digamos que es algo tan fuerte que podrías decir "Primero muerta que...". No entraré a discutir si literalmente escogerías morir, pero sí es tan fuerte tu deseo de mantenerlo que no puedes imaginarte haciendo todo lo contrario.

Quiero decirte que una frase de ese calibre ha sido una cárcel que tú misma te has impuesto: te limita, te atrapa y te quita la libertad. Sí, en principio eres libre de haberte metido en esa jaula, pero qué triste que no puedas cambiar y salir de ella.

Así que si quieres materializar pareja, una que represente un cambio en tu vida, es fundamental que revises todas esas declaraciones absolutas de las que te has hecho prisionera y te permitas, a partir de hoy, ser libre para ser lo que quieras ser.

A continuación, te dejo una lista de formas de ser y pensar que mis consultantes se negaban a liberar:

♡ PREPARAR EL TERRENO PARA MATERIALIZAR PAREJA ♡

Ser:

1. Soy una mujer que siempre se maquilla. No puedo salir sin maquillaje.
2. Soy una mujer que no se maquilla. Odio el maquillaje.
3. Soy una mujer tímida y callada.
4. Soy una mujer que siempre prefiere estar en la casa.
5. No soy una mujer de aplicaciones de citas. Nunca voy a abrir una.
6. Soy una mujer ordenada. No podría vivir con desorden.

Pensar:

1. La infidelidad es lo peor.
2. El matrimonio es fundamental.
3. Ser mamá significa haber estado embarazada.
4. Los hombres divorciados no sirven para hacer pareja.
5. La pareja debe convivir.

Lo importante es reconocer que se puede pensar y ser diferente. Y la idea no es pasar de un extremo a otro, sino abrirse a ver las cosas de una forma distinta. Por ejemplo, es pasar de pensar "La infidelidad es lo peor y si me pasa voy a sufrir" a "La infidelidad es normal y si sucede tomaré la decisión que me dé mayor tranquilidad".

Como puedes ver, el primer pensamiento es muy limitante y te programa de una vez para un desenlace funesto. El segundo te hace consciente de que esto puede pasar, lo que es una gran ventaja, porque sabes que la fidelidad no está garantizada por un anillo o una boda y que es algo que debes revisar constantemente con tu pareja para que, en lo posible, no suceda. Además, abre la situación a más posibilidades si llegara a pasar: pueden terminar la relación, pueden aprovechar este suceso para mejorarla o pueden hablar de la posibilidad de abrir la relación. No hay, *a priori,* una programación de cómo esto te va a hacer sentir o pensar, pero te permite revisarlo y tomar la decisión que más te convenga.

En el ejemplo, no es pasar de "La infidelidad es lo peor" a "La infidelidad es lo mejor". Es algo más expansivo, más flexible; es lo que podríamos llamar apertura mental.

Esta nueva forma de concebirte te permitirá sostener una relación de pareja, porque implica y significa que desde ya te permites ver el mundo diferente. Algo que con certeza va a suceder cuando llegue un hombre a tu vida.

Al victimismo

Aunque parezca increíble, nos apegamos a estados emocionales negativos como el victimismo. Es la sensación de que somos víctimas de las circunstancias y de las personas. Esto quiere decir que nos sentimos débiles y sin el poder de cambiar nuestra realidad.

Alrededor del victimismo hay mucha queja y poco cambio. Los patrones y las situaciones se siguen repitiendo una y otra vez.

Es importante aclarar que dejar de estar aferrada al victimismo no quiere decir que le quitemos la responsabilidad a las personas que nos hicieron daño. Lo que sucede es que sabemos que son responsables de lo que nos ocurrió, de los hechos y de los acontecimientos, pero les quitamos el poder para que definan nuestra vida y nos encasillen.

Desapegarse del victimismo significa salir de la queja y entrar en la acción. Es decir, dejar atrás el "¿Por qué a mí?" y pasar al "¿Para qué me pasó?" y "¿Qué voy a hacer con esto para mejorar mi vida y la de otros?". Así recuperas tu poder y te pones en marcha para crear la vida que sueñas.

Si lo que te pasó es grave, siempre serás una sobreviviente y eso te hace poderosa, no débil. Si lo que te sucedió no fue grave,

♡ PREPARAR EL TERRENO PARA MATERIALIZAR PAREJA ♡

pero tu interpretación te hacía creer que sí, cuando te despegas del victimismo, te das cuenta de que hay varias perspectivas frente a una misma situación.

También porque permanecer en este estado nos permite justificar que las cosas no salgan como queremos y que sigamos esperando ser recompensados por nuestra bondad y responsabilizar a otros de nuestra vida y realidad.

Decidir soltar el victimismo significa hacernos responsables de nosotras mismas y de la realidad que hemos creado y vamos a crear. Esto es algo que pocas personas están dispuestas a hacer, sobre todo cuando hay eventos fuertes y traumáticos que han impactado sus vidas. Es asumir que nadie, y menos un hombre que esté dispuesto a tener una relación de pareja contigo, viene para salvarte la vida. Solo tú tienes ese poder.

Al mismo tiempo, te permite prepararte para una relación de pareja de alta consciencia, donde ya no culparás al otro de lo que te sucede, y juntos podrán tomar acciones de mejora para evolucionar.

Después de que hayas identificado a qué estás aferrada, es fundamental que seas consciente de que existen en ti unos detonadores que, aunque estés en un proceso de consciencia, se van a activar de forma automática.

Tener los detonadores claros

Los detonadores son acciones o situaciones que generalmente activan tu reacción inconsciente a una herida primaria o herida de infancia.

La herida primaria es un trauma no resuelto entre la niña y sus progenitores, el cual genera un dolor profundo en la etapa de la infancia y prevalece en la edad adulta. Esta herida se impregna en el inconsciente por la interpretación que la mente infantil les da a las situaciones, de modo que para aceptarla es fundamental que te permitas conectar con esa pequeña que no tenía todas las herramientas para razonar y comprender su entorno.

Es posible que de adulta justifiques los comportamientos parentales; sin embargo, esto no significa que no haya quedado en la mente inconsciente una información que contradiga la razón.

Como lo he repetido a lo largo del libro, siempre hay un espectro lleno de matices en el que te puedes encontrar. No tienes que haber vivido la situación más extrema, según tu mente adulta, para tener este trauma (todos tenemos, en una u otra medida, algo de cada herida) porque es la interpretación de una bebé la que da lugar a que esta se instaure en tu inconsciente.

Te recomiendo tomar esta información y tratar de ver el pasado de la forma más cruda: mientras más te permitas hacer consciencia, más sana será tu vida. Así que es mejor afrontar esta información con valentía en vez de evitar ser consciente y tapar lo que tus padres, con la información que tenían y queriendo lo mejor para ti, hicieron.

Las cinco heridas primarias:

1. Herida de rechazo.
2. Herida de abandono.
3. Herida de traición.
4. Herida de humillación.
5. Herida de injusticia.

Herida de rechazo

Esta queda en el inconsciente cuando uno o los dos padres no desean tener el hijo o cuando este nace y no cumple con las expectativas esperadas. En el espectro, podemos encontrar varios tipos de rechazo.

PREPARAR EL TERRENO PARA MATERIALIZAR PAREJA

1. No desear un hijo.
2. Pensar en abortar.
3. Aborto fallido.
4. Nace niña y querían niño o viceversa.
5. Es tímida y la querían extrovertida.
6. No es deportista.
7. No es tan buena estudiante.
8. No tiene el color de piel que querían.

Herida de abandono

Sucede cuando uno o los dos padres se ausentan bien sea por voluntad propia, por circunstancias que se salen de su control o porque se ausentan de manera inconsciente. En este espectro encontramos:

1. Uno de los padres muere a una temprana edad de los hijos.
2. Progenitor que decide no criar a sus hijos.
3. Padre o madre que trabaja mucho y está poco en casa, incluso fuera de la ciudad.
4. Progenitor que no se interesa por la cotidianidad de sus hijos.
5. Progenitor con alguna adicción que lo hace estar emocionalmente ausente.

Herida de traición

Esta herida aparece cuando los padres, o uno de ellos, realizan promesas que no cumplen. De nuevo, una sola promesa rota no es igual que la constante de romper promesas, aunque si esa sola promesa fuera muy significativa, podría quedar en el inconsciente para siempre. En este espectro encontramos:

1. Padres separados. Uno promete estar presente y no lo hace.
2. Promesas de regalos y premios que no se dan.
3. Promesa de no morir por una enfermedad y, efectivamente, morir.
4. Promesa de cambiar una actitud y no cambiarla.

Herida de humillación

Esta herida queda impregnada cuando se les dicen cosas despectivas a los hijos en relación con su cuerpo, su forma de ser o de pensar. En este espectro encontramos:

1. Insultos como: "Eres una inútil, no sirves para nada".
2. Opiniones sobre el cuerpo.
3. Comparaciones con los hermanos.
4. Hablar abiertamente del rechazo que se tiene a ser mamá o a tener hijos.

Herida de injusticia

Sucede cuando se le exige o se le pide al hijo algo que no puede ser o cuando se le culpa todo el tiempo de cosas que suceden. En este espectro encontramos:

1. Cuando se le pide cuidar de otros aún siendo un niño (pueden ser adultos o niños).
2. Cuando se le obliga a comportarse como un adulto.
3. Cuando se convierte en el paño de lágrimas de alguno de los progenitores.
4. Cuando se le dice que es el malo de dos hermanos.
5. Cuando todo lo que hace está mal y lo regañan por ser un niño.

PREPARAR EL TERRENO PARA MATERIALIZAR PAREJA

Estas heridas primarias son muy fuertes, y si nunca las hemos visto a consciencia, pueden provocar reacciones profundas ante situaciones que parecen normales.

Es muy importante tener en cuenta cómo reaccionas de manera automática según tu herida primaria, pues gracias a esto podrás ser más consciente en tu relación de pareja y comprender que el otro no te está haciendo daño, sino que es tu herida primaria la que está reaccionando.

Herida primaria	Posible patrón de supervivencia	Justificación
Rechazo	Paralizarse	Si eres invisible, no puedes incomodar o ser rechazada.
Abandono	Adular	Convencer al otro de lo buena que eres para que no te abandone.
Traición	Huir	Evitar situaciones en las que te pueden decepcionar.
Humillación	Paralizarse	Generar escudos protectores (el sobrepeso es el más común) para que nada de lo que te digan te afecte.
Injusticia	Atacar	Creer que debes defenderte todo el tiempo y demostrar tu valor.

Para darle más claridad a este tema, me gustaría que lo viéramos con un ejemplo.

Estando en una relación de pareja, tu novio/esposo se molesta contigo porque nunca lavas la loza. Dependiendo de la herida primaria que tengas, vas a reaccionar emocionalmente de una forma distinta.

Herida	Reacción al reclamo
Rechazo	"Soy mala persona, a mi novio no le gusta cómo soy".
Abandono	"Tengo que cambiar, hay algo malo en mí, y si no lo cambio, él me va a dejar".
Traición	Sacas en cara otros compromisos que él no ha cumplido.
Humillación	Te deprimes, te escondes y probablemente dejas de hablarle.
Injusticia	Te defiendes con todas tus fuerzas.

Cuando eres consciente de tus heridas primarias y de las reacciones, es mucho más fácil conciliar en momentos de conflicto con tu pareja porque aprendes que el otro no es el culpable de lo que sientes, sino que la otra persona te hace ser consciente de la herida.

Veámoslo de esta forma. Si en el pasado te cortaste un poco la piel del brazo y te queda una herida, el hecho de que tu pareja te agarre del brazo y te duela no quiere decir que él sea el causante de la herida. Solo te tocó y, como te dolió, reaccionaste. Si esa herida hubiera sanado, la persona podría tocarte y no sentirás ningún dolor.

Desde hoy, cuando aún no ha llegado ese hombre maravilloso a tu vida, quiero que te prepares para esos momentos en los que ambos "tocarán" heridas que no han cerrado para que se acompañen en el proceso de sanación.

Cuando estés en pareja, va a suceder también lo contrario: tú detonarás en el otro sus propias heridas, y como eres una mujer que cada día quiere ser más consciente, te tomarás unos minutos para analizar la situación, para convertirte en una observadora objetiva y determinar si su grito de dolor es porque lo heriste o si es un reflejo de haber tocado una herida primaria de él.

Esta toma de consciencia es fundamental para construir una relación amorosa y saludable porque te permite enfrentar algunos conflictos con otra perspectiva, entender que son dos seres humanos con un camino por recorrer y que juntos pueden hacerlo.

Cuando puedes ver al niño que hay en él y él logra ver a la niña que hay en ti, siendo que ambos fueron heridos, las peleas tienden a disminuirse porque logran ser compasivos el uno con el otro y hablar para superar la situación.

Hay casos en los que una pelea detona las heridas primarias de los dos y es cuando estas son más fuertes y conflictivas. Todas las parejas, en cierta medida, tendrán estas peleas. ¡Prepárate para esto y para que no sea perfecta! Sin embargo, en medio de la discusión, quiero que recuerdes sus heridas primarias y que, si puedes, hagas una pausa interna para reflexionar si el motivo del conflicto tiene que ver más con algo del pasado. Si es así, empieza a reconocer que algo se despertó en ti y que algo despertaste en él.

Una forma muy sencilla para identificar si la discusión ya no está en lo que sucede actualmente, sino que está trayendo heridas de infancia, es cuando lo piensas y te cuesta trabajo recordar por qué están peleando, qué inició la discusión, si la argumentación ya se fue por diferentes caminos y el evento detonador ya dejó de ser el protagonista. Esto, por lo general, es un indicio de dos cosas: la pelea está siendo por un cúmulo de cosas o se despertaron las heridas primarias.

En cualquiera de los dos casos, un poco de conciencia ayuda a conciliar y descubrir qué es lo que de verdad se necesita hacer para darle solución. Por lo general, serán varias acciones coherentes con el cambio que buscan.

TENER LAS HERRAMIENTAS PARA SABER SORTEAR LO QUE DEPARA LA VIDA ✧✦

En mi consulta diaria, me encuentro con mujeres que han decidido no tener pareja porque no quieren volver a sufrir. Están cansadas y no pueden imaginarse una relación armónica en la que nunca les vaya a suceder algo doloroso. Por eso, prefieren evitar un proceso para materializar pareja porque, al final, sin importar cuándo, saben que llegará ese día en que van a llorar.

Si este es tu caso, lo más probable es que haya en ti una creencia de que el amor, en general, es sufrimiento. Esto puede estar en tu inconsciente por múltiples razones. Las dos más comunes son:

1. Cuando eras pequeña, todo lo que se asociaba con tristeza y dolor debía evitarse. Si llorabas, te distraían para que dejaras de hacerlo; cuando la abuelita estaba enferma y se iba a morir, te lo ocultaron. Ante cualquier dolor o enfermedad, por pequeño que fuera, tus papás entraban pánico y te evitaban cualquier sensación incómoda.

2. Viviste el sufrimiento por amor a un familiar muy cercano. Es el caso de hijas que ven a alguno de sus progenitores "sufrir" por la forma de ser del otro. Es posible que perdieran la alegría después de una infidelidad, un divorcio, la muerte del compañero, entre muchas otras posibilidades. En este caso, al ser una niña, hubieras deseado hacer lo que fuera para que tu ser querido fuera feliz, pero nada fue suficiente.

Esta creencia se verifica en tu vida: vives algunos momentos muy fuertes y dolorosos, y como no tienes las herramientas para transitarlos desde un lugar de amor propio y valentía, los conviertes en un sufrimiento profundo, el cual, por razones obvias, el inconsciente asocia con el amor. Por lo tanto, hará todo lo posible para evitar que te vuelvas a enamorar.

Ahora, acá lo importante es hacer consciencia de que la vida tiene diferentes tipos de experiencias. Para hacer más sencilla esta explicación, las dividiremos en dos: las que causan alegrías y las que causan tristezas.

Te tengo una noticia: pase lo que pase o hagas lo que hagas, vas a tener en tu vida experiencias de las dos tipologías. Es la definición de la vida misma, así que no hay nada que puedas hacer para solo tener experiencias alegres. Por supuesto, puedes ir por la vida tratando de tener solo experiencias positivas y alegres, pero te vas a encontrar con muchos tipos de situaciones porque las experiencias tristes también hacen parte del paquete.

Dicho esto, el proceso de materialización de pareja no es la excepción y lo más probable es que vayan a pasar situaciones que no te gusten y que te hagan sentir tristeza y decepción. Pero esta no es una razón para dejar de vivir, pues al final hacen parte del camino.

Cuando se trata de relaciones de pareja, querrás evitar con todas tus fuerzas aquello que fue sufrimiento para tu árbol genealógico (y qué repetiste de forma inconsciente):

1. Infidelidades.
2. Abandono.
3. Violencia.
4. Sometimiento.
5. No poder cumplir tus sueños.
6. Adicciones.

La lista puede continuar porque cada persona es un mundo y aquello que no quieres repetir hablará de tu propia historia. Lo importante es que descubras que tu miedo es inconsciente y que, si permites que el miedo tome las decisiones por ti, lo más pro-

MAGIC LOVE

bable es que sucedan dos cosas: que experimentes ese miedo en otra área o que se te pase la vida "sin ton ni son".

Teniendo esto claro, me gustaría que cambiaras tu creencia y que, a partir de ahora, pensaras y sintieras que estás preparada para vivir y experimentar lo que sea que llegue a tu camino. Que aceptes que está bien tener momentos de tristeza y que asumirlos con responsabilidad hace la diferencia para que no se conviertan en sufrimiento. Eres fuerte y esto significa que te puede doler, pero que al mismo tiempo seguirás adelante.

Yo, por ejemplo, pienso que en mi relación todo es posible, incluso lo que no me puedo imaginar. Estoy preparada para que, por circunstancias de la vida, algo suceda y decidamos que lo mejor es no estar juntos. Sé que no soy perfecta (y evito decir "Yo nunca…") y sé que él tampoco lo es, así que soy consciente de que muchas cosas pueden suceder. No vivo con miedo a lo que puede pasar y a cómo voy a reaccionar, sino que me rindo ante el futuro incierto y acepto que lo que sea que venga a mi vida me servirá para crecer y que será la Silvana del futuro la que tendrá que, con mayor o menor sabiduría, enfrentar una situación.

Y esto te lo digo siendo una mujer que vivió ataques de pánico cuando terminó su primera relación. Y, sí, a veces me da miedo que si alguna relación en mi vida termina vuelva a tener estas reacciones; sin embargo, elijo confiar en mí, en el proceso y en que ahora lo viviré de un modo diferente. ¡Ya veremos qué pasa! De lo que sí tengo certeza es de que puedo decir: el miedo a lo que pueda pasar no me impidió vivir y amar.

Espero que tú puedas hacer lo mismo.

Saber que no va a ser color de rosa

La mayoría de los sueños no solo están sobrevalorados, sino que desconocen que todos tienen este componente del que hablaba antes: todos, como buena experiencia humana, vienen con una montaña de emociones.

Tener pareja no es la solución a tus problemas. De hecho, como casi todo en la vida, tus problemas se hacen más visibles cuando estás en una relación. De allí la importancia de ser consciente de ti y de tu vida.

Los momentos de felicidad que ves en las redes sociales y en las conversaciones con tus amigas, esos que te hacen querer tener pareja, por lo general son solo una parte de lo que esas dos personas están experimentando.

Y lo más triste de todo es que cuando una amiga abre su corazón y te cuenta que lo está pasando mal, por X o Y razón, tú lo conviertes en tu excusa para no materializar este sueño.

Uno de los mensajes que quiero que te quede luego de leer este libro es que hay que aprender que la vida está para ser vivida con todo lo que trae.

Querer tener una relación de pareja significa querer TODO lo que trae: experiencias que te dejarán recuerdos invaluables y circunstancias retadoras que te llevarán a aprender lo inimaginable.

No idealices tu sueño y así, cuando llegue, no te decepcionarás al primer inconveniente. Acepta que habrá algo que no será como lo imaginaste y que vas a estar con esa persona en las buenas y en las malas.

La próxima vez que veas relaciones felices, míralas con admiración, y cuando alguien te cuente que no está pasando por el mejor momento con su pareja, analízalo. Y si de forma genuina y objetiva puedes alentarla para que la relación continúe, hazlo. Deja de imaginar y emitir energía de "para eso, mejor estar soltera".

Se que allá afuera hay seres que amas y que están en una relación tóxica, pero hay muchas otras que solo están pasando por momentos difíciles, con problemas de comunicación, con desconexión de las dos partes, con costumbre, con foco en los hijos, con enfermedades, con relaciones familiares complicadas y mucho más. Esto hace parte del sueño y hace parte de la aventura que vas a crear.

Aún no sabes qué te espera, pero te puedo garantizar que no será un cuento de hadas. Para mí, toda mujer que sabe que en la relación que va a crear encontrará aspectos que van a ser conflictivos, situaciones que la harán dudar, momentos en los que querría estar soltera, períodos donde se sentirá plena, triste y neutra, sabe que no está materializando un sueño desde un lugar idílico y de salvación, sino desde la consciencia de que quiere tener una experiencia de vida con todo lo que implica.

Una vez que se encuentra la pareja, hay que sostenerla

Encontrar a la persona es solo un primer paso y luego viene todo el proceso de sostener ese hogar que has querido crear.

Para que esta relación de pareja sea fructífera, es fundamental que las dos personas involucradas en ella estén con el ánimo y la energía para:

1. Amar aún en los momentos difíciles.
2. Escuchar al otro, entender su punto de vista y hacer cambios para que la relación funcione.
3. Ser conscientes de sus potenciales y vacíos para dar lo mejor y no cargarle al otro lo que no le corresponde.
4. Hacer de la pareja y la nueva familia una prioridad.
5. Comunicar con claridad lo que aman, admiran, incomodan y odian, pero siempre con amor.
6. Ser honestos con lo que piensan, quieren y esperan.
7. Ser vulnerables y abrir el corazón.
8. Saber que la vida es la vida y que muchas cosas pueden pasar.
9. Entender que lo que se vive en un momento no se borra cuando se viven otras cosas.

♡ PREPARAR EL TERRENO PARA MATERIALIZAR PAREJA ♡

10. Tener claro que está bien terminar cuando ya no se está creciendo y evolucionando o cuando se siente que no se puede construir un proyecto en conjunto.

Te quedan muchos años por delante, la relación se irá transmutando, ambos irán cambiando y será fundamental que comprendas que el éxito, su futuro y el sostenimiento de este amor dependerán de la dedicación y consciencia que los dos tengan para continuar juntos.

Muchos obstáculos se les van a presentar, varios de ellos como alertas para llamar la atención y que se hagan cargo, pero otros serán para crecer y evolucionar.

Tener una relación de pareja de alta consciencia es una filosofía de vida, es una forma de autoconcebirse. El proceso de transformación y evolución no termina, y si decides que este es tu camino, tienes que saber que es una gran responsabilidad. Es como tener una empresa: siempre va a necesitar de ti y tu atención para crecer y ser exitosa. Seguro tendrá conflictos y altibajos, pero la determinación de los dos por mantenerla será lo que garantice el éxito.

Tener un anillo y una escritura pública de matrimonio no garantiza nada. Este sí es un compromiso de vida. Y solo si estás dispuesta a verlo desde esta perspectiva te puedo asegurar que tendrás la relación de alta consciencia que tanto deseas.

PARTE 3: ✧
El kit de herramientas amorosas

En este capítulo, quiero compartir tres herramientas superpoderosas que te van a ayudar en el proceso de materialización de pareja.

La primera que te enseñaré es la herramienta *La vida es un oráculo*, que te dará las pautas para aprender a interpretar las simbologías y metáforas de la realidad y cómo transformarla.

En la segunda herramienta, te presentaré mi adaptación e interpretación de *Los 11 pasos de la magia* de José Luis Parise, quien manifiesta que todas las culturas iniciáticas (culturas que le han dado algún significado o explicación al sentido de la existencia; por ejemplo, la judeocristiana católica, la judía, la musulmana, la budista, los mayas, los pachacútec, los incas, los celtas, entre muchas otras) que él ha investigado utilizan los mismos pasos (con diferentes nombres) para hacer que una idea se vuelva tangible en la realidad.

A partir de las enseñanzas de Parise, he creado una metodología propia a la cual llamo *Pide y se te dará*, la cual no pretende ser una réplica exacta de sus enseñanzas, sino, por el contrario, una adaptación e interpretación de lo aprendido y experimentado por mí y mis consultantes.

Finalmente te presentaré lo que yo llamo *El mapa de la mujer poderosa*, que te permitirá tener una guía de tu proceso y que será la herramienta que consultarás cuando te sientas perdida, cuando no sepas qué debes hacer. Recuerda que tú misma crearás las pautas y las acciones que vas a realizar para continuar comprometida con tu proceso, sobre todo en esos momentos donde sientes que te quieres rendir.

LA VIDA ES UN ORÁCULO

Para iniciar con esta potente herramienta, quiero que entiendas el significado de la palabra "oráculo".

Según el diccionario de Oxford, es:

"Mensaje o respuesta que las pitonisas y sacerdotes daban en nombre de los dioses a las consultas y peticiones que los fieles les formulaban".

Y según su significado etimológico de Etimologías Chile.net:

"Oráculo viene del latín *oraculum* y este del verbo *orare* (hablar). La palabra se forma con el sufijo *-culum/culus*, que expresa, la mayoría de las veces, diminutivos, y en otros casos medios o instrumentos. Así, el vocablo conserva su doble acepción de 'medio o instrumento para hablar' con un dios y 'respuesta oral breve'".

En otras palabras, un oráculo es la forma en que podemos comunicarnos con la divinidad de tal forma que nos dé pautas de cómo afrontar nuestra vida.

Muchas veces, creemos que la comunicación con una energía superior es difícil y que, generalmente, es una comunicación unidireccional, es decir, que somos nosotras quienes le hablamos a Dios, que él nos escucha y que nos responde al cumplirnos nuestras peticiones. Pero si no son cumplidas, creemos que fue porque Dios no nos escuchó.

En este orden de ideas, pareciera que el diálogo con los dioses, el universo, la energía o como prefieras llamarlo es exclusivo para personas muy devotas que dedican gran parte de su tiempo a la oración. Creemos que estas personas sí son escuchadas, sobre todo por su perseverancia, su disciplina y fe intacta. Mientras que los simples mortales debemos conformarnos con pedirles a estas personas que intercedan por nosotras u orar como podamos, pero con la desconfianza de que no seremos escuchadas.

La buena noticia es que esto no es cierto, pues la energía divina se comunica constantemente contigo y te está enviando mensajes. Y no solo lo hace cuando le hablas y se lo pides, sino todo el tiempo, de forma abundante. Aprender a escuchar este oráculo es el propósito de esta primera herramienta.

Para que haya una correcta comunicación, se necesitan los siguientes elementos básicos:

Emisor: es el que envía el mensaje.

Receptor: es quien recibe la información.

Canal: es el medio físico por el que se transmite el mensaje.

Código: es el sistema de señales o signos que se usan para transmitir un mensaje.

Mensaje: es el contenido de lo que se quiere comunicar.

Situación o contexto: es el ambiente en el que se da el espacio de comunicación.

Para el caso de esta herramienta, el emisor siempre será el universo y la receptora serás tú.

Canales:

Cuando hablamos de canales de comunicación, nos referimos a todos los medios físicos a través de los cuales podemos recibir un mensaje.

Los más comunes son:

1. Personas.
2. Televisión.
3. Internet.
4. Radio.
5. Correo electrónico.
6. Correo postal.
7. Vallas.
8. Libros.
9. Teléfono.
10. Comercios.

Para el universo es posible ir más allá de lo que creemos, por eso existen algunos canales que son más intangibles y sutiles.

Algunos de estos canales son:

1. Los carros.
2. Las nubes.
3. Las herramientas esotéricas.
4. La canalización.
5. Los sueños.
6. La intuición.

Gracias a estos medios, el universo puede enviarte mensajes que, si aprendes a leer, seguro te van a cambiar la vida.

Códigos:

En la comunicación tradicional, los principales códigos son:

1. Lingüístico (verbal y escrito).
2. Gestual.
3. Imágenes.
4. Sonidos.

Y aunque estos son códigos que usa el universo para comunicarse contigo, también hay otros que son "exclusivos" de este:

1. Patrones.
2. Simbologías.
3. Coincidencias.
4. Misterios.
5. Canalizaciones.

Mensaje:

Para el caso del mensaje, la verdad es que no hemos sido entrenadas para poder entenderlos con la claridad que se emiten. Por eso, tal vez en la interpretación del mensaje es en donde más práctica debes implementar porque puede que al principio no parezcan tan evidentes los mensajes que te envían.

En este sentido, los mensajes son lo que el universo quiere que sepas, revises, cambies o integres para que puedas avanzar hacia tu sueño y propósito.

Quiero que imagines que te encuentras con una persona en la calle, que usa un lenguaje completamente diferente al tuyo, y te pide instrucciones para encontrar una dirección. Usarás señas, algunas palabras, expresiones de la cara y es posible que algo logren entenderse. Sin embargo, cuando esa persona se va, te quedas con la duda de si entendió bien lo que le querías transmitir.

MAGIC LOVE

Lo mismo sucede con los mensajes del universo. La buena noticia es que, con este conocimiento y práctica, cada vez va a ser más claro lo que te está tratando de decir.

Situación o contexto:

No es lo mismo un mensaje que se recibe en un momento de alteración que en uno de calma. También el contexto en el que se emite un mensaje tiene muchas implicaciones. Por ejemplo, un chiste interno que se remonta a años de amistad puede ser mal visto por personas externas que no entienden la dinámica de la relación.

Así, cuando el universo te envía un mensaje, también es muy importante ser consciente de la situación que estás viviendo y el contexto en el que lo estás escuchando o viendo.

Por ejemplo, no es lo mismo que llegue un mensaje mientras estás en la casa de tus papás que mientras estás en el restaurante con unas amigas. Todos los detalles quedan sujetos a interpretación y la situación o contexto será fundamental.

Ahora que tienes los elementos básicos de la comunicación, veamos cómo funciona esto cuando se trata de interpretar los mensajes que el universo tiene para ti.

Para empezar, quiero contarte una anécdota.

Yo tengo amigas de diferentes visiones y creencias. Particularmente, tengo una amiga muy católica y otra amiga muy esotérica. Cada una está convencida de que tiene la verdad revelada y cree que quien no piensa igual está errado.

Un día, mi amiga católica me cuenta que tuvo un sueño en el que la virgen María le había dicho el nombre que tenía que ponerle al bebé que venía en camino. Ella estaba contenta y triste al tiempo porque el nombre escogido por la Virgen no era el que ella quería, pero estaba feliz de haber recibido este mensaje.

Luego mi otra amiga, la del mundo esotérico, me dijo que había ido a una regresión y que en medio del trance había recibido el mensaje de que lo mejor que podía hacer para X situación era retirarse y olvidarlo.

Las dos decidieron seguir las indicaciones del mensaje que recibieron y se sintieron tranquilas con la decisión tomada.

Sin embargo, estoy convencida de que si a la esotérica le hablara la Virgen o la católica recibiera un mensaje canalizado, ninguna de las dos le hubiera hecho caso y lo habrían ignorado. También estoy segura de que el universo sabe cómo hace sus cosas y por eso a cada una le envía el mensaje por la vía más apropiada.

En otras palabras, los mensajes llegarán a ti por los canales y códigos que tengas familiarizados. No obstante, si no estás en el mundo de interpretar los mensajes del universo, puede que este te envíe todos los mensajes que pueda a través de múltiples canales y códigos, y si vas por la vida distraída, te los perderás todos.

La idea de esta herramienta es que seas mucho más consciente a partir de ahora y que con el tiempo vayas desarrollando cada vez más esta habilidad.

¿Cómo identificar que el universo te está enviando un mensaje?

La forma más sencilla es siendo consciente de todo lo que se sale de la rutina, de la cotidianidad y que de alguna manera te llame la atención.

Por ejemplo, vas manejando y alrededor van cientos o miles de carros; sin embargo, te llama la atención el *sticker* que lleva uno de los automóviles. ¿Por qué ese? ¿Es el único carro con un *sticker*? Quizás no, pero esto es como un *pop-up*, solo aparece de pronto y te llama la atención.

Imagina que escribieras un diario. ¿Qué escribirías cada día? Lo más probable es que consignes aquello que se destacó en la jornada, eso que se salió de lo común. Por lo general, detrás de

MAGIC LOVE

estos eventos que parecen insignificantes se esconden los mensajes del universo.

Ahora, hay formas mucho más evidentes para que el universo se comunique y la mayoría de las veces está vinculado con los códigos que utiliza y que son exclusivos de su comunicación.

1. Patrones.
2. Simbologías.
3. Coincidencias.
4. Misterios.
5. Canalizaciones.

Te voy a explicar en detalle cada uno de ellos.

Patrones

Los patrones se dan cuando sucede algo repetitivo en tu vida con cosas muy "normales" que pueden tener una explicación racional, que están fuera de tu control y que, al ser repetitivas, te llaman mucho la atención.

No sé si te ha pasado que durante una misma semana se te rompen tres bombillos de la casa. Cuando se te rompe el primero, dices "Ay, caray, se rompió un bombillo"; cuando se rompe el segundo, dices "Tan raro, otro bombillo"; y cuando se rompe el tercero, te preguntas "Pero ¿qué es lo que está pasando que se me están rompiendo todos los bombillos?".

Que se rompa un bombillo no es nada extraordinario; sin embargo, que se rompan tres en una semana es extraño y además está fuera de tu control.

Así que, cuando se presente un patrón (algo que se repite), debes estar muy atenta porque ahí hay un mensaje encriptado para ti.

Simbologías

El lenguaje del universo es simbólico. Esto quiere decir que utiliza símbolos para comunicarse. Un símbolo, por su parte, es una representación de una idea de forma abstracta que identifica dicho concepto.

Por ejemplo, cada una de las religiones tiene un símbolo que la identifica.

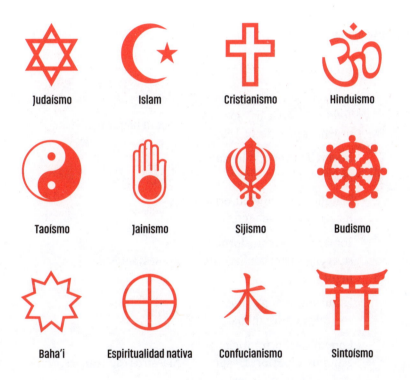

Por lo general, el lenguaje es el sistema de comunicación en el que más confiamos y por eso no practicamos el lenguaje simbólico. La consecuencia es que cuando el universo se comunica no lo entendamos.

El lenguaje simbólico es tan amplio como el verbal. Con esto, quiero que entiendas que, así como probablemente desconoces todo el vocabulario de los lenguajes que dominas, lo más seguro es que no siempre sepas el significado de los símbolos que te envía el universo. La buena noticia es que existen Google y Chat GPT, a quienes podrás preguntarles el significado cada vez que te pase algo.

Ahora quiero compartirte algunos de los lenguajes simbólicos más comunes y que son un lugar perfecto para empezar con esta herramienta.

Los números

#	Significado	Arquetipo o concepto
0	Todo es posible. Es caos y es orden. Es la nada. Es Dios.	Locura bien y mal vista.
1	Inicios, nuevos comienzos y portales.	Niños.
2	Planificación, quietud, organización y mirada interior.	Monja.
3	Tomar riesgos, transformarse, evolucionar y confiar en tu naturaleza.	Adolescentes.
4	Estructura, visión a largo plazo, trabajo y disciplina.	Adulto.
5	Comunicación, transiciones, estudios superiores, espiritualidad y aprendizajes.	Maestros espirituales.
6	Cambios de paradigmas, movimientos fuertes, destrucción para crear y arte.	Hogar.
7	Brillar, mostrarse, autenticidad, entregar de forma generosa y recibir con agradecimiento.	Conquistador del mundo y de sí mismo.

EL KIT DE HERRAMIENTAS AMOROSAS

#	Significado	Arquetipo o concepto
8	Perfección, justicia, determinación.	Madre.
9	El final, despedidas, limpieza y objetividad.	Padre.

Una de las primeras formas en que el universo nos envía mensajes es a través de los números. Por eso, es muy común que las personas se sorprendan cuando miran el reloj y son las 11:11 a. m. o la 1:11 p. m.

Como pudiste ver, el número 1 es el número de los nuevos comienzos, así que cuando te empiezas a abrir a recibir los mensajes del universo, es muy común que veas el 1111 repetido en todas partes. En otras palabras, es tu iniciación en el lenguaje universal.

Los números también aparecen en la placa de los carros, en el código del vuelo, en la nomenclatura de las calles y casas, cuando usas la calculadora y en muchas situaciones más.

Los colores

Color	Significado
Rojo	Sangre, vida.
Naranja	Experiencia humana.
Amarillo	Intelectualidad, inteligencia.
Verde	Naturaleza, instinto.
Azul	Sabiduría, comunicación.
Morado	Espiritualidad, misterios.
Negro	Cambios, transformaciones, vacío.
Blanco	Pureza.

Una de las formas más sencillas de empezar a poner en práctica el análisis del significado de los colores a la hora de recibir mensajes del universo es a través de los sueños.

Estoy segura de que cuando tienes un sueño muy interesante y se lo cuentas a alguien, sin ser muy consciente de ello, empiezas a resaltar los elementos simbólicos que viviste.

Hace un par de noches, soñé con una araña amarilla con verde. Es de las cosas que recuerdo de forma más notoria de mi sueño. ¿Por qué? Porque es a través de estos colores que el universo me estaba enviando un mensaje.

En este caso, tiene que ver con algo de mi naturaleza y de mi instinto mezclado con mi intelectualidad.

De nuevo, debo revisar en qué áreas de mi vida esto es pertinente o en dónde cobra sentido esta idea. En principio, puede que te sientas perdida y te cueste hacer este proceso de análisis. Mi recomendación es que encuentres una persona a la que le interese el tema y con quien puedas poner en práctica esta herramienta. Una mirada externa a tu vida puede ser de mucha ayuda para interpretar los mensajes que recibes.

Los elementos

Elemento	Característica	Significados
Fuego	Transformación	Luz, calor, hogar, poder.
Tierra	Sostenimiento	Sólidos, suciedad, muerte, alimento.
Aire	Intangibilidad	Respiración, alma, volar.
Agua	Integración	Líquido, fluidez, tranquilidad.

Con respecto a los elementos, estos pueden aparecer en tu vida cotidiana de forma repetitiva para mostrarte un mensaje.

Voy a ponerte algunos ejemplos que yo misma he experimentado y el análisis que he hecho.

Situación	Simbología	Interpretación
Se me rompieron tres bombillos de la casa en una semana.	Los bombillos son luz y produjeron chispas antes de romperse. Al hacerlo, algunos lugares de mi casa quedaron a oscuras.	Hay algo a lo que le estoy dando mucha luz y es importante acabar con eso. Mensaje: estar tiempo en la oscuridad, sin saber muy bien qué hacer, puede ser un camino de sabiduría.
Se taponan las tuberías con tierra. Empezaron a hacer una construcción cerca que llenaba de polvo la casa. Además, se derrumbó un talud en una cabaña que tengo para alquilar.	La tierra está invadiendo mis espacios. Está frágil y por eso se desliza.	Es probable que alguien que antes era mi sostén y me apoyaba ahora esté invadiendo mis espacios y ensuciando mi camino. Mensaje: ponerle límites a alguien.
Tengo aire en el oído y siento un ruido constante. Se me daña una ventana y me entra un viento helado. Voy por la calle y el viento me tira una carpeta de papeles, así que la gente debe ayudarme para poder recogerlos.	Es probable que alguna situación me esté generando mucho ruido y sienta que no puedo volar o salir de ella. Quizás tiene que ver con los papeles.	Todo me está mostrando que debo salir y volar de una situación que tiene que ver con unos papeles. Mensaje: no estás atrapada, puedes respirar y salir de una situación que no te gusta.

MAGIC LOVE

Situación	Simbología	Interpretación
Tengo una gotera en mi casa, el carro se queda sin agua y hago un reguero en un restaurante con una botella de agua.	El agua se está filtrando poco a poco... hasta el punto de que me quedo sin agua. Siento que tengo el agua controlada, pero en realidad se me desborda.	Como el agua tiene que ver con líquido, muchas veces se relaciona con la liquidez y, por lo mismo, con el dinero. Es probable que tenga una cuenta en la que pierdo dinero gota a gota. Si no hago algo, se me va a salir de las manos. Mensaje: revisa por dónde se puede estar yendo el dinero en pequeñas cantidades. ¿Diferentes suscripciones a plataformas que no utilizas?

Como te decía en un principio, el lenguaje simbólico es muy extenso e incluso podría decir que es complejo. En algunos de los casos citados, hay más simbologías que podríamos analizar.

Por ejemplo:

Fuego

1. Que los bombillos sean de vidrio.
2. Los lugares donde se rompieron. No es lo mismo si fue en las zonas sociales o privadas.

Tierra

1. Si es la tubería, significa que no está llegando agua. Además, el talud se vino abajo después de una tormenta, así que en este caso también tenemos que revisar la simbología del agua.

Aire

1. En este caso, el viento es frío y la temperatura también es un elemento simbólico a analizar.

Agua

1. El carro significa movilidad, transporte y, en simbologías más profundas, el útero, así que debo revisar si mi situación económica tiene que ver con algo de movimiento, de mi gestación o cierta cosa puntual que estoy viviendo con mi útero.

Esto quiere decir que esta es una herramienta que debes poner en práctica para ir adquiriendo cada vez mayores habilidades. Por esto, requiere de tu estudio y atención constante.

Estudiar herramientas esotéricas es muy poderoso para profundizar en el aprendizaje de las simbologías, ya que la mayoría, si no todas, utilizan lenguaje metafórico.

Acá te comparto las más populares:

1. Tarot.
2. Astrología.
3. Ángeles.

Una gran fuente de lenguaje simbólico también es la mitología griega y, en el caso de los países latinoamericanos, la historia y libros judeocristianos, como la Biblia y el Antiguo Testamento.

Coincidencias

Las coincidencias son eventos en donde varias personas toman la misma decisión. Para los ojos de quienes lo viven, se siente como algo llamativo, inusual y sorprendente.

Ahora, en el mundo de las coincidencias hay un amplio espectro: algunas son sencillas o simples y otras son complejas y extraordinarias.

Si mi mamá y yo nos encontramos con frecuencia en un restaurante varios días a la semana, será una coincidencia que algunas veces lo hagamos a la misma hora sin ponernos de acuerdo. Esto sería una simple coincidencia.

Pero si viajo a Japón, entro a un museo, me quedo sorprendida viendo una obra que me trae recuerdos bonitos de un exnovio con el que terminé hace más de quince años, al salir voy a un restaurante y ahí, en Japón, me encuentro con él, quien también está de paso, pues vive en Los Ángeles, esa será una coincidencia compleja y extraordinaria.

En medio de estos extremos, hay una gama enorme de coincidencias, y aunque a través de cualquiera de ellas el universo se comunica, serán las coincidencias del extremo extraordinario las que traigan mensajes más poderosos para ti.

Por ejemplo, si piensas en alguien y esa persona te llama, será una coincidencia en todo el centro del espectro. Procura no dejar la conversación en el saludo y un "Te estaba pensando, ¡qué coincidencia!". Indaga sobre la vida de esta persona, qué le está sucediendo, qué cosas son similares a lo que estás viviendo, por qué estabas pensando en ella, etc. Los motivos o algo relacionado con esta conversación tendrán un mensaje para ti.

♡ EL KIT DE HERRAMIENTAS AMOROSAS ♡

Siempre que estés ante una coincidencia que te llama la atención, no la tomes a la ligera, sobre todo si durante esos días hay un tema puntual que te está rondando. Toma este evento o situación como una forma del universo para comunicarse contigo.

En este momento, verifica si hay patrones que se repiten o elementos simbólicos que te llaman la atención. Combinar todos estos elementos te puede dar más herramientas para descifrar el mensaje.

Misterios

Estoy segura de que en tu vida has tenido al menos un episodio de algo misterioso, algo sin una explicación científica que es extraño y misterioso por sí solo. Es probable que alguien justifique cómo esto pasó desde un lugar racional y, sin embargo, tú sepas que hay o hubo una fuerza superior involucrada en el asunto.

A los eventos misteriosos también los podemos llamar milagros, pues al final son momentos inexplicables.

Algunos misterios son:

1. La sanación de una enfermedad.
2. Que una persona muera y reviva cuando los médicos ya la habían declarado muerta.
3. Que una madre levante un carro para salvar a su hijo.
4. Que llegue un dinero inesperado en un momento de profunda desesperación.
5. Que aparezca algo perdido en un lugar inexplicable.
6. Que un árbol enfermo empiece a dar una cosecha saludable.

Los misterios son formas en que el universo se comunica para mostrarnos que hay algo más grande que nosotros que nos acompaña.

Hay quienes dicen que no hay milagro pequeño. Esto quiere decir que cualquier situación que vivas y entiendas como misteriosa, guiada por un poder superior a ti, será un misterio con un mensaje muy poderoso.

Estos mensajes suelen ser más profundos que la vida misma, tocan fibras más sutiles y suelen dejar una huella que no entiende de razones.

Es Dios o el universo haciéndose visible para que, por favor, creas que sí está ahí para ti y entiendas que tu experiencia humana es limitada.

Canalizaciones

Usé la palabra canalizaciones porque, entre todos los poderes psíquicos, es el que más gente puede experimentar. Se trata de la capacidad de recibir información que proviene de otras dimensiones por diferentes medios: sensaciones, visualizaciones, audiciones, vibraciones, emociones o una mezcla de dos o más de ellas.

Para los principiantes, una canalización se puede asociar con el efecto del bombillo en las caricaturas. Es recibir una idea, un mensaje o una solución de forma esporádica. Además, es la respuesta perfecta a una pregunta que se han estado haciendo.

Cuando las personas se permiten recibir más información, esta ya no llega solo como pequeños *flashes* en momentos inesperados, sino que se puede buscar y potenciar.

La meditación es una excelente herramienta para canalizar información, pues el cuerpo y la mente entran en una frecuencia elevada y se sincronizan con frecuencias superiores de otras dimensiones.

Esta forma de comunicación del universo está disponible para todos los seres humanos en su etapa principiante. Es decir, pueden recibir mensajes muy puntuales en momentos muy específicos.

Si te interesa abrir tu potencial, podrás comunicarte de forma más clara con el universo gracias a diferentes habilidades psíquicas, como:

1. Clarividencia.
2. Clariaudiencia.
3. Viajes astrales.

¿Cómo interpretar el mensaje?

La mejor herramienta para interpretar los mensajes universales será la formulación de preguntas que te lleven a reflexionar sobre la situación en la que te encuentras y que te hagan pensar que estás recibiendo un mensaje del universo.

A continuación, te comparto algunas preguntas clave que te pueden ayudar cuando estás empezando a leer la *matrix*.

1. ¿Qué elementos simbólicos tiene esta situación? ¿Hay números, colores o elementos que se repiten?
2. ¿Hay algún concepto que se repita? Por ejemplo, ¿todo tiene que ver con la maternidad, con la niñez, con el desorden, con la luz, con el orden, con los secretos, con la visibilidad, etc.?
3. Una vez que has identificado un patrón que se repite: ¿cómo puedes asociarlo con una situación particular que estás viviendo?
4. Cuando encuentras la relación, haces un paralelo entre lo que se repite y tu situación. ¿Qué tienen en común? ¿En qué se parecen? ¿Qué es diferente?

Si respondes estas preguntas de forma reflexiva y con una fuerte intención de indagación, seguro podrás hallar el mensaje que el universo te quiere enviar.

También es cierto que en ocasiones estamos tan inmersas en el problema que no podemos ver las soluciones, y lo mismo ocurre con los mensajes. Por eso, recuerda que es muy valioso tener

MAGIC L♥VE

a alguien cercano, a quien le guste este tema de lecturas simbóli-
cas de la realidad, para que te ayude a revelar mensajes que para
ti están ocultos.

RESUMEN

1. El universo se comunica con nosotros con un lenguaje simbólico o no racional.
2. Los mensajes llegan a través de diferentes canales según las
   creencias de cada persona. Una persona con mente abierta tendrá a su disposición más canales de comunicación.
3. Cuando el universo envía un mensaje:
   a. Llama la atención porque es algo inusual en nuestro
      día a día.
   b. Suele ser repetitivo (utiliza un patrón).
4. Realiza preguntas para identificar las simbologías y descifrar el mensaje.
5. Una vez que comprendas el mensaje, realiza acciones concretas y alineadas que te permitan transformar la realidad
   que has estado creando.

> "Hay dos maneras de vivir la vida:
> una como si nada fuera un milagro
> y la otra es como si todo fuera un milagro"
> —Albert Einstein.

Con esta cita, termina esta sección, pero me gustaría parafrasear-
la. Hay dos maneras de vivir la vida: una como si nada fuera un
mensaje del universo y otra como si todo fuera un mensaje del
universo.

Esta herramienta te permitirá abrir tu mente para ver y entender lo que, tal vez hasta ahora, había sido desconocido para ti.

Una vez que empiezas a leer la *matrix*, comienzas a darte cuenta de que esto es más de lo que te has imaginado y descubres que efectivamente eres polvo de estrellas y que hay una realidad disponible para ser moldeada.

En principio, algunos niveles del juego estarán bloqueados, pero, a medida que creas en ti y vayas avanzando, comenzarás a sentir los beneficios de haber hecho todo este proceso.

Empezarás a interpretar los mensajes del universo y utilizarlo a tu favor en tu proceso de materialización de pareja.

PIDE Y SE TE DARÁ

Esta es una metodología de once pasos que permite materializar cualquier sueño que tengas, en especial aquellos que parecen "imposibles" para ti. A lo largo de los pasos, te irás dando cuenta de que está diseñada especialmente para esos propósitos que queremos con todas las fuerzas y corazón.

¿Qué quiero decir con esto? Que *Pide y se te dará* te ayudará a materializar un sueño que no es negociable para ti, con el cual te has comprometido y el cual quieres experimentar sin importar el cómo o el cuándo.

Hago esta aclaración porque quiero que reflexiones si tener una pareja de alta consciencia significa para ti esto que he descrito antes o si es solo algo que sería "chévere", pues son dos cosas distintas. Si de verdad materializar una pareja de alta consciencia se ha convertido en tu más íntimo deseo, con esta metodología encontrarás algunos *tips* que te ayudarán a ser más clara con tu pedido. Si, por el contrario, te es indiferente, es algo que sientes que puede o no darse y tu vida seguirá igual, entonces no es la metodología para ti.

Al aplicar esta metodología, no necesitas de un libro o un curso para ponerla en práctica. De hecho, a medida que la exploremos, te vas a dar cuenta de que de forma instintiva la has experimentado para lograr algo que deseabas mucho.

La ventaja de tener esta guía es que, gracias a ella, vas a poder repetir esos casos de éxito para que no sigan siendo eventos aislados con los cuales lograste cosas espectaculares, pero sin saber cómo lo hiciste.

El camino de la magia es uno que pocas personas eligen seguir. Si eres una de ellas, te felicito por tu valentía y determinación y por no conformarte. Con esta herramienta, te darás cuenta de que materializar una realidad tiene que ver más con evolucionar como persona y espíritu que con otras cosas.

Espero que la pongas en práctica y la disfrutes tanto como yo.

Paso 1. El caos de lo que quiero

Las tres ideas principales de este paso son:

1. Para crear, debemos partir del caos.
2. Lo más importante es definir lo que quiero.
3. La palabra es creadora de realidad.

Para crear, debemos partir del caos

Todo momento de creación viene de un momento de caos. Cuando no hay caos, no es posible crear. Imagina que tienes todo claro, que estás supercontenta con tu vida y que las cosas están yendo muy bien. Por lo general, en estos momentos vamos con el *flow* y no nos detenemos a pensar qué tenemos que hacer o qué es importante crear en ese instante.

Contrario a esto, cuando llega un momento de crisis, te sientes perdida. Cuando no sabes qué hacer, cuando hay muchas opciones y no sabes cuál tomar, se despierta tu poder creador. No solo la energía mística de la creación, sino que tu mente también participa y empieza a buscar soluciones y alternativas para lo que estás viviendo.

En otras palabras, estar en un momento de tu vida caótico es mejor para crear que el instante en el que todo va bien y fluye. El punto de partida de este método te enseña que está bien partir del caos, que está bien no saber exactamente qué tipo de hombre quieres materializar y cuál es la relación que quieres crear. Te dice que está bien no saber si quieres seguir soltera o si de verdad quieres encontrar a alguien con quien compartir la vida.

Es gracias a este caos que tienes este libro en tus manos. Fue el caos en ti el que te llevó a buscar ayuda, a encontrar una guía en tu camino, pues de alguna forma te sientes perdida, sin rumbo y sin saber qué es lo que quieres y qué es lo que te está pasando.

Por eso quiero que, a partir de este momento, hagas las paces con el caos que hay en ti, con el desorden de tu vida. Estás en el lugar correcto en el momento perfecto y tienes lo necesario para empezar a crear y materializar la relación de pareja que deseas. Lo más importante es definir lo que quieres.

Ahora, que estés en el caos y que ese sea el lugar perfecto para partir no quiere decir que vayas a quedarte en él por un tiempo indefinido. Por eso, es importante definir qué quieres. Créeme cuando te digo que esta parte del método es la más importante de todas. Es a la que yo le dedicaría más tiempo, no importa si son días, semanas o meses. Es fundamental que el QUÉ QUIERES sea tu prioridad.

Esto significa que debes sentarte a meditar, pensar y sentir qué es con exactitud lo que quieres. Cuando llegues a una respuesta, pregúntate: "¿Eso es realmente lo que quiero?". Y cuando llegues a una nueva respuesta, vuelve a preguntarte si eso es de verdad lo que deseas. Quiero que profundices muchísimo porque lo más probable es que tus primeras veinte respuestas, en las que te has comprometido a profundizar, no sean la respuesta a lo que de verdad deseas.

MAGIC LOVE

Déjame ilustrarte lo que puede suceder en un diálogo que tendría con una consultante hipotética:

Silvana: ¿qué quieres?
Consultante: quiero casarme.
S: OK. Vas a tener un matrimonio civil.
C: no, quiero un matrimonio católico.
S: OK. Vas a tener un matrimonio católico, pero solo la ceremonia. No van a vivir juntos.
C: no, no, no. Lo que quiero es estar casada por mucho tiempo con esa persona.
S: OK. Vas a estar casada con esa persona mucho tiempo, pero no van a ser felices.
C: no, por supuesto que quiero que seamos felices.
S: OK, entonces, ¿qué quieres de verdad? ¿Una boda? Eso fue lo primero que me dijiste.
C: quiero encontrar a alguien para construir una relación de pareja que dure muchos años.
S: OK, pero volvemos a lo mismo. Puedes construirla durante muchos años, pero puede que no haya amor.
C: bueno, entonces quiero encontrar a alguien que me ame y con quien pueda construir una relación de pareja de alta consciencia.
S: es decir, no importa que tú no lo ames.
C: claro que sí…

Esta es una pequeña muestra de que no tenemos claro lo que queremos y que vamos por la vida creyendo que estamos pidiéndole de la forma correcta al universo y que este nos ha estado ignorando. Y no. Lo que verdaderamente está pasando es que no estamos siendo claras con nuestro sueño ni pidiéndole con claridad y precisión al universo lo que queremos que nos dé.

No te imaginas la cantidad de mujeres cuyo sueño "más grande" es entrar vestida de blanco a una iglesia y casarse… ¿De verdad crees que eso es lo que más quieren o en realidad quieren lo que simboliza y representa?

Tuve una consultante que me decía que ella quería un matrimonio y tener un papel con la firma de los dos para comprometerse a estar el uno con el otro. Vale aclarar que era una consultante que ya se había casado, así que la invité a reflexionar. "¿De qué te ha servido ese papel antes?". Me dijo que no le había servido para nada. Entonces, ¿será que en realidad lo que ella quería era tener un papel firmado que certificara que está casada?

También veo a las mujeres soñando con una relación de pareja idílica, perfecta para Instagram, enfocadas en el estatus social, en cuidar las apariencias y en vivir las típicas dinámicas familiares, pero no contemplan el amor, la intimidad y la sexualidad a la hora de pedir. Es cierto que muchas personas están contentas con materializar esto, y está bien; sin embargo, espero que tú, después de leer este libro, quieras ir más allá y tener una relación con un impacto real, profundo y positivo para tu vida personal y espiritual.

Mi punto es que, y con los siguientes pasos del método irás puliendo esta parte, definas qué es exactamente lo que quieres, que vayas más allá de las convenciones sociales y que escuches a tu corazón hasta llegar a enunciar con precisión la realidad que quieres materializar.

La palabra es creadora de realidad.

Acá es donde se pone jugoso el método porque debes saber qué quieres y, además, ponerlo en palabras. ¿Por qué? Porque la palabra es lo que pone en marcha al universo, es lo que hace que la máquina empiece a rodar y que el universo sepa qué es lo que en realidad quieres.

Entonces, cuando ya tengas claro qué es lo que quieres, debes sacarlo de tu mente y ponerlo en palabras escritas o verbales. Es fundamental que le dediques un buen tiempo a la frase que vas a construir porque sobre esta trabajarás de forma profunda en el paso número dos.

Escribe aquí la frase de lo que quieres:

La palabra CREA REALIDAD. Cada vez que es pronunciada, es decir, cada vez que hablas estás creando algo en tu vida, no solo cuando repites una oración que te detuviste a pensar, sino con el discurso continuo que tienes durante todo el día.

Si eres de las mías, probablemente ya has oído sobre la PNL, o programación neurolingüística, la impecabilidad de las palabras, que las palabras son creadoras de realidad y ¡muchas cosas más! Todo eso es muy cierto, pero acá lo vamos a profundizar.

Resulta que cada vez que emites una oración, una frase o incluso una palabra con la que califiques alguna cosa o acción, se crea la realidad que vivirás o percibirás. En pocas palabras, lo que digas sobre algo y las palabras que elijas para referirte a ello durante el día determinan la realidad que vas materializando.

Entonces, si tu discurso cotidiano está lleno de frases como...

- "Es muy difícil".
- "Qué pereza".
- "Nadie quiere compromiso".
- "Todos los hombres son infieles".
- "No se puede confiar en los hombres".
- "Nadie se va a fijar en mí".

...no importa qué tan bonita haya quedado tu petición al universo o tu oración, la energía y fuerza que emites durante el día en tu discurso es de baja vibración y terminará siendo mucho más consistente, como el móvil de la realidad que vas a construir. De nada servirá que le hagas una petición superprecisa y positiva al universo si el resto del día hablas de forma contradictoria con tu deseo.

Por eso, verás que, a lo largo del método, reflexionarás sobre "la historia" o "el cuento" en el que andas, porque lo que te repitas a diario será lo que materialices.

Cuando hablo de "cuento" o "historia" quiero que pienses de forma muy profunda en cómo es el diálogo interno que tienes y cómo te expresas con respecto al sueño de materializar una pareja: qué emociones vienen a ti junto con la idea de tener novio, qué crees que es posible para ti, cómo te sientes cuando ves que tu sueño todavía no se ha hecho realidad y qué es todo lo que ronda por tu cabeza.

Las probabilidades de que estés llena de ideas, creencias y sentimientos que no sean coherentes con lo que quieres materializar pueden ser altas, y aunque quieras hacer realidad el propósito de tener una pareja saludable, si te haces consciente de este diálogo interno, descubrirás que no solo está dentro de ti, sino que es lo que expresas cuando hablas de tener pareja.

Hay que entender que el universo materializa lo que la palabra significa literalmente. De hecho, quiero que pienses que el universo es un robot al que si no le das los comandos perfectos, no ejecuta la tarea o ejecuta justo lo que le dijiste. No tiene la capacidad de analizar y entender todos los procesos mentales que hay dentro de ti. Así, cuando usas la palabra, el universo entiende que le estás dando una orden y la pone en marcha.

Esto quiere decir que cuando quieras materializar un sueño, en tu caso estar en una relación de pareja, debes usar las palabras "correctas" para que el universo/robot pueda ejecutar lo que quieres con exactitud.

MAGIC L♥VE

Veamos cómo funciona el proceso de hacer realidad un sueño pidiéndoselo al universo mediante un enunciado preciso y asertivo.

Por lo general, empieza con lo que llamo "una chispa", algo dentro de ti que tiene un deseo. Luego le pones una imagen a ese sueño, o una escena que representa que lo lograste, y finalmente, de vez en cuando, lo enuncias o se lo expresas a alguien.

En la práctica, esto podría verse así:

1. Sientes la chispa dentro de ti de que quieres una relación de alta consciencia.
2. La imagen con la que visualizas que lograste este sueño es un viaje a Disney en compañía de un hombre que es tu pareja y dos niños montándose en las atracciones.
3. Y las palabras que usas para definir tu sueño son: quiero un esposo.

Ahora quiero que imagines que estás ante el robot y le vas a dar la instrucción de lo que quieres materializar. Tú crees que el robot sabe muy bien qué quieres, que te entiende, que sabe lo que te conviene y que está en tu mente en todos y cada uno de los momentos de tu vida, así que por eso sabe con exactitud lo que quieres y que no es necesario decirle nada. Crees que con tenerlo claro dentro de ti es suficiente.

Pero no es así. Necesitas exteriorizar ese deseo mediante una instrucción hecha de palabras. ¿Crees que si no le das el comando al robot este se va a poner en acción? No, no lo va a hacer. Necesita que le des la orden.

Esto es lo mismo que pasa cuando no eres consciente del poder de la palabra. Andar deseando un sueño y tenerlo dentro de ti no va a hacer que el universo se ponga en marcha. Tienes que sacarlo y decir con claridad qué quieres.

Supongamos que un día decides hacer un mapa de sueños: vas a sacar el deseo de tu mente y lo vas a escribir en una cartelera.

Además de las palabras, vas a acompañarlo con imágenes. Como en el colegio, tienes revistas a tu alcance para buscar una imagen que se acerque a lo que visualizas. Buscas alguna que refleje la idea que tienes en mente de "familia". Supongamos que tu idea de "familia" es como la describimos arriba: tú, tu pareja y dos niños en Disney. Empiezas a buscar esa imagen para recortarla y pegarla en la cartelera.

Quiero que reflexiones: ¿lo que quieres materializar es una "familia" en Disney? Si te dijera que el robot entiende comandos en imágenes y va a darte lo que aparece en esa escena sin importar si esa familia es en realidad feliz en el matrimonio o si están unidos solo por las apariencias y siguen juntos por los hijos, ¿eso es lo qué quieres? Probablemente no.

Así que esa imagen que elegiste solo representa un momento que puedes vivir, pero no refleja la profundidad ni la totalidad de lo que quieres materializar. Por eso, los mapas de sueños se quedan cortos en procesos de manifestación y es fundamental incluir las palabras exactas y el discurso preciso para que lo que llegue a tu vida esté alineado.

Ahora bien, supongamos que has comprendido que la imagen no es suficiente y le vas a decir al "robot universo" lo que deseas de esta manera: "Quiero un esposo". Le das ese comando al robot, quien va a procesar lo siguiente literalmente:

"Esposo, esposa (*nombre masculino y femenino*). Persona con la que está casada otra persona.

Del lat. *sponsus;* la forma f., del lat. *sponsa.*

1. m. y f. Persona casada, con relación a su cónyuge.

2. m. y f. desus. Persona que ha celebrado esponsales.

3. f. Bol., Cuba, Ec. y Perú. Anillo episcopal.

4. f. pl. Pareja de manillas unidas entre sí con las que se aprisionan las muñecas de alguien". (Definición RAE).

MAGIC L♥VE

Acuérdate de que el robot solo entiende el comando de una forma literal. Eso quiere decir que le pediste que te diera "una persona que está casada con otra persona o persona que ha celebrado esponsales".

Te va a dar un hombre que YA ESTÁ CASADO.

Entonces, hay personas que luego van por la vida diciendo que el robot/universo no les concede sus peticiones porque solo les envía hombres casados. Esto demuestra que no solo debes escoger palabras bonitas que suenen bien, sino que debes investigar el significado de las palabras que estás eligiendo para verificar su literalidad.

Quiero que, por favor, revises la frase que escribiste y resaltes las palabras clave que contiene. Luego ve a un diccionario normal y a uno de etimología y verifica qué significan.

Una vez que lo hagas, escribe una frase corrigiendo lo que viste y lo que no quieres materializar:

Este sencillo ejercicio te permite ver que tus palabras son caóticas. No solo estás en un discurso de baja vibración, sino que las palabras elegidas están materializando lo opuesto a lo que quieres. Es así como entramos al segundo paso: ordenar tu universo. Vas a aprender cómo darle orden a tu palabra, algo que va más allá de escoger las expresiones correctas.

♡ EL KIT DE HERRAMIENTAS AMOROSAS ♡

Paso 2. Ordeno mi universo

Las tres ideas principales de este paso son:

a. Entender lo que la palabra revela.
b. Darle orden al inconsciente.
c. Darle orden a la palabra.

La palabra clave de este paso es "orden" y la vamos a entender en dos contextos. El primero es el de organizar y el segundo es el de dar una instrucción.

Es importante darle orden a la palabra porque, como ya vimos en el paso uno, esta tiende a ser caótica y a no manifestar lo que de verdad deseamos.

Para que este paso sea un éxito, es fundamental que HONRES la palabra que pronuncias en un cien por ciento. La palabra es tu gran maestra y todo lo que expreses, bien sea de forma escrita u oral, debes respetarlo, pues es la palabra la que te va a permitir transformar tu realidad.

Antes ya te había comentado que en el mundo del desarrollo personal hablan mucho sobre el poder de la palabra, y aunque estoy de acuerdo, a la mayoría se les ha olvidado un pequeño detalle: la palabra es un reflejo de lo que está en el inconsciente. Esto quiere decir que primero está el inconsciente y luego viene la palabra, así que, si quieres darle orden a lo que expresas, no basta con decir afirmaciones y escribir decretos por doquier. Por el contrario, se hace inminente que entiendas qué es lo que tu palabra está reflejando de tu inconsciente y qué quieres transformar.

Por lo general, creemos que tenemos un deseo, luego le ponemos una imagen a ese deseo y, por último, usamos la palabra para nombrar lo que queremos. Y creemos que si la palabra no expresa lo que en realidad queremos, es un problema de lenguaje y de vocabulario y que las palabras no fueron suficientes para manifestar lo que está dentro de nosotras... aunque dentro de nosotras sí esté claro lo que queremos.

Este es un error muy común y la razón por la cual muchas personas, que todas las mañanas decretan sueños frente al espejo, no ven cambio alguno en su vida cotidiana.

El proceso en realidad es distinto.

Es cuando usas las palabras que puedes revelar qué es lo que quieres inconscientemente.

Cuando tenemos un sueño y se nos presentan múltiples obstáculos y no lo podemos lograr, lo que sucede es que a nivel inconsciente se quiere algo distinto a lo que está a nivel consciente. Y como el primero tiene la capacidad de tomar decisiones el noventa y seis por ciento de las veces, es quien por lo general gana la batalla. Esto pasa porque aunque conscientemente deseemos algo, no lo alcanzamos porque no hemos transformado lo que está a nivel más profundo.

Es importante entender que una cosa es lo que queremos conscientemente y otra muy distinta lo que quiere el inconsciente. Ahora, nuestro inconsciente, según los psicoanalistas, toma entre el noventa y cinco y el noventa y ocho por ciento de nuestras decisiones, y cuando lo hace, lo hace de forma inconsciente, esto es, sin que tengamos un control racional o lógico.

Así, cuando usas la palabra y profundizas en su significado, puedes revelar lo que tu inconsciente quiere. Por ejemplo, si dices "Quiero un esposo", lo que quieres a nivel inconsciente es un hombre ya casado y comprometido. En este orden de ideas, tu inconsciente irá buscando hombres casados para tener una relación.

Cuando decimos algo y su significado o etimología no se corresponden con lo que queremos a nivel consciente, estamos ante un tesoro, ante el maestro, porque si HONRAMOS Y RESPETAMOS lo que dijimos y lo que significa, se nos está mostrando lo que debemos cambiar. Cuando te digo que respetes y honres tu palabra me refiero a que, sea lo que sea que hayas dicho, lo aceptes y sepas que ahí es donde está hablando tu inconsciente. No basta solo con repetir "Cancelado, cancelado, cancelado" cuando dices algo que no quieres materializar. Es posible que con la energía de "cancelar" no lo materialices, pero lo que pasa por alto este ejercicio es que no te lleva a hacer consciencia de qué es lo que hay dentro de ti que eligió esas palabras, qué es lo que en realidad quieres a nivel inconsciente.

Por eso, este método te empodera más que otros. En esos otros, dependes de lo que el universo oiga y te envíe, mientras que con este tú escuchas las palabras que dijiste y si no te gustan, en vez de solo cancelarlas, pasas a reflexionar por qué las escogiste y qué es lo que debes cambiar.

Así que cuando respetas y honras tu palabra, ya no vas a estar en el "Cancelado, cancelado, cancelado" ni en el "Bueno, eso no fue lo que quise decir. Lo que quise decir fue...", sino que vas a decir "OK, estas son las palabras que estoy eligiendo y esto, de alguna forma, me guste o no, es lo que quiero materializar. Mejor lo reviso y lo transformo a nivel inconsciente para crear una realidad distinta".

Con este método, no importa equivocarse o usar las palabras incorrectas. Todo lo contrario, eso nos encanta porque mientras más hables y más divagues, más material inconsciente tendrás para revisar e identificar.

Entonces, la palabra te muestra:

1. Tus creencias.
2. Tus traumas.
3. Tus vacíos.
4. Tus incoherencias.
5. Tus límites.

Veamos un ejemplo y analicemos todo lo que podemos revelar de una oración.

MAGIC L♥VE

"Quiero tener una pareja que me ame incondicionalmente, que sea generosa y que no quiera cambiarme. Alguien con quien podamos construir un proyecto de vida juntos. Soy una mujer independiente que hasta el momento no he necesitado un hombre, pero muy en el fondo de mi corazón eso es lo que quiero".

"Que me ame incondicionalmente".	Es una persona que está en el modo de solo recibir. Busca ser amada incondicionalmente porque ese tipo de amor que se espera de los papás no fue recibido. Quiere decir que cuando niña tenía que ser de cierta forma para que la amaran.
"Que no quiera cambiarme".	Se refuerza la idea anterior. Por esta forma de haber sido amada, quizás ha materializado parejas que la querían cambiar (igual que sus papás) y esto ha sido muy frustrante para ella.
"Soy una mujer independiente y hasta el momento no he necesitado un hombre".	Se manifiesta una creencia en la que se enaltece la independencia y muestra mensajes del árbol genealógico en los que necesitar a un hombre fue peligroso.

Esto demuestra que detrás de todo lo que decimos hay mensajes ocultos y que, con una actitud detectivesca, podemos ir viendo dónde está en realidad nuestro inconsciente. En el caso de esta chica, diría que los primeros pasos que debería tomar son:

1. Amarse incondicionalmente.
   a. Y debería preguntarse: "¿Dónde no me amo incondicionalmente?".

2. Revisar qué cosas puede cambiar para evolucionar y cuáles son espectaculares y quiere conservar.
3. Transformar la creencia de que no necesita un hombre y hacer un proceso para conectar con la energía femenina y masculina.

Como puedes ver, en este caso, poner la casa en orden no es escoger otras palabras y empezar a repetirlas como una lora mojada, sino analizar, identificar y ver lo que se dice y lo que está detrás.

Es así como empezamos a darle orden al inconsciente y, por lo tanto, a la palabra. Es un proceso que debemos hacer en doble vía:

1. Por un lado, cambiar las palabras que estamos usando para que la vibración que emiten nos lleve a materializar lo que queremos.
2. Por el otro, entender lo que queremos a nivel inconsciente, transformarlo y así, en el futuro, pronunciar palabras más alineadas con lo que queremos materializar.

Si te enfocas solo en cambiar las palabras, corres el riesgo de que en los momentos en los que hables de forma inconsciente (que es gran parte del día) termines manifestando el discurso que no quieres. Por otro lado, si solo te enfocas en ordenar el inconsciente y no empiezas a cambiar las palabras, estarás enviando vibraciones de lo que no quieres, y mientras el cambio profundo sucede, manifestarás precisamente eso.

Quiero que analicemos uno de los ejemplos más comunes: la palabra "esposo". Antes hemos visto lo que esto significa literal y etimológicamente, así que sabemos que hay altas probabilidades de que si esta es la palabra que usas, llegue a tu vida un hombre que ya esté casado y comprometido.

Sin embargo, reemplazar la palabra no es suficiente. Es importante hacer consciencia de la razón por la que has escogido esa palabra particular.

La forma más sencilla de descubrir qué es lo que está oculto en tu inconsciente es hacerte estas tres preguntas:

1. ¿Por qué me conviene materializar X (en este caso, será un hombre casado/comprometido)?
2. ¿Hay en mi árbol genealógico historias de infidelidad?
3. ¿Pasó algo durante mi gestación que estuvo relacionado con hombres casados?

Con seguridad, la primera pregunta te sorprenderá y pensarás que es imposible que eso te convenga porque en general es algo malo y conscientemente "nunca" queremos que este tipo de cosas nos sucedan.

Este es el poder de la autoobservación y de hacernos responsables de la realidad que creamos. Dejamos las excusas a un lado, nos atrevemos a ver lo que otras veces no hemos querido ver y descubrimos lo que antes nos impedía lograr nuestros sueños.

Sigamos con nuestro ejemplo para que te sirva de guía y puedas hacer tus análisis.

Una persona que pide un esposo tal vez lo haga porque le conviene alguna de las siguientes situaciones:

1. Le tiene miedo al compromiso y con un hombre casado puede tener algunos beneficios de una relación de pareja sin tener que dar de más.
2. Tiene la creencia de que las relaciones de pareja equivalen a sufrimiento y los hombres casados son un "no" rotundo. Así, si este llega, tiene la excusa perfecta para no relacionarse y evitar sufrir en el futuro.
3. También puede ser conveniente porque se mantiene leal a ciertas historias del árbol genealógico y las repite para pertenecer.

4. Puede ser conveniente porque es lo que la hace sentir viva, y así sepa que es algo negativo, puede provocarle una sensación positiva.

Cuando hablo de conveniencia, no quiero que pienses que estarás feliz con que esto te suceda. Por el contrario, lo más probable es que estés en conflicto porque estarás ante un combate entre lo que quieres conscientemente y lo que quiere el inconsciente.

Recuerda que cuando revelas qué hay en tu inconsciente, empiezas a darle luz y esto es superpoderoso para transformar tu realidad. Una vez que has identificado qué es lo que te conviene y lo aceptas, puedes hacer un acto simbólico para reprogramar el mensaje. Es fundamental que hagas acciones cotidianas masivas para nutrir la nueva visión que este acto quiso sembrar.

Para el caso del ejemplo, algunas acciones serían:

1. Cambiar la palabra y escoger una más acorde.
2. Cerrar puertas abiertas que tengas con hombres casados, puertas a través de las cuales las relaciones puedan ir más allá de la amistad.
3. Hombre casado que llegue a tu vida, sin importar su historia, es un NO rotundo.
4. Frecuentar más sitios y actividades a los que asistan más hombres solteros.
5. Si le tienes miedo al compromiso, comprometerte con algo y dar el cien por ciento.
6. Si tienes la creencia de que las relaciones son sufrimiento, permitirte llorar o sentirte triste sin juzgar o creer que eso es malo, pues solo hace parte de la experiencia de vida.

Cuando empiezas a hacer este proceso en doble vía, cambiar tus palabras y analizar tu inconsciente, le empiezas a dar orden al inconsciente y a la palabra, el caos es cada vez menos, vas reconociendo quién has sido y poco a poco te conviertes en la persona que se hace receptora de tener una pareja espectacular.

A continuación, te voy a dar unos *tips* muy útiles a la hora de escribir tu orden. Quiero recordarte que aunque es muy poderoso que los pongas en práctica, esto no es lo más poderoso del método.

Hago esta aclaración porque veo todos los días cómo las personas a quienes les gusta el desarrollo personal se la pasan haciendo "decretos perfectos" y no ven cambios. Tú ya sabes que esto es consecuencia de quedarse con una partecita del método y no con su totalidad.

Si solo aplicas lo que ahora te voy a compartir, pueden pasar años (incluso puedes hacer cualquier cantidad de mapas de sueños) y tu realidad seguirá exactamente igual, así que no caigas en esta trampa y permítete ver más allá.

Entremos en los *tips*.

1. No usar las palabras "quiero" y "necesito". Estas dos palabras ya están manifestando y creando carencia en tu vida.
2. Poner tu orden en presente y como si ya hubiera sucedido.
   a. Ejemplo: "Tengo un carro de alta gama que uso y gozo todos los días de mi vida".
3. Poner siempre *lo que quieres* y no lo que no quieres. Por eso, es fundamental que te preguntes: ¿cómo se ve o se siente el escenario ideal?

En esta tabla, te comparto algunos ejemplos:

Perder cinco kilos de peso.	Estoy delgada y saludable. Me siento muy cómoda con mi ropa y soy muy atractiva.
No tener deudas.	Tengo un cupo de crédito superior a...

EL KIT DE HERRAMIENTAS AMOROSAS

Que no fume.	Que tenga hábitos saludables y que cuide su cuerpo.
Que no sea tacaño.	Que sea generoso.
Que no esté comprometido.	Que esté soltero y emocionalmente listo para una relación de pareja

4. Establecer una fecha. Esta debe ser retadora, pero no imposible. Si al llegar la fecha no has materializado pareja, no es señal de fracaso y de que no va a ser, sino una muestra de que todavía hay temas por revisar.

5. Hay que diferenciar entre ser específica y precisa. Lo primero significa poner una lista de características muy puntuales y exigentes. Ser precisa es poner en tu orden lo que no es negociable para ti, lo que debe tener esa persona y la relación de pareja. Para efectos de este proceso, la idea es ser precisa. Porque si eres muy específica, como debes honrar y respetar tu palabra, solo puedes aceptar que llegue a tu vida exactamente eso que pediste.

Veamos un ejemplo de lo que incluye una orden muy específica.

1. Que tenga ojos azules.
2. Que mida 1.80.
3. Que haya estudiado Administración de Empresas.
4. Que tenga máximo treinta y nueve años.
5. Que sea signo libra.
6. Que quiera tener hijos, específicamente una hija mayor y un niño pequeño.
7. Que sea hincha de Santa Fe.
8. Que le guste U2.

En esta lista exageré porque sé que, con seguridad, en alguna parte has leído que debes describir en detalle cómo es esa persona que quieres materializar para que puedas visualizarla y que así llegue a tu vida.

Este popular ejercicio comete un error y pasa por alto aquello que lo hace verdaderamente efectivo. El problema de este ejercicio es que una solicitud tan específica hace que sea casi imposible que exista alguien que calce a la perfección con todas las características, entonces nunca llega o cuando llega alguien con muchas características distintas a lo que quieres, no lo tomas en cuenta porque no cumple con lo que querías o te sientes decepcionada de que no exista el hombre perfecto.

Lo segundo es que pasa por alto que el poder de este ejercicio no está en la descripción en sí misma del personaje y de la relación. Cuando incluyes tantos detalles, tu cerebro lo puede vivir como una experiencia real. Esto es lo verdaderamente poderoso de esta práctica: que los detalles te hacen vivir la película como si fuera real y así elevas tu vibración y empiezas a sintonizar con un hombre y la relación de pareja.

Ahora, la lista por sí misma no sirve y, por el contrario, te puede limitar.

Por eso, es preferible ser precisa y que tu deseo incluya tus prioridades. Pero aún más relevante será que encuentres tus propias palabras, ordenes tus deseos y enuncies tus peticiones por ti misma. No puedo darte una fórmula para hacerlo porque todas somos únicas. Tampoco debo darte las frases porque estaría quitándote el poder de hacerlo tú misma y el propósito de todo esto es que desarrolles tu poder.

Esto significa que no importa si la buscas en Google o en Chat GPT, no importa si encuentras la orden que expresa a la perfección lo que quieres, si no haces el proceso de desarrollo personal y autoanálisis, de nada te va a servir y tu vida continuará igual, sin crear el sueño que tienes en tu corazón y contigo creyendo que el universo tiene algo en tu contra porque no te da lo que pediste, que en la práctica son solo palabras.

Así que debes hacer el proceso, ponerte a la tarea de revisar tus palabras, darles un orden sintáctico y revisar el inconsciente. Con la unión de estas dos prácticas, estarás más cerca de materializar pareja.

No existe en el mundo una persona capaz de escribir la orden perfecta y ese tampoco debe ser tu objetivo. Tu propósito es estar en más consciencia cada día, escuchar mejor tus palabras, entender qué hay detrás de ellas, revisar lo que a nivel inconsciente te está limitando y hacer un proceso de autoobservación y evolución constante. Este es el camino, esto es lo que te va a llevar a hacer realidad lo que crees que es imposible.

Ahora, al inicio de esta parte, te dije que en este paso veríamos la palabra "orden" desde dos significados: el primero como organizar y el segundo como dar una instrucción.

Según la RAE, uno de los significados de la palabra orden es: "Mandato que se debe obedecer, observar y ejecutar".

Y este significado es muy poderoso. Primero, porque etimológicamente "obedecer" tiene que ver con la capacidad que se posee de escuchar con atención, así que una orden dicha con palabras debe ser escuchada. Luego habla de que debe ser observada, es decir, debe contar con actos visibles. Por último, nos dice que debe ser ejecutada, que tiene que realizarse por completo.

Entonces, cuando escribes la frase, en realidad estás dándole una orden al universo y este tiene que escucharla (con palabras literales que usaste), observar (esto lo veremos en la siguiente parte del libro) y ejecutarla. En resumen, debe cumplir lo que ordenaste.

Así es como quiero que de ahora en adelante escribas tu orden: sabiendo que lo que estás haciendo es emitir un mensaje contundente que debe ser escuchado, observado y ejecutado. Punto.

No es si el universo quiere, no es si a ti te conviene, no es si es el momento perfecto. Es una orden que diste, y así como cuando entras a una aplicación de comida a solicitar una hamburguesa y no tienes duda de que te la van a traer, así mismo debes hacer esta solicitud.

¿Qué pasaría si pidieras una hamburguesa y el mensajero te entregara una pizza? Si estás segura de lo que quieres (paso uno), devuelves la pizza y hablas con el administrador para que te envíe lo que pediste. Probablemente pienses que puedes aceptar la pizza y que puede resultar mejor que la hamburguesa, ¡que la vida te sorprenda!, pero quiero decirte que así no funciona el método. En el paso uno, hablamos de la importancia de tener claro qué quieres, ya que sin ello no puedes continuar con este método. Puedes vivir, pero veo poco probable que materialices la realidad que DESEAS si te conformas con lo que la vida "te manda".

Lo mismo sucede con tu pedido cuando lo escribes o lo dices en voz alta. Ya es una orden y debe ser ejecutada, y si te llega lo que no quieres, lo devuelves y revisas las razones de la equivocación para evitar que te vuelva a pasar y que esta vez sí te llegue lo que pediste.

Si por algún motivo, leyendo esta parte del libro, dices que sí recibirías la pizza, te diría que no tenías claro lo que querías y por eso te conformaste con lo que no querías. Eso es malo en la medida en que estás aceptando lo que tú misma sabes que no deseas. En este caso, debes revisar si a nivel inconsciente estás programada para evitar conflictos y, por eso, aunque te trajeron lo que no querías, lo aceptas. También puedes pensar que entiendes la importancia de dar una orden al universo, pero al mismo tiempo sentir que el universo no te va a hacer caso porque no estás convencida de que sí te lo va a dar.

Para todo este tema de cómo te sientes, es importante revisar el paso número tres: ¿cómo lo hago?

♡ EL KIT DE HERRAMIENTAS AMOROSAS ♡

Paso 3. ¿Cómo lo hago?

Las tres ideas principales de este paso son:

a. El cómo lo hago no importa.
b. El cómo me siento es fundamental.
c. El poder de la acción masiva.

Seguramente has visto muchos ejemplos de que la palabra no es suficiente para materializar cosas. En mi caso, he visto personas que usan de forma muy elocuente su vocabulario y eso no significa que su vida cambie. Y también he visto el escenario contrario: personas negativas y fatalistas que se la pasan diciendo cosas desastrosas y su vida no es tan caótica.

En este paso, la palabra clave es "cómo" y tenemos dos preguntas puntuales:

- ¿Cómo lo hago?
- ¿Cómo me siento?

Esta metodología plantea que el cómo lo vas a hacer no solo no te incumbe, sino que si te enfocas en eso te vas a paralizar.

Imaginemos que quieres producir un millón de dólares en los próximos cinco meses. Es algo factible porque algunas personas en el mundo lo han logrado. Sin embargo, haces un análisis de tu vida y te das cuenta de que en este momento, con un salario de dos mil dólares, es imposible alcanzar esa meta.

Le echas cabeza, botas ideas y entiendes que las posibilidades de que eso te pase son remotas. En la práctica, te pones racional, te haces muy consciente de tus límites y dices: "Es imposible para mí porque no veo el camino por el que pueda lograrlo. Si viera el camino, seguro lo podría alcanzar".

MAGIC LOVE

Esta es una idea errónea. Por lo general, las cosas extraordinarias que te suceden en la vida están fuera de tu control. No pudiste planear al detalle cómo iban a suceder, se te presentaron situaciones especiales que te llevaron a alcanzar esta meta y hoy, cuando haces memoria, reconoces que fue gracias a esas coincidencias y a todo lo que no pudiste planear que estás donde estás y lograste lo que querías.

Por eso, no debe importarte cómo vas a lograr un sueño que parece imposible. Eso debes dejárselo al universo, a Dios, a la magia o como lo quieras llamar, pues son esos elementos los que tienen un poder supermágico para hacer cosas que si te las hubieran encargado a ti, seguramente no te habrían llegado ideas a la mente.

Te voy a contar lo que me permite conectarme con el poder de creación universal: pensar en todas las cosas espectaculares que existen en la naturaleza, sus colores, formas, capacidades y beneficios. Me parece que va más allá del entendimiento cómo se crearon esas cosas, para qué, por qué y para quién.

Por ejemplo, pienso en las frutas y las primeras que se me vienen a la mente son: el banano, el mango, la granadilla, la mandarina y la fresa. Me imagino que vienen de una semilla, proporcionalmente muy pequeña, que empieza a germinar, a crecer y a dar frutos. Y todas son superdiferentes, con cáscaras distintas, texturas variadas, sabores particulares. Además, nos las podemos comer, son ricas y alimenticias. Entonces, me pregunto qué fuerza creó esta variedad de frutas. Y eso que solo estoy comparando cinco de las miles que hay en el planeta.

También pienso en la gestación de un bebé y en cómo es posible que de la unión de un espermatozoide y un óvulo, que son diminutos, se pueda crear una vida de una forma tan espectacular, sin control de la mente humana.

Estas son algunas de las cosas mágicas del universo. Cuando me permito reflexionar sobre ellas de forma detenida, descubro que no tenemos absoluto control sobre la magia universal y que los milagros están en el día a día, pero como estamos tan acostumbrados a la cotidianidad, no los vemos o no somos conscientes de ellos.

Este poder de creación mágico y milagroso es el que está disponible para ti, para hacer realidad lo que te propongas sin tener que estar preocupada por cómo lo vas a hacer. El universo que no tiene límites mentales e inconscientes es puro amor y está disponible para ti cuando te permites vivir al cien por ciento esta metodología.

Ahora, el método es muy claro y nos dice que el cómo no está en nuestras manos, pero eso no significa que te quedes quieta mientras ocurre el milagro. Por el contrario, refuerza que debes conectarte con la acción masiva y hacer todo lo que esté en tu poder para ir hacia ese sueño.

Te voy a poner un ejemplo con una persona que quiere encontrar un trabajo. Lleva muchos años desempleada y cree que va a ser imposible hallar un lugar en el que se sienta bien y que le guste. Está decidida a aplicar el método y cambiar su realidad. Define exactamente qué quiere, ordena su universo y su palabra para descubrir qué información inconsciente tiene que le dice que es bueno estar desempleada y se pone en marcha para hacer las acciones que, según ella, la pueden acercar a su sueño:

1. Arreglar su perfil de LinkedIn.
2. Ajustar su hoja de vida.
3. Enviar correos a sus compañeros de la universidad.
4. Hacerle una novena a la virgen María.
5. Hacer un curso de preparación de entrevistas.

Envió cien hojas de vida, les escribió a cincuenta personas por LinkedIn, no la han llamado para ninguna entrevista y un día va caminando por el supermercado y se encuentra con un amigo de la mamá que no la ve desde que era una niña. Entre otras cosas, le

MAGIC LOVE

cuenta que está realizando acciones para encontrar trabajo y justo esa persona le dice que necesita a alguien con su perfil, entonces le pide que vaya el lunes a la oficina y ese mismo día la contrata.

¿Fueron las hojas de vida las que le dieron el trabajo? No.

¿Fue el perfil de LinkedIn? No.

¿Fue el curso de entrevistas el que le ayudó a conseguirlo? No.

Ninguna de estas opciones, directamente, le permitió materializar el trabajo. En realidad fue la energía de la acción masiva, el hecho de que soltó el control sobre el cómo y permitió que el universo hiciera su magia.

Esto no quiere decir que tus acciones nunca te llevarán a conseguir tu sueño, pues en algunas ocasiones así será. Lo importante es que te desprendas de que X acción te llevará a ese resultado.

¿Por qué la acción masiva es tan poderosa?

1. Porque emite de inmediato energía que vibra en sintonía con tu propósito.
2. Porque te conecta con el proceso y suelta el resultado.
3. Porque te hace sentir que te estás acercando a tu sueño.

Esto me hace recordar una de las anécdotas que me contó una de mis consultantes: uno de sus exnovios iba a donde una persona que "adivinaba el futuro" para cualquier decisión que fuera a tomar. Esta persona le dijo que en el examen para ingresar a la universidad le iba a ir muy bien y que iba a estudiar en el lugar que él prefería. Entonces, él pensó que no era necesario estudiar porque su destino ya estaba escrito. ¡La sorpresa que se llevó cuando llegaron los resultados y no eran tan buenos como los esperaba! Por eso, no pudo entrar a la escuela que había escogido.

Esta situación es muy similar a tu proceso de materialización. Acá no vamos a jugar a adivinar el futuro, pero si de algo estoy segura es de que si aplicas esta metodología vas a estar en pareja

♡ EL KIT DE HERRAMIENTAS AMOROSAS ♡

en los próximos meses. Eso significa que puedes tener la certeza de que va a suceder, pero no por eso vas a quedarte quieta esperando que te caiga del cielo.

Como puedes ver, el proceso de materialización de pareja requiere de que te pongas en marcha, en movimiento, para generar energía.

A veces pienso y creo que nos han enseñado a "luchar" por nuestros sueños cuando están relacionados con logros externos, como ser exitosas en la profesión, viajar por el mundo, tener X o Y maestría, pero al mismo tiempo nos avergüenzan si el sueño está relacionado con algo más emocional, como tener pareja o formar una familia.

Parece que esta parte emocional se da por sentado, como si fuera a suceder, pero si no ocurre mágicamente es porque no es para ti. Entonces, si tomas las riendas de tu vida y decides hacerlo realidad y ponerte en acción masiva, te tildan de desesperada, de necesitada o de intensa.

Al final, la consecuencia es que no te pones en marcha, no entras en acción y esperas a que de la nada llegue a tu vida eso que tanto deseas.

Hoy quiero decirte que si tienes un sueño y lo quieres hacer realidad, este método te dice que sí es posible. No te puedes quedar esperando en el sofá a que llegue, sino que es importante poner de tu parte, mover la energía y soltar el resultado. Debes permitir que el universo haga de las suyas y te abras a recibir tu sueño.

Ahora, al principio vimos que el cómo lo haces no importa, pero el cómo te sientes sí tiene una fuerza impresionante.

Esto quiere decir que, cuando te pones en marcha hacia materializar pareja, es fundamental que sientas:

1. Que sí es posible para ti.
2. Que eso que pediste ya es un hecho y solo falta que se sincronice contigo.

MAGIC L♥VE

Si te soy sincera, para mí, esta tal vez es la parte más difícil de todo el método porque me queda muy fácil comprenderlo intelectualmente, pero es más complejo que el cuerpo lo entienda.

Con esto quiero decir que sé que es importante sentir que lo que estoy pidiendo es posible en mi vida y que cada célula de mi cuerpo comprenda que es una realidad, aunque en la práctica, en las pruebas y señales que se me presentan, todo me indique que esto que quiero no se está manifestando.

Las preguntas que me rondan a veces y que te pueden rondar también a ti son:

¿Cómo sentir que ya es un hecho? ¿Cómo enviarle certeza a mi cuerpo para que sienta que esto va a suceder al cien por ciento si nada de lo que me sucede me permite creer que así vaya a ser?

Son preguntas válidas y será de suma importancia que dediques el tiempo que sea necesario a practicar este paso. Al principio no será fácil, te exigirá mucho y habrá días donde no lo logres, pero con el tiempo te irás dando cuenta de que cada vez te sientes más segura y con más certeza de que esto te va a pasar.

Para conectar con la emoción, te voy a dar tres consejos que son muy poderosos.

1. Cuando le des una orden al universo, recuerda el ejemplo del domicilio. Imagina cuando entras a la aplicación y decides realizar una orden para que te traigan una hamburguesa. Luego de hacer la solicitud, te puedes desentender del pedido por unos cuarenta minutos mientras llega. Durante ese tiempo, estás tranquila, viendo una serie en Netflix, y cuando suena el citófono, recoges el pedido. Si todo va bien, una vez que ordenas la hamburguesa, no dudas de que esta vaya a llegar a tu puerta. Estás relajada, confiada en que hiciste el pedido y en que no te va a llegar de inmediato porque el restaurante debe hacerlo primero.

Lo mismo sucede cuando le das una orden al universo. Para este caso, quiero que pienses que los cuarenta minutos son algunos meses. Esto quiere decir que hiciste el pedido y el universo va a tomarse un tiempo para cocinarlo, organizarlo y llevarlo. Es un hecho, ya lo ha recibido y viene en camino. Puede que durante esos cuarenta minutos/algunos meses no veas nada concreto que te demuestre que se está cocinando, pero eso no significa que no tengas la absoluta certeza de que en un rato va a llegar a ti.

Esta es la actitud que quiero que tengas la próxima vez que envíes la orden de tener una relación de pareja de alta consciencia. Fue emitida, fue recibida por el universo y va a llegar a ti en un tiempo. Además, vas a tener toda la seguridad y la fuerza en tu corazón de que así va a suceder.

A veces, el restaurante o el domiciliario se demoran, pero eso no significa que vayas a decir: "¡Lo mismo de siempre! Nunca voy a comer hamburguesa en mi vida. No llegó. Debe ser que la hamburguesa no era para mí". Creo que esa no sería la actitud. Lo que harías sería llamar al restaurante y preguntar por tu orden. Y aunque se demore un tiempo más, la "creencia" de que vas a comer hamburguesa no la pones en duda.

Digamos que la cosa se complica y el restaurante te dice que no la quiere enviar o que no puede. Seguramente vas a solicitar que te devuelvan el dinero y pedirás una hamburguesa a otro sitio. En otras palabras, insistes en comer hamburguesa.

Este es el primer ejercicio mental que te propongo para que puedas empezar a sentirte alineada con la materialización de tu sueño.

2. El segundo consejo que te ofrezco para transformar ese cómo te sientes es aplicar la famosa frase de *"Fake it till you make it"*. Para mí, la traducción perfecta sería: "Actúa hasta lograrlo". Esto quiere decir que realices acciones simulando que ya te sientes como te quieres sentir. Lo más poderoso de esta frase es que te dice que lo hagas hasta que lo logres, no hasta que te canses, no hasta que pasen dos años, no hasta cuando creas que ya estuvo bien. La fra-

MAGIC L♥VE

se es muy clara y te está diciendo que lo hagas hasta que lo logres. Como todo lo de este método, no hay plan B.

Este consejo está muy vinculado con la acción masiva de cómo hago para que suceda. Quiere decir que todas las acciones para ponerte en marcha te ayudan con este propósito. Ahora, realizar acciones que te hagan sentir como si ya lo hubieras logrado, o como si ya estuvieras en pareja, le da doble poder a esta parte del método.

Te preguntarás, entonces, ¿qué acciones puedes realizar que te hagan sentir que ya estás en pareja?

Te comparto algunas que, además, están alineadas con una actitud de coherencia.

a. Estar viviendo sola y con espacio para que llegue otra persona (a no ser que quieras un novio con quien no vayas a convivir).

b. Tener dos mesas de noche: una tuya y otra para el chico.

c. Hacer espacio para la ropa de él, su bicicleta, el cepillo de dientes y más.

d. Hacer un curso para relaciones de pareja.

e. Si estás pensando hacer un viaje en un año, pensar en el escenario de que ya estés en pareja.

f. Hacer actividades que te parezcan chéveres en pareja en vez de quedarte haciendo planes de soltera en la casa.

g. No tener relaciones casuales o solo sexo.

Estas son solo algunas ideas. Úsalas para inspirarte y encontrar acciones que te hagan sentir que es un hecho que estás en una relación de pareja.

3. La tercera forma para conectar con la emoción es la meditación. Puede ser una meditación en silencio con los ojos cerrados o escoger una actividad cotidiana para hacerla de manera meditativa.

EL KIT DE HERRAMIENTAS AMOROSAS

En el primer caso, la idea es que encuentres por lo menos veinte minutos para realizar una meditación 3D, es decir, una que involucre los cinco sentidos y en la que puedas visualizar una escena donde vivas una situación de pareja muy satisfactoria y agradable.

Te comparto algunas escenas que a mí me parecen superlindas.

- Ir en el carro de paseo, escuchando música y cantando a grito herido.
- Jugar a hacerse cosquillas en la cama.
- Hacer una comida juntos para recibir a unos amigos que vienen.
- Tomarse unos vinos y reírse a carcajadas.

Escoge una de estas o inventa una escena cotidiana que quieras vivir e invierte toda tu energía durante veinte minutos en imaginar cada uno de los detalles de esa escena.

Recuerda que debes incluir.

a. Qué estás viendo.
b. A qué huele.
c. Qué escuchas.
d. Qué estás sintiendo corporalmente.
e. Y qué estás saboreando.

Si en tu escena te dedicas a sentir estas cinco cosas, estoy segura de que elevarás tu energía y sentirás en ese momento que ese sueño es tuyo y para ti porque en la práctica es un hecho.

Por otro lado, puedes escoger una acción cotidiana y hacerla de una forma meditativa. Mientras en la primera estás quieta y usando todas tus habilidades mentales para sentir lo que quieres sentir, en esta segunda vas a hacer lo contrario y moverte para sentir que ya estás en una relación de pareja.

En este caso, voy a usar las mismas escenas de la meditación pasiva para que veas la diferencia.

Ir en el carro de paseo, escuchando música y cantando a grito herido.	Cuando vayas sola en el carro, de paseo, no pongas solo la música que te gusta. Pon la música que crees que le podría gustar a él así a ti no te guste.
Jugar a hacerse cosquillas en la cama.	Juega en la cama como niña pequeña: salta, tira almohadas y más.
Hacer una comida juntos para recibir a unos amigos que vienen.	Haz una cena e invita a algunos amigos. Guarda una silla para tu chico.
Tomarse unos vinos y reírse a carcajadas.	Escoge una noche para hacer una cita, arregla tu casa, ponle flores, cocina o pide algo rico de comer. Ten una cita contigo misma.

Si cuando haces estas acciones te conectas con la intención de que estás viviendo, disfrutando y experimentando lo que quieres vivir, todo tu cuerpo y tu mente lo van a sentir real y con los días te vas a dar cuenta de que poco a poco, sin saber cómo, ni cuándo, ni por qué, empiezas a sentir que este sueño sí es para ti.

Con esto, terminamos el paso tres de este método y entramos a la parte donde este sueño empieza a hacerse visible y de repente te comienza a enviar señales. Entonces aprendes a leer la *matrix* y a identificar los mensajes ocultos que te están enviando.

Paso 4. Interpretación de las señales

Las tres ideas principales de este paso son:

1. Las señales no me dicen si me conviene o no.

2. Las señales son un reflejo de mi inconsciente.
3. Se presentan herramientas de revelación.

Este paso parte de la base de que una vez que has enviado tu orden al universo, este empieza a mostrarte señales de que la orden ha sido recibida y de que se ha puesto en marcha. Esto significa que es importante ponerse en la actitud de cazadora de tesoros porque el universo, sin excepción, te empezará a enviar señales.

El asunto es que nadie te ha enseñado a interpretar la realidad ni a ver las señales que con claridad te envían. Quizás habrás pedido una señal alguna vez y el universo te ha enviado una mariposa, un "11:11" en la hora del celular o justo te ha llamado alguien con una buena noticia. Y aunque estas son señales, lo más probable es que creas que son eventos aislados, el resultado de un pedido puntual que has hecho, y no que estén llegando a ti todo el tiempo y queriendo ser vistas para que las interpretes y actúes para acercarte a tu sueño.

Ahora, empecemos desmitificando una de las creencias más comunes que solemos tener cuando de señales se trata: las señales nos avisan si alguna situación o chico nos conviene o no. Por lo general, le hacemos solicitudes al universo para que nos muestre el camino indicado que debemos tomar. Tenemos miedo de equivocarnos ante una decisión y solicitamos una señal que nos indique qué es lo que debemos hacer con nuestra vida.

Este es un gran error en el proceso de materialización y específicamente en este método. ¿Por qué? Porque, para evitar este tipo de dudas y preguntas, has estado un buen tiempo meditando en el paso uno, donde definiste qué es lo que quieres. El método te exige, para seguir en los siguientes peldaños, que definas con claridad qué quieres. ¿Cómo sería posible que llegaras al paso cuatro y algo te dijera que eso que deseas no es conveniente para ti?

En este caso, las señales vienen para mostrarte si te estás acercando o alejando de tu sueño y propósito.

MAGIC LOVE

Miremos un ejemplo: imagina que vas a realizar un viaje por carretera, ya definiste el destino y has hecho planes. No tienes dudas de para dónde vas y qué vas a vivir en ese lugar (este es el paso uno: saber a dónde vas a ir). Luego decides ponerte en marcha, tomar el carro e irte a ese lugar (paso dos: usas la palabra y te pones en marcha). Durante el viaje, estás segura de que vas a llegar al destino e incluso puedes imaginar una que otra aventura que vas a vivir (paso tres). En la carretera, empiezan a aparecer letreros que te indican a cuántos kilómetros está tu destino; estas son las señales (paso cuatro) y están ahí para decirte qué tan cerca estás, no para decirte si te conviene o no.

Piensa que estas señales de tránsito tuvieran el objetivo de decirte si te conviene o no ir al destino que hace meses elegiste y donde tienes compromisos pendientes. Vas por la carretera y de pronto aparece un letrero que te muestra que vas para el lado contrario del destino que elegiste. Pensarás:

"Debe ser que no me conviene ir a este lugar".

"Esto es una señal de que ir a ese lugar no es para mí, por eso el universo me está mostrando otra ciudad".

¿Crees genuinamente que estaría bien de tu parte cambiar de rumbo por una señal de tránsito y dejar de lado tus vacaciones soñadas, planeadas y organizadas solo porque hubo una señal que te mostró que hay otras opciones?

Lo más probable es que no y que lo que en realidad hagas cuando veas que la señal te muestra una ciudad opuesta es que te preguntes dónde carajos te desviaste y cómo demonios haces para volver a la carretera que te lleva al destino que decidiste. Incluso hoy, con la tecnología que tenemos, es muy fácil que cualquier GPS recalcule la nueva ruta que te llevará al destino elegido.

Asimismo, sucede con las señales que te envía el universo: están diseñadas para guiarte, mas no para decirte por dónde debes ir. Tú decides tus aventuras.

Sé que hasta el momento esto ha sido muy metafórico y que es probable que ya lo hayas entendido en la teoría, pero te estarás preguntando cómo funciona esto en la práctica y cómo es que lo vives en tu día a día.

Las señales están a lo largo de toda la carretera, decidas verlas o no, y, además, verás señales de otras cosas que quieres manifestar consciente o inconscientemente.

Para acogernos a la metáfora, en la carretera también verás señales de gasolineras, restaurantes, estaciones de servicio ¡y más! Por eso, es fundamental que afines tu percepción para enfocarte en reconocer las señales específicas que te están llegando sobre la orden de materializar una relación de pareja.

¿Cómo puedes saber cuáles de estas señales están relacionadas con la búsqueda de pareja? Es muy sencillo: el TEMA alrededor de la persona o situación que se te presenta está relacionado con el tema de pareja.

Te dejo un listado de algunas situaciones que vives en tu día a día y que pueden estar llenas de señales:

1. Todo lo que sucede en las *apps* de citas.
2. Todas las conversaciones que tienes o escuchas alrededor del tema de pareja.
3. La película, serie o novela que estás viendo y las emociones que te produce.
4. La relación con los hombres (papá, hermanos, hijos, compañeros de trabajo, etc.).
5. El tipo de chico con el que tienes una cita y lo que involucró el encuentro.
6. El comercial de radio que escuchaste por casualidad.
7. Lo que ves y lees en internet y las redes sociales.

En todas estas situaciones hay un mensaje para ti. En principio parece oculto, pero una vez que termines de leer este libro, te

MAGIC LOVE

darás cuenta de que han estado superpresentes, solo que tú no te has permitido verlos con atención.

Verlos con atención significa ser consciente de las situaciones que estás presenciando e identificar el mensaje que envían. Algunas veces el mensaje será que te estás acercando a tu sueño, es decir, que estás manifestando situaciones alineadas con lo que sueñas. Otras veces te mostrarán que te estás alejando del propósito o que a nivel inconsciente todavía no crees que sea posible.

Miremos cómo puede leerse esto en las situaciones enumeradas antes.

Situación	Te acerca	Te aleja
1. Todo lo que sucede en las *apps* de citas.	Los hombres hablan contigo, concretas citas, te hablan de lo que quieren en una relación de pareja. Son sinceros y honestos.	Los hombres no te hablan, solo te abordan con intenciones sexuales, te dejan plantada, no quieren compromiso.
2. Todas las conversaciones que tienes o escuchas alrededor del tema de pareja.	Las personas a tu alrededor hablan de lo felices que están en pareja, de lo buenos papás que son sus esposos, de lo bendecidas que se sienten.	La gente habla de que está aburrida casada, te recomiendan seguir soltera, hacen chistes malos sobre el matrimonio. Se están divorciando a tu alrededor.
3. La película, serie o novela que estás viendo y las emociones que te produce.	Cuando ves una serie, el amor es posible, bonito y especial y sientes que también es posible para ti.	La televisión te muestra relaciones que son un desastre, que es mejor estar soltera y que esto nunca te va a pasar.
4. En general, tu relación con los hombres, sea papá, hermanos, hijos, compañeros de trabajo, etc.	Te llevas bien con los hombres, te ayudan, te dicen cosas bonitas, te reconocen, te admiran y tú a ellos.	Te la pasas peleando con los hombres, te critican, te juzgan, te rechazan y tú a ellos.

EL KIT DE HERRAMIENTAS AMOROSAS

Situación	Te acerca	Te aleja
5. El tipo de chico con el que tienes una cita y lo que involucró el encuentro.	Es un tipo bueno, que quiere comprometerse, que quiere una relación a largo plazo, que te hace sentir importante y especial y esa primera cita es agradable.	Es un tipo mala gente, que te habla de que no quiere compromiso, que no te hace sentir especial ni importante.
6. El comercial de radio que casualmente escuchaste.	Escuchas mensajes en la radio a favor de las relaciones de pareja.	Escuchas mensajes en la radio en contra de las relaciones de pareja.
7. Lo que ves y lees en internet y las redes sociales.	Ves y compartes memes sobre relaciones de pareja bonitas, los *posts* que lees son a favor de las relaciones y de la magia del amor, te aparece contenido positivo sobre estar con alguien.	Ves y compartes memes sobre la felicidad de estar soltera, los *posts* que lees son en contra de las relaciones y no creen en el amor, te aparece contenido negativo sobre estar con alguien.

Es probable que pienses que no son señales, sino que simplemente son un reflejo de cómo es en realidad la vida y que si ves cosas negativas es porque es negativo y punto, que esto no está en tu control, que la realidad es lo que es y que no puedes hacer nada para cambiar.

Sin embargo, este paso del método te enseña que TODO lo que pasa afuera es un reflejo de tu estado inconsciente y que si te permites leer las señales, ver e integrar lo que estás creando y transformar lo que no te gusta, en ese momento comienzas a convertirte en la creadora de tu realidad. Pronto, así como fuera de tu control solo ves lo negativo, sin que hagas mucho, más allá de cambiar tu mirada, la realidad empezará a moldearse y reflejar situaciones completamente distintas.

Este es un mensaje muy poderoso porque te hace responsable de lo que está sucediendo en tu realidad y, al mismo tiempo, te muestra lo que debes cambiar si quieres materializar una relación de alta consciencia.

Digamos que la mayoría de las situaciones te están mostrando que te estás alejando. En vez de decir "Ah, claro, tengo la razón, esto es así o *asá*", debes decir "¿Qué hay en mí que cree esto? ¿Qué hay en mí que hace que manifieste lo que no quiero?".

La primera afirmación te deja tal cual como estás, sin cumplir tu sueño y teniendo la razón. Por el contrario, las preguntas reflexivas te permiten tomar el control, descubrir qué es lo que no está funcionando e ir a transformarlo.

Porque lo que te aleja SIEMPRE mostrará lo que debes cambiar.

Uno de los ejemplos que más me gusta para ilustrar cómo cada uno materializa una realidad acorde a lo que hay en su inconsciente es el de las interacciones en las *apps* de citas.

Me encanta porque me llegan mujeres que están convencidas de que tienen la verdad sobre las aplicaciones y lo que ahí pasa, entonces lanzan sentencias de este tipo:

1. "En las aplicaciones de citas los hombres solo quieren sexo".
2. "En las aplicaciones de citas los hombres no hablan".
3. "En las aplicaciones de citas los hombres solo quieren pasar el rato".
4. "En las aplicaciones de citas están los hombres infieles".
5. "Las aplicaciones no sirven para nada".
6. "Las aplicaciones no me sirven".

Pero como yo tengo un programa y una comunidad de mujeres, es muy fácil mostrarles que esas ideas absolutas no aplican.

♡ EL KIT DE HERRAMIENTAS AMOROSAS ♡

Un día, una de las chicas nuevas de mi programa dijo con toda la certeza del mundo que los hombres en las aplicaciones solo estaban ahí para tener sexo, que estaba cansada de que las conversaciones siempre se tornaran sexuales y que, por eso, no le gustaban para nada las aplicaciones.

En ese momento, en el grupo había dos chicas que ya llevaban unos meses en el programa y lo que ellas experimentaban en las aplicaciones era muy distinto: una de ellas no lograba iniciar una conversación, pues hacía *match* y hasta ahí llegaba todo. La otra sí lograba pasar a las conversaciones, pero no fluían y nunca concretaba una cita.

Ese día, delante de la chica nueva, les pregunté a las otras dos mujeres si esa era la experiencia que ellas tenían en las *apps* (ya sabíamos la respuesta). Se rieron muchísimo porque una dijo: "A mí ni me dan *match*". Y la otra: "A mí ni me hablan… Llegar a que me hablen de sexo es un camino muy largo". La chica que había asegurado que eso era lo que sucedía en las aplicaciones quedó muy sorprendida, pues su experiencia no era la que vivían todas las mujeres, como ella creía.

En este caso, cada una de las chicas tiene algo diferente por identificar y resolver. Por eso, lo que viven en las aplicaciones es particular y diferente.

Te estarás preguntando cómo puedes descubrir qué es lo que tienes que resolver. Para eso, debes preguntarte cuáles son las simbologías de las situaciones que estás viviendo.

Veamos un ejemplo con las tres chicas y el caso anterior:

Situación	Simbología	Asunto por resolver
"No hago *match*".	Los hombres no están presentes.	Padre ausente en mi vida y en el árbol genealógico.

MAGIC L♥VE

Situación	Simbología	Asunto por resolver
"No me hablan".	No me puedo comunicar.	Imposibilidad de comunicar mis emociones en mi entorno familiar.
"Solo quieren sexo".	Exceso de presencia de la energía sexual.	Sexualidad reprimida en el árbol genealógico.

Ahora, es importante notar que hay algunas señales más literales que estas que estamos discutiendo y que quizás no requieran de mucha introspección para revelar dónde están las creencias limitantes.

Por ejemplo:

1. Hombres que te dicen de manera muy directa que no quieren compromisos.
2. Hombres que tienen valores muy diferentes a los tuyos.
3. Hombres que no tienen tus mismas intenciones para el futuro.

Cuando personas así lleguen a tu vida, sabrás que son señales de que te estás alejando. Al mismo tiempo, si te permites experimentar algo que sabes que no es lo que quieres, más te alejarás de tu sueño. Es como ir para Cali, pero decidir parar cinco horas en Ibagué. Corres el riesgo de quedarte más tiempo y, con certeza, llegarás más tarde a tu destino.

En este paso, te darás cuenta de que también se van a presentar señales más extraordinarias: son las que rompen con tu cotidianidad y la rutina y que te llaman la atención porque son particularmente especiales y se diferencian del día a día.

Estas señales son muy interesantes porque dan muestra de la magia que estás construyendo. Al ser tan particulares, te darás

♥ EL KIT DE HERRAMIENTAS AMOROSAS ♥

cuenta de que esto no es el resultado de la realidad en la que sueles estar, sino que la *matrix* ya empieza a hacerse visible para ti.

Te voy a dar un listado de las señales que han recibido algunas de mis consultantes para que puedas ver el nivel de magia que tienen. Ahora, como estas son señales especiales, no esperes que una te suceda a ti. Solo permítete recibir las que lleguen a tu vida.

1. En un centro comercial, un hombre completamente desconocido intercepta a una mujer y le dice que es la más linda que ha visto en toda su vida. No suele hablarles así a las mujeres, pero sintió el impulso de decírselo.
2. Estar en una biblioteca, que se caiga un libro y justo se abra en la página que contiene la información que estabas buscando.
3. Que entre un animal muy especial a tu casa y que no tengas explicación de cómo llegó.
4. Que te llame una persona con la que no hablabas hace meses o años y que sea en quien estabas pensando.
5. Que alguien te recomiende un libro y que luego otra persona, sin conexión con la primera, te lo regale.
6. Ganarse una rifa.
7. Tener sueños lúcidos o vívidos, esos que parecen reales.
8. Encontrarse dinero en la calle.

Estas son algunas de las señales extraordinarias que han experimentado mis consultantes en su proceso de materialización de pareja. Algunas de ellas no parecen tener relación con temas románticos, pero cuando hemos profundizado, nos hemos dado cuenta de que tienen que ver con el merecimiento, la relación con el padre (que se vincula con el dinero), las conversaciones y las cosas que dicen otras personas.

Otra de las maneras en que se presentan señales, en este paso, es que nos hacemos correspondientes a herramientas y personas que tienen dones y talentos, como oráculos, canalizaciones, terapias, encuentros con sacerdotes, entre otros, para revelar información que hay a nivel inconsciente y que probablemente no habríamos podido ver de otra forma.

Es en este paso cuando familiares, amigos y seres queridos se acercan a ti y te recomiendan a una persona para que te ayude a identificar qué es lo que a nivel inconsciente te está impidiendo materializar pareja.

Entre las herramientas que pueden presentarse están:

1. Las esotéricas.
2. Las espirituales.
3. Las científicas.

En las esotéricas se encuentran los oráculos, como el tarot, la lectura del chocolate, el *I Ching*, las runas, entre muchas otras. Debemos verlas como herramientas, mecanismos para develar lo que hay oculto. No son oráculos adivinatorios y premonitorios que definen nuestro destino, sino que muestran qué estamos construyendo y qué nos impide materializar los sueños que tenemos.

En las herramientas espirituales están la oración, la meditación, los retiros y otros encuentros que nos conectan con la divinidad y que nos permiten descargar información para nuestro bienestar y para el avance del camino.

Por último, están las herramientas científicas, que, acompañadas de estudios, médicos, psicólogos y libros o consultas, te permiten descubrir qué es lo que a nivel inconsciente está en ti.

Gracias a estas herramientas y personas puedes hacer un análisis de tu realidad, comprender lo que has materializado y ver los mensajes y señales que el universo te envía constantemente.

En principio, puede que no sea fácil leer las señales enviadas, pero mientras más practiques, más fácil será ir analizando y sacando tus propias conclusiones. Las señales están en todas partes, en cada situación que vives. Tu realidad inconsciente se está proyectando y está creando escenarios en los que te desenvuelves. Si algo de lo que estás manifestando no te gusta, es importante hacer consciencia y actuar para mejorar.

Si, por el contrario, las señales que recibes ratifican la idea de que estar en una relación de pareja es lo mejor que te puede pasar, continúa por ese camino que te va a llevar a donde deseas.

Antes de continuar con el paso número cinco, es importante introducirte en dos conceptos fundamentales de esta metodología y que, aunque son tangenciales de todo el método, es justo en este paso cuatro, antes de empezar el cinco, donde se hacen más visibles.

El arranque bifásico

El arranque bifásico es un concepto muy interesante en esta metodología, pues plantea que justo en el paso cuatro, antes de entrar al cinco, hay un segundo arranque, un replanteamiento de lo que se quiere, pero sin cambiar el fondo. Se continúa este proceso desde un renacer, desde un segundo comienzo con mayor sabiduría.

Para que se dé un arranque bifásico, se debe contar con tres elementos:

1. Una situación azarosa o factor suerte.
2. Una variación de forma, mas no de fondo, de lo que quiero materializar.
3. La presencia de un obstáculo.

Esto significa que llevas algunas semanas practicando el método y se presenta una situación que está fuera de tu control, algo que podrías llamar un golpe de suerte y que es tan impactante para ti que te replanteas lo que estás materializando y decides cambiar ligeramente el camino.

Miremos un ejemplo.

Margarita es una mujer de treinta y ocho años que lleva diez soltera y quiere materializar una relación de pareja de alta consciencia. Ha hecho el proceso de esta metodología y ha descubierto que uno de sus no negociables es casarse con el hombre que va a manifestar. Todas sus órdenes incluyen esto y su discurso cotidiano refleja que esa es su firme intención.

Para Margarita, el matrimonio de sus papás es un referente para esta solicitud, pues son una pareja muy especial y su deseo es poder crear algo similar. Siempre los ha admirado y sabe que es el ejemplo que quiere seguir.

Un día, Margarita, haciendo unas vueltas del papá en el banco, solicita unos papeles a la notaría y descubre que sus papás no están legalmente casados. Se entera de que hubo un error en el acta de matrimonio, la cual no fue registrada, y a la fecha los padres de Margarita no han oficializado el matrimonio civil.

Margarita queda estupefacta y les cuenta a sus padres, quienes tampoco sabían del error. Este es un evento muy azaroso y nadie en la familia se lo hubiera imaginado.

Este simple gesto hace que Margarita se cuestione mucho su idea del matrimonio, pues siempre había creído en la importancia de ese papel, en lo fundamental que era para una pareja tener resuelto su estado civil. Pero ahora se da cuenta de que sus papás habían sido felices a pesar de no tener un documento legal.

En ese momento, Margarita renuncia a la idea de que tiene que haber un matrimonio legal con todos los papeles incluidos. Ella descubre que un ritual podría ser suficiente y que las firmas no significan ni el éxito ni el fracaso.

Es aquí donde hay un arranque bifásico, una variación de lo que Margarita quiere y desea. Le toca reformular algunas frases de su orden y empezar a tener un discurso distinto sobre las relaciones de pareja. Sin embargo, el fondo no ha cambiado: su deseo de encontrar a alguien sigue en pie y continúa en marcha para hacerlo realidad.

Según Parise, el arranque bifásico se presenta entre el paso cuatro y cinco; sin embargo, desde mi experiencia, he podido identificar que hay varios arranques bifásicos cuando estamos en el proceso.

En este orden de ideas para mí son arranques 1.0, 2.0, 3.0, etc. Esto quiere decir que aunque te hayas esforzado mucho en el paso uno, durante el proceso puedes replantearte qué quieres, ya que la vida te va dando momentos y señales para que reflexiones y vayas teniendo más claridad.

Esto es muy poderoso porque nos saca de la ansiedad y la obsesión con tener la orden perfecta, con creer que si no tienes todo definido desde el principio no va a ser posible cumplir este sueño.

Con esta idea de que somos una obra maestra que está siendo pintada y de que no hay un estado de perfección, podemos liberarnos de la presión y de la creencia de que hay un solo escenario ideal.

La esfinge

Ahora, este arranque bifásico tiene un tercer elemento: cuando este aparece, se presenta un obstáculo, algo que viene para hacernos renunciar a nuestro sueño. Este elemento se llama la esfinge.

Para entender el concepto de la esfinge y su importancia en la materialización de sueños, me parece importante contarte el significado que le han dado a este elemento.

La esfinge ha estado presente en la historia de la humanidad por lo menos desde hace cuatro mil quinientos años. Es un ser mitológico con cuerpo de león y cabeza humana. Tanto en Grecia como en Egipto, la esfinge era una guardiana que se ubicaba en las puertas y entradas de los recintos sagrados. En Grecia, también la muestran como un ser peligroso y maligno que destruía a aquellos que no podían resolver su acertijo. Su simbología ha ido evolucionando y ahora representa la conquista del ser humano sobre sus instintos y bajas pasiones.

Dicho esto, quiero destacar los elementos más simbólicos de la esfinge:

1. Está para proteger algo sagrado.
2. Es peligrosa para quienes no la logren descifrar.
3. Una vez integrada, representa el dominio humano sobre sus miedos e instintos.

Comprendida la naturaleza simbólica de la esfinge, veamos cómo esta se hace presente en el método de materialización.

Primero se presenta el arranque bifásico, es decir, cambias ligeramente la orden por alguna circunstancia azarosa y en ese momento aparece la esfinge, un obstáculo. Ahora, no es cualquier obstáculo, sino algo que surge para mostrarte que estás ante algo sagrado; sin embargo, al tiempo se muestra como peligroso frente a tus ojos. Además, viene a ti para que descifres un código. Al hacerlo, podrás superarla e integrarla para que aquello que temías ya no te domine más. Desde ese momento, serás quien esté a cargo de tus instintos.

¿Cómo se ve en la práctica?

Llega a tu vida una situación que te confronta con tus miedos más profundos. Esta situación puede parecer peligrosa solo para ti y tal vez los demás no la vean como una amenaza.

Su objetivo: proteger el tesoro y lograr que justifiques la retirada. Es tan fuerte lo que muestra que el noventa y nueve por ciento de las mujeres elegirán rendirse antes que dominar sus miedos y atravesarla.

Lo más probable es que, en este punto, cuando ni siquiera ha aparecido en tu vida, estés replanteando tu sueño y digas: "Si lograr esto que sueño implica que tengo que pasar por algo negativo, mejor no lo quiero". Ese es el objetivo de la esfinge: asustarte. Pero es importante recordar siempre que detrás de ella está un recinto sagrado, un tesoro.

Este método es para mujeres valientes que quieran transformar sus miedos y que estén determinadas a que estos dejen de ser los que tomen las decisiones por ellas. Es justo con la esfinge que el universo nos pone a prueba, y no solo para que le demostremos que sí queremos lo que queremos, sino para identificar quiénes están dispuestas a ir más allá de sus límites (miedos) para convertirse en una persona más poderosa.

Las situaciones tipo esfinge son tan variadas como personas hay en este mundo. Te voy a nombrar tres ejemplos para que entiendas cómo es la dinámica cuando esta aparece:

1. Catalina por fin conoce a un hombre muy especial y al mismo tiempo se entera de que va a ser trasladada en su trabajo.
2. Juliana sale durante cuatro meses con el hombre que parecía perfecto, pero luego se entera de que él está casado.
3. A Camila le presentan a un chico que tiene mala fama y él se porta superbién con ella.

CATALINA

En principio, el hecho de que Catalina sea trasladada es una muy buena noticia para su carrera. No parece algo amenazante o peligroso. Sin embargo, para ella es una esfinge porque tiene que decidir entre la relación de pareja y el trabajo. La situación es complicada porque Catalina tiene la creencia de que no se puede ir detrás de un hombre, que lo más importante es su profesión y que si elige quedarse para darle una oportunidad a la relación es posible que no funcione y pierda esa experiencia laboral. Al mismo tiempo, piensa que está cerca a los cuarenta años y que llevaba diez años sin conocer a alguien que le moviera el piso como este personaje lo hace. Se pregunta: "¿Qué tal que él sea la persona para mí y lo pierda por darle prioridad a lo laboral?".

JULIANA

Cuando Juliana se entera de que ha sido engañada, todo su mundo se viene al piso. Todo parecía indicar que con esta persona sí iba a poder construir algo que lleva deseando por más de seis años. Esta situación le destroza el corazón y algo en ella le dice que no quiere volver a sufrir así. Piensa que es lo mismo de siempre y decide cerrar su corazón a la oportunidad de encontrar el amor.

Para Juliana, la infidelidad no es un tema menor, pues su papá le fue infiel a su mamá, y cuando ella se enteró, sufrió muchísimo porque además tuvo que ser testigo de este amargo momento. Desde ese día, no solo le guardó resentimiento a su papá, sino que prometió nunca ser "la otra" mujer que pudiera destruir un hogar.

En este caso, la esfinge viene a la vida de Juliana para que ella transforme esta información inconsciente. Vino con un propósito, tiene un objetivo muy puntual y probablemente Juliana sabe que esto le causó dolor, pero aún no ha perdonado a su padre y no le ha dado responsabilidad a la madre; por el contrario, la ha minimizado al papel de víctima y no ha comprendido el aprendizaje que esta situación le trajo a su familia.

Para que Juliana pueda avanzar en su propósito de materializar pareja es importante que revise su historia personal y que no permita que estos patrones, que solo son señales de que hay algo por transformar, la detengan y justifiquen su retirada.

CAMILA

El caso de Camila es el típico en el que la mujer ya sabe en lo que se va a meter; sin embargo, le da una oportunidad porque puede ser que con ella las cosas sean diferentes.

El chico con el que sale Camila ha sido etiquetado por sus amigas como un mal partido, a todas las mujeres que lo han conocido les ha hecho daño y nada indica que con Camila las cosas vayan a ser diferentes. No obstante, este chico se porta muy bien con Camila y parece que le importa y la quiere, aunque a veces tiene algunos comportamientos incoherentes o, por lo menos, que le dan la razón a la fama. A pesar de eso, Camila lo ignora y evita escuchar estas advertencias.

Camila se encuentra ante una esfinge: este es el primer chico que le brinda su atención en los últimos ocho años. Desde hace mucho tiempo ella no encontraba eso y la verdad le gusta. Segundo, su papá fue un hombre maltratador, y aunque ella sea consciente de esto y lo recrimine, su inconsciente se siente atraído por este "tipo" de chicos. Tercero, Camila no encuentra la fuerza ni las palabras para ser honesta con él y preguntarle de frente qué quiere y cuáles son sus expectativas. Teme que, si le dice algo, él le quite las migajas de atención que le está dando.

En la práctica, Camila se está alejando de su sueño de materialización de pareja. Está con un chico que sospecha que no le va a dar lo que quiere, es alguien que repite sus patrones y no es capaz de ser clara y manifestar lo que desea y espera. Al final, Camila comprueba una vez más que el amor no es para ella y decide no volverse a ilusionar en vez de hacer su trabajo interior para superar este tipo de creaciones y materializar la relación que sí quiere.

Como puedes ver, la esfinge puede presentarse como algo positivo que te genere conflictos internos o puede ser algo que no consideres agradable. El poder de la esfinge está en lo que te hace sentir y en cómo te llena de argumentos para demostrar que tus creencias han sido verificadas (tenías razón) y, al mismo tiempo, te hacen creer que lo mejor es retirarte y abandonar tu propósito.

La esfinge suele camuflarse detrás de tres declaraciones, creencias y estados del ser. Cuando alguno de estos disfraces se hace presente en ti, quiere decir que estás ante una esfinge. Con esto en mente, te quedará muy fácil identificarlas.

Estos tres disfraces son:

1. "No es mi culpa, es que... (el obstáculo está afuera)".
2. "No es mi momento".
3. "No es para mí".

Lo primero que debes saber es que en el instante en que dijiste o pensaste alguna de estas frases estabas ante una esfinge. ¿Qué quiere decir esto? Que estabas ante un tesoro. Estabas cerca de superar tus bajos instintos y había algo grandioso esperando por ti. Lo segundo es que, a partir de ahora, cada vez que alguno de estos pensamientos llegue a tu mente, lo vas a ver diferente, vas a saber que es un disfraz, que no es real y que la esfinge se está haciendo presente para justificar tu retirada. Con esta nueva perspectiva, vas a ver cómo te empieza a cambiar la vida. Desde ahora, los obstáculos no vienen como enemigos, sino como pruebas para ser superadas. Son los maestros que te vienen a mostrar las emociones y miedos que debes transformar en tu vida. Y, créeme, una mujer que está dispuesta a ver lo más profundo de sí misma, a trascender aquello que la limita, siempre será una mujer que vivirá más plena y feliz.

Los 3 disfraces de la esfinge

"No es mi culpa, es que... (el obstáculo está afuera)"

Este es el disfraz de la esfinge cuando crees que eres una víctima de las circunstancias y que no está en tus manos hacer que este sueño se haga realidad. Algunas de las frases más comunes de este disfraz son:

1. "Los hombres no quieren comprometerse".
2. "A mi edad, esto ya no es posible".
3. "No hay dónde conocer personas".
4. "El trabajo me tiene a tope".
5. "Ser madre soltera me lo impide".

En otras palabras, son todas las excusas que dices, que culpan a otras personas o situaciones y que justifican o argumentan por qué este sueño no te ha sucedido.

Muy profundo en tu mente, puedes creer que no son excusas, que esa es LA REALIDAD, pero para que fuera LA REALIDAD tendría que ser una ley o una circunstancia que les sucediera a todas las personas. Si te es difícil identificar si estás en este disfraz, lo que puedes preguntarte es:

1. "¿Esto que digo o creo es algo que les pasa a todas las personas del planeta?".
2. "¿No existen en este planeta hombres comprometidos? ¿No hay al menos uno en la faz de la Tierra?".
3. "¿Hay mujeres de mi edad que han encontrado el amor?".
4. "¿Hay personas en mis mismas circunstancias sociales que conocieron a alguien, por ejemplo, en las aplicaciones de citas?".
5. "¿Hay mujeres trabajadoras y exitosas que encontraron espacios para formar su relación de pareja?".

6. "¿Hay madres solteras que encontraron hombres que formalizaron la relación e incluso se convirtieron en figuras masculinas para sus hijos?".

Si encuentras al menos UN ejemplo que contradiga tu creencia, estás ante una esfinge. Probablemente pienses que estos son casos aislados que le pasan solo a una mujer entre millones, que eso nunca te va a ocurrir a ti y que eres parte del montón. Sí, son casos aislados, pero lo que pasa es que están reservados para las personas que eligen cambiar sus creencias y manifestar una realidad distinta a lo que la sociedad les impone, personas especiales que toman decisiones valientes.

"No es mi momento"

Esta es una creencia que llega a la mente cuando las cosas no salen como esperamos y cuando hemos hecho "de todo" para lograr algo que queremos mucho, pero, a pesar de eso, no lo vemos materializado.

Tenemos creencias que dicen: "Los tiempos de Dios son perfectos", "Todo llega cuando debe llegar", "Al que le van a dar, le guardan" y otras más. Estamos convencidos de que hay un poder superior, un ente que tiene un plan, y que no podemos discutir lo que esa entidad cree que es mejor porque sabe más que nosotros. Cedemos nuestra fuerza y nos resignamos a que aquello llegue "en su debido momento".

Sin embargo, esta metodología explica que siempre es nuestro momento mientras así lo decidamos y mientras estemos dispuestas a atravesar aquello que a nivel profundo se nos presenta cuando decimos: "No es para mí".

Veamos un ejemplo de cómo funciona la esfinge.

Valentina está decidida en su propósito de materializar una relación de pareja de alta consciencia. Entonces, vuelve a entrar a las aplicaciones, les recuerda a sus amigas que le presenten chicos e incluso ha decidido meterse en un curso de finanzas personales para conocer gente nueva y abrirse a otras personas y relaciones.

Va con mucha energía y conoce a un hombre excepcional, generoso, atento, trabajador, atractivo, cariñoso y todo lo que te puedas imaginar. Llevan saliendo dos meses. Valentina está feliz, tocando el cielo, y de pronto le anuncian en el trabajo que ha sido despedida con efecto inmediato (la esfinge ha llegado). Ella nunca se imaginó esto, se empieza a sentir mal y toda la energía que tenía en su nueva relación empieza a venirse al piso.

Él le manifiesta que está ahí para ella y que tiene intenciones de apoyarla en este amargo momento mientras encuentra un mejor trabajo que el que tenía. Sin embargo, para Valentina, su trabajo es demasiado importante. Por muchos años ha identificado su valor con lo que hace y ser una ejecutiva exitosa la hace sentir segura y tranquila en una relación. Estar desempleada, y más por haber sido echada, es para ella un fracaso enorme y ahora se siente inferior en su nueva relación.

Así, Valentina lamenta haberse quedado sin trabajo y piensa que quizás ahora no es su momento para poder disfrutar de esa vida en pareja.

Como ya hemos visto antes, la esfinge viene con características puntuales para cada persona, y para ella es transitar a nivel profundo esta sensación de inferioridad si no tiene un puesto exitoso, su identificación personal con el trabajo y su creencia de que debe estar en cierto lugar, con ciertas condiciones, para estar en una relación de pareja.

Valentina tiene dos opciones: primera, justificar su retirada con todas las razones y los argumentos que podrían convencer a cualquier persona o, segunda, continuar su relación, hacerse vulnerable, dejarse ayudar y encontrar no solo un mejor trabajo, en parte gracias a ese nuevo apoyo con el que cuenta, sino a construir una relación basada en la autenticidad y el amor.

MAGIC L♥VE

El segundo camino será confrontante porque despertará memorias, inseguridades, dudas, miedos y muchas cosas más.

"No es para mí"

Finalmente, está el tercer disfraz, que para mí es el más desolador porque genera una afirmación para toda la vida. Con este disfraz, la persona se está condenando a sí misma a no cumplir sus sueños y, lo que es peor, a instaurar una creencia de que nada va a cambiar. Es decir, en el momento en que aparece esta esfinge es como si se detuviera el tiempo y la persona ya pudiera determinar cómo va a ser el resto de su vida.

En general, este disfraz, al ser tan fatalista, viene de un árbol genealógico en el que uno o varios familiares murieron sin hacer posible su sueño de tener una relación de pareja. Por eso, queda guardada en el inconsciente la información de que podemos repetir esa misma historia.

Las buenas noticias son que cualquiera de estas frases, creencias o pensamientos son disfraces de la esfinge. Son formas de engañarnos, de hacernos dudar y de creer que no tenemos la magia ni el poder de cambiar nuestra realidad.

El mensaje de la esfinge es que aunque parezca malvada y te produzca temor, aparece para llevarte más allá de lo que crees que es posible para ti. Es una maestra que te exige más de lo que crees poder dar porque sabe que si la superas, cosas maravillosas llegarán a ti.

Cuando integres las esfinges, ya no te darán tanto miedo. Sabes que, si se te presentan, están para hacerte evolucionar en el camino y las superarás con más valentía que si las ves como enemigas mortales que vienen para destruirte.

Tu vida ya no será la misma y empezarás a tomar decisiones hacia la magia. Sabiendo que estas se toman desde el miedo, ya no es necesario estar cien por ciento sanada, fuerte y en el mejor lugar de la vida para materializar la relación de pareja. Ahora sabrás que esto llegará a ti, incluidos tus vacíos, traumas e imperfecciones. Esperas a las esfinges para seguir creciendo, para retarte y para transformar aquello que de forma sutil te ha impedido lograr todos tus sueños.

Paso 5. La magia del combate

Las tres ideas principales de este paso son:

a. El combate es interno.
b. El poder de la victoria.
c. La posibilidad que se abre.

La esfinge no llega sola, pues ante ella siempre habrá un combate interno, una parte de ti que quiere una cosa mientras otra se abre camino entre el malestar que le produce lo que sea que le ha estado mostrando la esfinge.

Por eso, este quinto paso se llama *La magia del combate* y habla del poder de realizar confrontaciones internas.

En otras palabras, este paso nos deja claro que es fundamental hacer cosas que creíamos imposibles, enfrentar miedos y tomar actitudes contraintuitivas para ver resultados en la realidad.

Quiero contarte un ejemplo con un combate que viví y que ha sido el más gráfico y evidente en toda mi experiencia de conocer esta metodología.

Hace unos años, tenía una empresa de creación de contenidos que se llamaba Descritos. En ella les ofrecía servicios a empresas para realizar los textos que contaban la historia de la marca. Esto podía ser para la página web, un video corporativo, el portafolio e incluso para las redes sociales.

En ese momento, había creado con un grupo de amigas unos encuentros mensuales que se llamaban "El aquelarre". La idea

MAGIC LOVE

era que cada una definía una meta o sueño que quería alcanzar ese año y juntas nos dábamos ejercicios, charlas motivacionales y más para lograrlo.

Para ese año, decidí establecer una cifra de facturación, y entre los ejercicios que ellas me pusieron (y por lo que yo les había comentado de mis tácticas comerciales) era que no podía dar descuentos pasara lo que pasara.

Un buen día, un cliente me solicitó una cotización y era, hasta el momento, el proyecto más grande que hacía: una página web muy robusta con bastante contenido y en la que yo me encargaría de todo, es decir, diseño, programación y textos.

En esa época, mi *ticket* promedio era de mil dólares y este proyecto significaba cinco mil. La diferencia era evidente. Hice la propuesta y se la presenté al cliente. Como era común para mí en ese entonces, el cliente me dijo que era muy costosa y que le hiciera un descuento. Esa solicitud del cliente fue mi esfinge, pues esto significaba tener que decirle que ese era el precio y que no daba descuentos.

Ahora, el combate interno es todo lo que empecé a vivir desde el momento en que el cliente hizo la solicitud.

- "¿Cómo no hacerle un descuento si es un buen negocio y con un pequeño descuento igual gano más que con tres proyectos juntos?".
- "¿Cómo le voy a decir que no le puedo hacer el descuento?".
- "¿Qué tal que pierda el cliente y pierda la oportunidad por no hacer una pequeña concesión?".
- "Todo el mundo da siempre descuentos. Si yo no lo doy, voy a quedar como una mala persona y una pésima empresaria".
- "No quiero perder el cliente y sí quiero hacer este negocio".
- "¿Qué pasa si le digo a mis amigas que no le di descuento e igual se lo doy?".

♡ EL KIT DE HERRAMIENTAS AMOROSAS ♡

Quiero que imagines que mientras esto sucedía, yo caminaba por mi casa, no me hallaba, le pregunté al tarot, consulté el péndulo, hice cuentas en el cuadro de Excel, pensaba estrategias para decirle que no y para decirle que sí y mi mente no podía quedarse quieta. Estaba empezando a vivir la magia del combate, pero todavía me quedaban un par de horas más.

Para esta fecha, ya conocía esta metodología y sabía que esa era una esfinge. Estaba dispuesta a sacrificar mi éxito futuro por cerrar este negocio por unos dólares menos a los solicitados. Sin embargo, tuve la valentía de ponerlo en el grupo de mis amigas y ellas me trajeron de vuelta a mi gran propósito y me recordaron que no podía dar el descuento.

Ahí fui consciente del daño que me iba a hacer si le otorgaba el descuento al cliente: me estaba retirando de mi sueño y estaba dejando que mis miedos, mis traumas y mis vacíos tomaran la decisión por mí. No fue una decisión inmediata, sino que me tomó algunas horas de reflexión.

Entonces, decidí redactar un correo muy corto y conciso en el que le manifestaba al cliente que ese era el valor del servicio y que no le haría ningún descuento. Para este momento, tenía el corazón en la garganta, me imaginaba que nunca iba a volver a tener un cliente así y que una factura por ese valor no sería posible en mi negocio (aunque si quería llegar a mi meta de fin de año, era importante que empezara a encontrar más negocios de ese estilo).

Con duda, miedo y "arrepentimiento", envié el correo y continuó la magia del combate.

1. "¿Qué pensará el cliente de mí?".
2. "¿Será que de verdad estaba caro?".
3. "¿Será que nunca nadie va a pagar esto?".
4. "¿Será que me estoy creyendo mucho al facturar ese valor?".
5. "Por eso es que no avanzo en la vida, por decirle que no a ciertas oportunidades".

6. "¿Será que hice bien?".

Como puedes ver, había unas ganas de ser la niña buena, perfecta, amada por todos, que no comete errores, de la que siempre tienen una buena imagen y que, al final, pone los intereses de los demás por encima de los de ella.

Me acosté a dormir y al otro día me levanté todavía pensando en eso. Mi cabeza no paraba, tenía algo de ansiedad y me sentía rara, extraña (no era normal en mí la decisión que tomé). Ni en el correo ni en el celular tenía respuesta por parte del cliente.

Al finalizar el día, por fin la recibí: "Muchas gracias, Silvana, por tu propuesta, pero en este momento se nos sale del presupuesto".

Justo lo que más temía, perder el cliente, se había hecho realidad.

En ese momento, recordé que lo había hecho por un propósito superior y que esto iba más allá de un simple cliente. Era un NO del cliente, pero era un SÍ para mí, para mi sueño, para transformar mis miedos, para poner límites y no negociar ni devaluar mi trabajo.

Me sentí orgullosa de haberlo hecho. No me morí, no pasó nada grave y me restaba confiar en la metodología porque al final la gran meta era lograr la facturación anual. Esta sensación de victoria sobre ti misma es de las cosas más poderosas que brinda este paso. Es una satisfacción enorme darte cuenta de que sí puedes, de que es mejor elegirte y de que es posible crear la realidad que deseas mientras no seas tú la que se pone de obstáculo frente a tu sueño.

Quiero que imagines que le tienes miedo a las cucarachas y te ponen el reto de coger una y lanzarla lejos. Probablemente quieras vomitar y desees morirte antes de hacerlo, pero al mismo tiempo si la coges, con todo y asco, y la lanzas, así sean solo unos segundos, te sentirás una mujer poderosa. Da igual que llores al hacerlo, algo dentro de ti brillará porque fuiste más allá y no te detuviste.

Lo mismo sucede con este paso: te da una victoria invaluable, pues recuerda que la esfinge vino para mostrarte tus mayores miedos, y si, a diferencia del pasado, en este momento decides no retirarte, con toda certeza estarás más evolucionada y un paso más adelante para alcanzar tus metas.

¿Por qué se llama *La magia del combate*?

Porque este paso nos muestra que si estás dispuesta a vivir tus combates internos, a transformar y trascender, empezarás a ser testigo de la magia de la materialización.

Volviendo a mi historia, te cuento que esa vez pude experimentar la magia del combate en todo su esplendor y tal vez por eso esta es la esfinge y el combate más claro que tengo en mi experiencia. A los pocos días, recibí una llamada de otro cliente haciendo una solicitud muy similar a la que no había cerrado. Pensé: "Aquí vamos otra vez con '¿y cuál es el descuento?'". Pero en esa ocasión fue distinto. Presenté y envié la propuesta y el cliente me respondió: "Aprobada. ¿Cuándo empezamos?".

Tú dirás: "¡*Wow*! ¿Una vez que se vive un combate se resuelve la vida?". Quiero decirte que no es así.

Este segundo cliente fue una señal de que iba por buen camino, que estaba bien no dar descuentos, que sí había clientes que se sentían a gusto pagando el precio establecido y que me estaba acercando a mi sueño. Sin embargo, en la práctica fueron muchos clientes a los que tuve que decirles que no daba descuentos (aún hoy tengo conversaciones por el estilo), la diferencia es que ya no representan un conflicto. Ahora me siento más segura de mis productos, de la razón detrás de mis precios y tengo la certeza de que llegarán más personas que vean el valor de mi trabajo.

Además, quiero decirte que en esta metodología no se presenta una sola esfinge y un combate. En realidad, son varios a lo largo del camino y se requiere de mucha consciencia para verlos, reconocerlos e ir más allá de ellos.

Incluso a veces serán "tantos" que te vas a sentir cansada y vas a querer tirar la toalla, pero te tengo buenas noticias: mientras más apliques el método, menos esfinges y combates tendrás porque las primeras veces purgarás muchas y cada vez te irás haciendo más consciente, más sabia. Despertarás a una guerrera interior que está lista para vivir y experimentar batallas que te harán crecer, evolucionar y crear una realidad cada día más espectacular.

Paso 6. La energía de la fe

Las tres ideas principales de este paso son:

1. ¿Cómo se crea realidad?
2. Hay un cambio psíquico.
3. La energía se siente.

Me imagino que has oído hablar de que la fe mueve montañas y que con fe todo es posible. Quizás esas frases te parezcan lógicas y creas que son absolutamente ciertas, pero al mismo tiempo sientes desconfianza, dudas e inquietudes y sabes que repetir "Tengo fe, tengo fe, tengo fe" no va a hacer que la sientas con la intensidad necesaria para que sea tan efectiva como todos suelen decir.

Esta metodología le da un giro a esa energía de la fe, pues, a diferencia de las demás corrientes, la posiciona en el paso número seis.

¿Qué quiere decir esto? Que no tienes que sentir la fe para empezar a materializar, que la fe no se va a dar de forma mágica o que solo está reservada para un grupo de personas muy espirituales y rezanderas que pueden sentirla. Por el contrario, nos dice que la fe es el resultado de haber hecho un proceso y que esta no llegará porque sí o que haya que tenerla *a priori,* sino que es la consecuencia de haber vivido la magia del combate.

EL KIT DE HERRAMIENTAS AMOROSAS

Antes de entrar en detalle en lo que sucede en ti cuando identificas a la esfinge y vives el combate, hablemos de cómo se materializa la realidad.

El proceso de materialización tiene tres etapas:

1. Sutil.
2. Energética.
3. Material.

Todo lo que se ha creado en este mundo (al menos el que nosotras conocemos) ha cumplido este proceso.

La primera etapa, que es sutil, vamos a representarla con una chispa, pues todavía no alcanza a ser algo energético. Es como un suspiro, es diminuto y al mismo tiempo contempla todo el potencial de lo que será creado. Es algo absolutamente intangible y que no puede ser medido por las herramientas creadas por el hombre porque es tan sutil y tan místico que no puede contenerse.

Piensa en la concepción de un bebé. La parte sutil: esa chispa universal que tiene la intención misteriosa de hacer realidad una vida. No es el deseo de papá y mamá de tener un hijo, sino algo mucho más sutil que eso. Es tan específico y espiritual que no existen palabras para describirlo.

Luego, cuando esa chispa universal existe, comienza el plano energético. En esta etapa, ya hay movimientos físicos (no necesariamente materiales) y algunas personas muy intuitivas lo pueden percibir. Así es como esa chispa universal empieza a canalizarse en el mundo material.

Para la siguiente etapa, la energética, quiero que pienses en la conexión wifi. Hay una información, representada en forma de energía, que es transportada a través de unos cables hasta el *router*. Por ahora, es pura energía que recorre los cables y muy pronto encontrará un receptor que la transforme y materialice.

MAGIC L♥VE

Sin este aparato, se quedará como energía que circula, pero que no es nada concreto. Solo eso: energía.

En el caso de la concepción de un bebé, podemos decir que el deseo de los padres por traer hijos al mundo hace parte de la etapa energética. A diferencia de la parte sutil, la energía sí puede ser medida con equipos especializados que determinen el tipo de energía que emanan los papás que desean concebir un hijo en el momento en que piensan en ello o se lo imaginan. Con un aparato sofisticado, podrá saberse cómo se comportan las ondas del cerebro, qué tipo de emociones se les despiertan e incluso si una situación da más miedo que otra.

Por último, cuando ya hay energía canalizada, es fundamental que esta encuentre un receptor para que pueda materializarse en algo tangible, que se pueda medir y sea evidente para todo el mundo que existe.

Piensa en un radio: hay miles de ondas de sonido que energéticamente lo están circundando, y cuando se mueve el dial, recibe la onda y emite un sonido. Se materializa en la realidad un programa de radio que puede ser escuchado por las personas cerca de él. Incluso las personas sordas tendrán la capacidad de sentir la vibración de las ondas de sonido.

Lo mismo sucede en la práctica. Para que algo se haga realidad, necesita de un receptor que tenga la capacidad de transformar la información y volverla algo concreto. Esta es la parte simple de la materialización porque, por ejemplo, en un proceso para hacer realidad una casa, se necesitarán muchos más receptores. Sin embargo, podríamos decir que el proceso es el mismo, solo que replicado muchas veces para lograr la forma concreta de una casa.

Miremos un fenómeno natural y revisemos la ingeniería inversa para ver este proceso de materialización.

Hay un árbol cerca a tu casa y es grande, pues ya lleva varios años creciendo. Alguien te pide que muevas el árbol, tú reúnes tus mayores fuerzas y tratas de moverlo, pero lo más probable es que no puedas siquiera hacerlo temblar.

En este sentido, podríamos decir que el árbol es muy resistente y que la fuerza humana, una fuerza muy tangible, por sí sola no puede moverlo. Sin embargo, una ligera ráfaga de viento sí tiene la capacidad de mover el árbol. Esta brisa es más sutil. Si una persona te empujara, lo sentirías mucho más que si la brisa rozara tu cara; no obstante, esa brisa que parece insignificante sí tiene la capacidad de mover el árbol.

La pregunta siguiente es: ¿quién hace que exista la brisa? ¡Ojo! No pregunto por qué o cómo se produce la brisa, sino quién hace que esta se mueva. ¿Hay un ser humano detrás de esta maniobra? No, es algo más sutil. No es alguien, no es una fuerza humana, sino algo que, si lo piensas bien, es misterioso, sutil.

Este proceso de materialización nos permite comprender que no es tu fuerza física ni de voluntad la que hará que el árbol se mueva. Puedes hacer como niña chiquita, ponerte las manos en las sienes y decir: "Que el árbol se mueva". Y a no ser que seas Matilda, las probabilidades de que logres que el árbol se mueva son nulas. Ahora, si visualizas que el árbol se mueve (pones energía hacia ello) y conectas con una chispa universal, majestuosa y superior a ti para que el árbol se mueva, puede que un día te des cuenta de que el árbol ha sido trasladado o que se haya caído por una tormenta. El árbol se habrá movido por ti, por tu energía, por la fuerza de la fe, pero no precisamente con tus manos.

En otras palabras, sí tienes el poder de cambiar tu realidad (mover un árbol), solo que a lo largo de la vida has tratado de hacerlo con las herramientas que no son y con las creencias equivocadas.

¿Por qué toda esta explicación es fundamental para entender la potencia del paso seis, la energía de la fe?

Muchas veces, vamos por el mundo queriendo cambiar de afuera hacia adentro. Queremos que la situación cambie para que nos empecemos a sentir diferentes. Decimos cosas como "Cuando tenga novio, dejaré de trabajar tanto", "Cuando tenga dinero, voy a invertir en un proceso para materializar pareja", creyendo ingenuamente que la realidad se va a transformar y que gracias a eso vamos a girar el rumbo de nuestra existencia.

También nos han hecho creer que el primer paso para lograr todo lo que queremos es tener una fe inquebrantable que nos permitirá avanzar por el camino de la incertidumbre. Sin embargo, cuando entiendes el proceso de la materialización es cuando empiezas a hackear la *matrix* y puedes entender por qué una metodología como la que te comparto es tan efectiva.

Quizás te ha pasado como a mí, que por más que deseas que algo cambie en tu vida, a pesar de todo lo que piensas y te dices en el día a día para que las cosas se transformen, no ves nada diferente en realidad. En estos casos, lo que sucede es que todavía no has tenido el cambio psíquico/sutil que permite que se mueva la maquinaria de la materialización.

¿Qué es el cambio psíquico?

Para hablarlo en términos muy coloquiales y sencillos de entender, es como si te cambiaran el chip que tienes en la mente por uno diferente y que contiene la información que necesitas para que se ejecuten los procesos deseados y puedas ver manifestado en lo material lo que siempre has querido.

Cuando este cambio psíquico sucede, ya no debes preocuparte por los primeros pasos de esta metodología. Las palabras que dirás serán asertivas de forma natural, estarás vibrando con una energía que ya es lo que quieres lograr y muy pronto verás en tu vida los cambios y metas que has querido.

Te estarás preguntando cómo logras tener ese cambio psíquico.

Esto sucede cuando has vivido la magia del combate. Solo las personas que han pasado por el revolcón interno mueven tal cantidad de energía y emociones que, sin ser conscientes de ello, crean la

♡ EL KIT DE HERRAMIENTAS AMOROSAS ♡

transformación de la psique, la cual empieza a creer con toda la fe que es posible lo que antes se sentía imposible.

El problema está en que queremos que el cambio psíquico se dé por tener un mapa de sueños en la puerta del clóset, por escribir un par de decretos en el espejo del baño o porque le prendemos una vela a un santo todas las mañanas.

Ir más allá de tus límites y miedos, verlos a los ojos, darles un lugar en tu vida y decirles con el corazón que no vas a permitir que te sigan deteniendo es un paso de valentía enorme que cambia por completo la existencia.

Lo más poderoso de este cambio psíquico, como te explicaba en el proceso de materialización, es que empieza a mover energía. Esto significa que no solo sucede de manera muy sutil en tu inconsciente, sino que empezarás a sentir el poder de la fe. Habrá en ti una energía interior que sienta que este sueño va a ser para ti sin lugar a duda y no tendrás razones ni explicaciones, simplemente lo sabrás en el fondo de tu alma y de tu corazón.

Es en este momento cuando llega la fe inquebrantable, y no porque haya que creer en un ser superior que todo lo puede, sino porque a partir de este momento empiezas a creer en ti y te das cuenta de que tienes el poder de crear tu realidad.

Puede que hasta el momento no logres percibir los cambios en la materia, pero sí te darás cuenta de que fue por ti, y solo gracias a ti, que te enfrentaste a los miedos y pudiste superarlos, pues eres una mujer alquímica, mágica y hechicera.

Crees no porque toca creer, sino porque probaste el poder que tienes, porque te diste cuenta de que puedes ir más allá de ti misma, porque puedes hacer cosas que creías imposibles y, por lo mismo, empiezas a sentir la energía de que sí es posible materializar la realidad que siempre habías soñado.

Ya la fe no es algo abstracto que no entiendes y sobre lo que divagas, sino algo que entiendes porque lo sientes.

Así se vive y se siente este paso número seis, lleno de energía, de fuerza, de certeza absoluta. Has vivido el cambio psíquico que se necesitaba para poner en marcha la energía que vas a canalizar para que empiece a manifestarse en tu vida una realidad totalmente distinta.

Paso 7. Sistemas y casualidades

Las tres ideas principales de este paso son:

a. Llegan las casualidades.
b. Llegan los sistemas.
c. Reconoces tu magia.

Cuando la energía y la fe se ponen en marcha, empezarás a ver "grandes casualidades". Serán situaciones demasiado puntuales que acelerarán de forma vertiginosa el proceso de materialización de pareja.

Es importante que aprendas la diferencia entre las señales del paso número cuatro y las casualidades del paso siete. En el paso cuatro, son situaciones "normales" que te permiten ver o identificar si te acercas o te alejas de tu sueño. Las casualidades, a diferencia de las primeras, son situaciones muy "extrañas", con múltiples detalles y simbologías. Podríamos decir que son milagros que llegan a tu vida para inyectarle un montón de fuerza a tu sueño y propósito.

Una casualidad podría ser que un día estés en la calle y empiece a llover de forma descomunal. Tienes una cita importante con un cliente, pero entras a las aplicaciones de transporte y no te asignan ningún carro. Estás al borde de la locura porque llegarás muy tarde. Decides entrar a un café para llamar al cliente y esperar a que la lluvia baje un poco. Al entrar al local, te invitan a

EL KIT DE HERRAMIENTAS AMOROSAS

sentarte y tomar un café mientras participas de un *speed dating* que se llevará a cabo en el lugar. Llamas al cliente y te dice que él también está atrapado por la lluvia y que prefiere reprogramar.

¿Cuáles son las probabilidades de que esto sucediera? Realmente muy pocas. Por supuesto que asistir a un *speed dating* no es nada del otro mundo, pero que ese día empiece a llover de esa forma, que no encuentres taxi, que ese sea justo el café al que decides entrar y haya un *speed dating* y que el cliente cancele la reunión ya son muchos detalles y simbologías que se pusieron en marcha. Y fueron una inyección de energía para acercarte a tu propósito.

Así, las casualidades son situaciones que llegan a tu vida y que, cuando se las cuentas a tus amigas, harán que digan: "No te lo puedo creer, ¿de verdad te pasó todo eso, cada suceso detrás del otro?". Y tú sabrás que sí, que es verdad, pero que suena a una mentira porque es "imposible" que este tipo de cosas pasen en la vida real y no en las películas.

Las casualidades también pueden presentarse con información muy particular que te hace reconocer que esto no es una situación del día a día, sino que efectivamente es la movilización que estás haciendo de la *matrix* la que hace que te pasen esas cosas a ti y a nadie más (excepto a todas las mujeres que están leyendo este libro).

Por ejemplo, que estés en el proceso de sanación de tu pasado y quieras revisar la relación con tu papá, quien te abandonó cuando eras niña, del que tu mamá nunca habla y al que nunca has perdonado, y te encuentres con un amigo de la universidad que no veías hace años y que te cuenta sobre un momento muy difícil que está atravesando, pues tiene un conflicto con su ex y no ha podido ver a su hija en los últimos dos años… Todo su relato se parece a tu historia de vida y escucharlo a él no solo te da una nueva perspectiva de la historia, sino que te revela información de lo que también pudo pasarte a ti y que es importante revisar.

Estarás muy sorprendida porque hacía mucho no veías a esa persona y no entiendes cómo llegó a contarte esa historia, pues no le preguntaste nada. Para ponerle una cereza al pastel, te llamas igual que su hija.

Las coincidencias son tantas que sabes que esta información viene a ti para hacerte avanzar de forma muy poderosa en tu camino de sanación y para acercarte más rápido a tu sueño.

En este paso también llegan los sistemas, que, para efectos de esta metodología, entenderemos como el conjunto de acciones que se ponen en práctica para lograr un objetivo o un resultado concreto.

En otras palabras, son herramientas que te llegan de forma casual, es decir, sin que tú proactivamente las estés buscando y que son perfectas para que las ejecutes y te ayuden a avanzar en tu propósito o meta.

Voy a enumerar una lista de canales por los cuales se te pueden presentar los sistemas para lograr sueños de diferente naturaleza:

1. Un libro con prácticas.
2. Un taller con ejercicios.
3. Un video con una metodología.
4. Una conversación en la que te dicen qué hacer.
5. El sermón de un cura.

Es importante diferenciar el sistema del medio por el cual lo recibes. El sistema es el conjunto de acciones que debes poner en práctica, mientras que el canal es el medio de comunicación a través del cual recibes la información.

Miremos un ejemplo.

Quieres materializar pareja y para lograrlo existe el sistema de *El secreto*. El universo identifica que esta herramienta puede ser muy útil en tu proceso y te lo envía. Para que recibas la información de este sistema, existen diferentes canales:

EL KIT DE HERRAMIENTAS AMOROSAS

1. Leer el libro.
2. Ver el documental.
3. Que una amiga te lo cuente.

En el fondo, el sistema y lo que debes hacer es exactamente lo mismo, pero el cómo recibiste la información sí puede variar.

Reconocer que has recibido un sistema requiere de práctica, de mucha conciencia y de observación, pues en el día a día estamos bombardeados de mucha información y todo el tiempo recibimos miles de estímulos de lo externo, así que debemos aprender a diferenciar la basura mediática y un sistema que el universo te ha enviado para que puedas avanzar de una forma más acelerada.

Lo más importante a la hora de diferenciar un sistema son los siguientes cuatro elementos:

1. Que sea específico para lo que estás buscando.
2. Que se presente de forma casual y cuando no estás en una búsqueda activa.
3. Que te dé energía y mucha curiosidad hacerlo.
4. El sistema, al ser muy poderoso para ti, se presenta a través de varios canales.

Por ejemplo, en tu proceso identificas que es importante revisar unos temas con tu mamá que todavía te afectan y que te hacen sentir que no eres suficiente.

En medio del bombardeo cotidiano, recibes información por diferentes canales del mismo sistema:

1. Te aparece en la publicidad de Instagram un taller de constelaciones familiares para sanar a mamá.
2. Una amiga te sugiere que veas una serie de Netflix que se llama *Mi otra yo*, la cual se trata de constelaciones familiares.

3. Otra amiga, que no tiene nada que ver con la primera, te cuenta (sin decirle nada) que hizo una sesión de constelaciones familiares y que su relación con su mamá mejoró muchísimo.

En ocasiones, cuando un sistema es perfecto para ti, puede que no se presente por múltiples canales, sino que, cuando te llega, lo sientes como la respuesta a las peticiones y oraciones que has estado haciendo. Esto puede deberse a que usa las palabras exactas que tú has estado buscando o el sistema es justo lo que tú querías.

Por ejemplo, tú le pides al universo que te muestre cómo superar la relación con un padre ausente y al otro día escuchas en un programa de radio a un entrevistado que dice que tiene una metodología para sanar al padre ausente. Es tan particular y específico que tú sabes que este es el sistema que te ha sido enviado para acercarte a tu sueño.

Es muy importante que cuando un sistema sea entregado lo pongas en práctica porque viene con energía potente. ¿Te acuerdas de Mario Bros, que cuando coge la estrella todo empieza a ir más rápido y es superpoderoso? Bueno, eso es lo que sucede cuando tú practicas el sistema: todo se acelera.

Es cierto que no tienes que coger la estrella y que puedes hacerlo más lento, pero... si se presenta la oportunidad de tomarla, ¿lo harías?

Te preguntarás: "Si la estrella/sistema acelera el proceso y hace que todo vaya más rápido, ¿por qué alguien no querría tomarlo y ponerlo en práctica?".

Existen varias razones y te voy a enumerar las más comunes:

1. Porque se sale de las herramientas que comúnmente utiliza.

Es el caso de personas que tienen unas creencias muy arraigadas y que rechazan cierto tipo de prácticas por motivos religiosos, culturales o de costumbres familiares.

EL KIT DE HERRAMIENTAS AMOROSAS

Por ejemplo:

a. Una persona católica podría recibir un sistema de meditaciones budistas.
b. A una mujer enfocada en su éxito profesional le puede llegar un sistema para ser una mejor ama de casa.
c. A una mujer con una familia muy unida le puede llegar un sistema que le muestra el valor de alejarse de la familia.

2. Por la inversión en tiempo o dinero que implica.

En este caso, son sistemas que debes pagar para conocerlos y aplicarlos o que exigen de tu tiempo para que los pongas en práctica constantemente. Algunos ejemplos podrían ser:

a. Asistir a un taller de un fin de semana completo.
b. Realizar clases de yoga que duran una hora todos los días de la semana.
c. Comprar un viaje para solteros a México.

3. Por el cambio que exige.

En este caso, por lo general los sistemas piden de forma tangencial que la persona renuncie a algo que aprecia o que tiene una importancia en su vida. Esto podría ser:

a. Un sistema que pide que la mujer cierre todas las relaciones con los hombres que la están orbitando (así sea solo energéticamente).
b. Un sistema que hable de soltar las responsabilidades laborales y darle prioridad a la parte emocional.
c. Un sistema que te muestra que debes empezar a maquillarte y usar tacones.

En todo caso, lo importante es que estés abierta a recibir el sistema y a ponerlo en práctica. Habrá unos que sean de todo tu gusto y otros que, aunque no te gusten, vienen para potenciar y acelerar el proceso.

Un efecto de empezar a materializar casualidades y sistemas es que reconoces de forma muy tangible que sí estás moldeando la realidad. Serán impresionantes las sincronías y estarás absolutamente segura de que estás en control, que sí puedes crear magia y que ya lo estás haciendo.

Esta es una parte muy importante del método porque, por lo general, a lo largo de la vida no nos han enseñado que tenemos este poder, creemos que estamos sujetos a fuerzas superiores que definen nuestro destino o que la realidad es más fuerte.

En este punto, empiezas a hacer consciencia de la responsabilidad que tienes porque reconoces que sí vas a hacer magia, que sí vas a poder materializar tus sueños, que es cierto que somos creadores y que la realidad es un reflejo de lo que cada persona proyecta.

Me gustaría advertirte que muchas personas, en este paso, al ver que pueden hacer magia, sienten miedo y empiezan a autosabotear su propio proceso. Esto sucede porque muchas veces tienen creencias que les dicen que esto no es posible o es malo, que no puedes soñar en grande, que debes conformarte con menos y que no puedes brillar.

Si cualquiera de estas se presenta en tu vida, es importante recordar dos cosas:

1. Efectivamente hay algo superior a ti y la humanidad. Por más de que quisiéramos hacer cosas más grandes que Dios, no podríamos... Creer que podemos es tener demasiado ego y adoptar una mirada de superioridad que no es real. Así que si Dios no quisiera que moldeáramos la realidad, no podríamos hacerlo.

2. A nadie le haces bien quedándote chiquita, sin materializar tus sueños y conformándote con una vida que no es la que deseas. Puede haber creencias de "¿Quién soy yo para hacer cambios tan potentes en mi vida cuando nadie más alrededor lo ha hecho?". Ante esto, te diré que, si es algo que quieres experimentar, la verdadera pregunta es "¿Quién soy yo para no lograr los cambios que busco y demostrarle a los que quiero que sí es posible tener una vida más plena y satisfecha?". Sería egoísta de tu parte no alcanzar todos tus potenciales para ser aceptada y para seguir dejándole al mundo el mensaje de que siendo "menos" estamos haciendo bien.

Así que, como dice el dicho, "Soldado advertido no muere en guerra". Esto significa que ya sabes que hay altas probabilidades de que en un punto del método te dé miedo darte cuenta de que estás haciendo magia y creando realidad. Lo que quiero que hagas en ese momento es tomarte dos minutos, respirar profundo, saber que eres una elegida y que efectivamente quieres demostrarte a ti y a los demás que sí es posible hacer realidad tus sueños.

Si este es el camino que escoges, bienvenida a mi club, un grupo selecto, exclusivo y mágico de mujeres que están convencidas de que sí se pueden tener relaciones de pareja de alta consciencia y de que sí es posible vivir en expansión y evolución.

Paso 8. La negociación mágica

Las tres ideas principales de este paso son:

a. El código de ética.
b. La escucha terapéutica.
c. Ponerlo en práctica.

Hasta el momento, este método ha estado enfocado en ti, en los procesos internos, en la autoobservación y en la toma de consciencia.

Sin embargo, en la práctica, muchas veces, cuando tienes un sueño, hay otras personas involucradas en él, es decir, no puedes ir por la vida creando realidades que solo te afectan a ti, sino que lo que vas a crear también tiene un impacto en otras personas.

Es precisamente en este paso donde aprenderás a negociar con el otro cuando tu sueño entra en "conflicto" con lo que esa persona quiere, y te diré cómo hacerlo para que siempre sea un gana-gana.

> **Bonus track:** este paso de la negociación lo puedes poner en práctica en cualquier ámbito de tu vida. Por ejemplo, en los negocios para lograr un ascenso.

El código de ética

Para entrar en cualquier negociación, es importante partir con un código de ética. En este se encuentran los cuatro principios que rigen cualquier negociación.

PRINCIPIOS

En una negociación, las dos partes tienen razón.
Nunca se trata de hacer cambiar al otro de opinión

Esto quiere decir, en primera instancia, que cuando entras a una negociación nunca vas a asumir que tienes la razón y que el otro se equivoca. Tampoco vas a creer que es el caso contrario: que estás equivocada con lo que quieres y el otro está en lo correcto (por más de que el otro te lo quiera hacer ver así).

Cada vez que entres a negociar, debes tener la claridad de que las dos partes tienen derecho a querer lo que quieren y que nadie los va a hacer cambiar de opinión.

Pase lo que pase en la negociación, tú seguirás adelante con tu sueño

Este principio es confrontante porque muchas veces vamos a negociar con personas muy importantes en nuestra vida, las cuales se pueden oponer rotundamente a que logremos nuestro sueño. Pueden hacerlo desde su ignorancia, su falta de consciencia o su egoísmo. Esto significa que, a pesar de poderlos defraudar, debes elegirte a ti, elegir tu vida y elegir crear la realidad que deseas en vez de quedarte en donde estás por complacer a otra persona que no está viendo lo que es mejor para ti.

En este sentido, puede que entres en la negociación y no logres lo que esperabas. Si esto sucede, debes aplicar el tercer principio.

El otro no es responsable de tu sueño

El otro NUNCA es responsable de si tú logras o no logras tu sueño. Siempre serás tú la responsable del proceso independientemente de lo que pase en la negociación.

Derivado del principio anterior, puede pasar que si una persona se opone a que logres tu sueño, luego la culpes o responsabilices de no haberlo logrado o de tu felicidad.

Para esto quiero que recuerdes las palabras que dijo Chris Gardner en la película *En busca de la felicidad*: "Nunca dejes que nadie te diga que no puedes hacer algo. Ni siquiera yo. Si tienes un sueño, tienes que protegerlo. Las personas que no son capaces de hacer algo por ellas mismas te dirán que tú tampoco puedes hacerlo. ¿Quieres algo? Ve por ello y punto".

Mentir es un mal método

Cuando vayas a negociar, siempre debes hablar con la verdad. Es importante no manipular, no decir que quieres algo que en realidad no quieres para agradarle al otro, no darle la razón a la otra persona cuando opinas diferente, no hacer promesas falsas que no vas a cumplir y no utilizar estrategias engañosas para "comprar" al otro y que acceda a hacer lo que quieres.

En la práctica cotidiana, muchas personas negocian sin un código de ética y logran lo que quieren. La diferencia es que en esos casos no será desde la magia, la abundancia ni el amor. Mientras que si aplicas este código a tus negociaciones, siempre sabrás que hiciste lo que estaba en tus manos para hacerlo desde un lugar positivo y de una forma que te permita ponerte de primeras y definir límites ante las otras personas.

Una vez que integras el código de ética, llega la hora de hacerlo efectivo durante las negociaciones.

En principio, este paso lo pondrás en práctica en tu día a día, en negociaciones sencillas y en conversaciones cotidianas. Mientras más conscientemente lo hagas de forma regular, más efectivo será en el momento en que debas sentarte con alguien a negociar algo que sí sea muy importante para que logres tu sueño.

En un día común hay negociaciones sencillas, como:

1. A dónde ir a almorzar con una amiga.
2. Qué película ver con tus papás el fin de semana.
3. Qué día entregar un informe que te pide tu jefe.

Luego hay unas negociaciones más sofisticadas que están inmersas en la vida normal, como:

1. Un aumento de salario.
2. Tomar una decisión importante de la copropiedad con los vecinos.
3. Hablar con la señorita del *counter* del aeropuerto para que te deje subir al avión cuando dicen que ya está cerrado el vuelo.

♡ EL KIT DE HERRAMIENTAS AMOROSAS ♡

Estas son más esporádicas, pero requerirán de tu habilidad negociadora para lograr lo que quieres.

En todos estos casos, puedes poner en práctica la estrategia que enseña este método y ver los maravillosos resultados que trae. Y, como te dije, mientras más lo practiques en estas situaciones, más fuerte vas a ser el día que debas tener una negociación de gran magnitud en donde sí esté involucrada la posibilidad de hacer realidad tu sueño.

Esta estrategia consta de tres simples pasos:

1. Escucha terapéutica para descubrir qué es lo que el otro quiere a nivel inconsciente.
2. Hacer una propuesta irresistible que incluya lo que la otra persona inconscientemente quiere.
3. Hacer una promesa (verdadera) para cerrar la negociación.

¿Te acuerdas de que en los primeros pasos estuviste aprendiendo muchísimo sobre el poder de la palabra y cómo esta refleja lo que inconscientemente se quiere? Bueno, es hora de que pongas en práctica todo lo que has hecho para escucharte y comprender qué es lo que quieres a nivel inconsciente. ¿Cómo? Escuchando al otro.

Esto quiere decir que en una negociación vas a aplicar la escucha terapéutica, vas a oír las palabras que el otro elige para manifestar su punto de vista y vas a descifrar, gracias a la literalidad de su vocabulario y del discurso, qué es lo que el inconsciente está ocultando.

Imaginemos que estás definiendo con una amiga a dónde ir a almorzar. Tú, con toda certeza, quieres ir a un restaurante mexicano, pero ella no está muy convencida y te propone ir a un bar de sushi.

Sabes que generalmente tu amiga es terca y testaruda y que terminarás cediendo a sus deseos, pero como quieres poner en

MAGIC LOVE

práctica la metodología, te propones lograr que vayan al restaurante mexicano.

En este caso, deberás preguntarle por qué quiere ir a comer sushi y escuchar con atención su respuesta.

Supongamos que dice:

1. "Porque es comida fresca".
2. "Tengo muchas ganas de comer atún".
3. "Podemos compartir".

Con tu escucha terapéutica, puedes notar lo que ella de verdad desea. No es que quiera sushi, sino todo lo que ese tipo de comida representa.

Entonces, te dedicas a buscar un restaurante mexicano cuya propuesta de valor incluya ofertas de comida fresca, con atún y con platos diseñados para ir al centro de la mesa y compartir.

Con esto ya puedes hacerle una propuesta irresistible. Le explicas que este restaurante incluye lo que ella quiere y lo que tú quieres.

Como puedes ver, estás aplicando el primer principio: el otro tiene la razón y no hay que hacerlo cambiar de opinión.

Finalmente, debes hacerle una promesa que vas a cumplir. Esta puede ser alguna de las siguientes:

1. "Vamos a este sitio y pedimos la entrada, y si no te gusta, vamos al bar de sushi".
2. "Vamos a este sitio, y si no te gusta, las próximas tres veces vamos al restaurante que tú escojas".
3. "Vamos a este sitio y yo te invito".

Las probabilidades de que logres que vayan a un restaurante mexicano son muy altas.

Ahora, si tu amiga se niega rotundamente, para poner en práctica todo el código de ética, debes recordar eso: pase lo que pase, comerás mexicano y tu amiga no puede ser la razón por la que no comas comida mexicana.

Bajo este escenario, hay dos opciones:

1. Que le digas que no vayan juntas, que cada una vaya a comer lo que quiere e irte sola a comer mexicano.
2. Que vayas a comer sushi y al otro día cumplas tu sueño y vayas a comer mexicano.

Lo que puedo decirte es que si tu propuesta es irresistible, si le mostraste que con ella las dos ganaban y si tu amiga elige ir al sitio que solo ella quiere, es importante que empieces a cuestionar esa amistad. En el paso nueve veremos qué pasa con las personas que se convierten en obstáculos para lograr nuestros sueños.

Este es un paso que requiere de mucha práctica y, por supuesto, en negociaciones sencillas será más fácil lograr un gana-gana.

Sin embargo, cuando llegue la hora de negociar tu sueño, es probable que te encuentres con negociaciones más complejas, donde las conversaciones tengan los mensajes inconscientes más ocultos y requieras de una escucha terapéutica más afinada para poder ver los deseos inconscientes de la otra persona.

Por eso, es muy importante que todos los días los pongas en práctica para que vayas cogiendo experiencia y puedas avanzar en este paso.

Paso 9. La magia del desapego

Las tres ideas principales de este paso son:

a. Todas las esfinges y la gran esfinge.
b. Se presenta un sistema.
c. La gran liberación.

Llegar al paso nueve significa que ya estás muy cerca de tu sueño y propósito. Podemos decir que los pasos anteriores han sido los exámenes parciales, pero este será el examen final. Es un paso muy exigente y, según mi opinión, el paso en el que te cuestionas si realmente quieres lo que quieres porque te pondrá a prueba y descubrirás que si no lo quieres con toda tu alma y todo tu ser, vas a elegir no cumplirlo.

En principio, cuando este paso es leído (mas no vivido), asusta, pero quiero que sepas que si hay algo que deseas en esta vida con todo tu ser, puede que este paso sea retador; sin embargo, eso no te detendrá.

Veamos por qué es tan desafiante este paso.

Se vuelven a presentar algunas o todas las esfinges.

Esto significa que las esfinges que has superado, o por lo menos que creíste que lo habías hecho, vuelven aparecer en este momento. A diferencia de las primeras veces, en el paso nueve no vives la magia del combate, simplemente tienes la capacidad de verlas, reconocerlas y seguir adelante sin que te alteren.

Claro, al no ser tan conflictivas como antes, vas a sentirte más tranquila y relajada; sin embargo, cuando llegan a tu vida, sí causan una pequeña incomodidad y debes estar en consciencia para no caer en los combates del pasado.

Se presenta la gran esfinge

La gran esfinge es una situación, persona o cosa que en varias oportunidades de tu vida se ha hecho presente justo en el momento en que ibas a lograr algo extraordinario para ti.

En este caso, la gran esfinge no tiene que estar relacionada directamente con tu meta. Es algo tan importante en tu vida que, estando *ad portas* de lograr tu sueño, es muy probable que elijas no cumplirlo para beneficiar a esa parte inconsciente que le ha dado vida a la gran esfinge.

Para que este concepto quede claro, creo que la mejor forma es ilustrarlo con una situación que vivió una de mis consultantes.

El sueño de ella siempre había sido vivir fuera del país. Desde que era pequeña lo anhelaba y, por diferentes razones y circunstancias que más adelante tocaremos, no lo había logrado.

Al casarse y tener hijos, este deseo se volvió más fuerte, pues veía que en otros países sus hijos tendrían mejor educación y más oportunidades. Desde hacía un par de años, estaba teniendo conversaciones con su esposo para hacer este sueño realidad, pero él se negaba rotundamente a esa idea.

Cuando ella empieza a aplicar el método, define con claridad a qué lugar del mundo se quiere ir y uno de sus no negociables es que este traslado lo haría con sus hijos y su esposo.

En medio del camino, se le presentaban diferentes esfinges, como aprender el idioma, enfrentar los temores de sus hijos de perder a sus amigos del colegio, el estatus laboral de ella y, por supuesto, la negación de su esposo.

En el paso ocho, sabía que en la negociación con él era fundamental descubrir qué era con exactitud lo que su esposo quería y ver cómo podía hacerle una oferta irresistible. En este paso, ella descubre que su esposo quiere vivir en Colombia para estar cerca de su mamá en sus últimos años, quien vivía en Cali, mientras que ellos estaban en Bogotá.

Así, ella le propone aumentar el número de visitas al año a Cali y llevar a la mamá durante el verano a estar con ellos. Estando en Colombia, las idas a Cali eran máximo dos, pero si se iban del país serían tres, más los tres meses de vacaciones que compartirían con la abuela.

El esposo decide aceptar la propuesta y empiezan todos los trámites para irse a vivir al extranjero. Finalmente, organizan todo para viajar y les queda claro que una que vez ingresen al país, deben permanecer un tiempo mínimo allí para que les otorguen la residencia.

MAGIC LOVE

Estando en ese punto, le llega la gran esfinge: su propia mamá es diagnosticada con un cáncer terminal y los médicos le dan pocos meses de vida, lo que quiere decir que, si ellos viajan, no solo no podrán acompañarla en el proceso de su enfermedad, sino que, probablemente, no podrán asistir a su funeral.

Mi consultante empieza a vivir el combate de esta decisión. Ya tiene todo listo, los niños están sin colegio, tienen un contrato de arrendamiento y un par de compromisos laborales en el país de destino. Sin embargo, está dispuesta a dejarlo todo y a renunciar a su sueño para estar un par de meses junto a su mamá en este momento de la vida.

La gran esfinge se había hecho presente y mi consultante estaba a punto de tomar la decisión cuando recordó este método y empezó a hacer memoria de los diferentes instantes en los que quiso algo con todo su corazón, pero tuvo que renunciar a ello. Te comparto una lista de los episodios que recuerdo:

Hacer grado once fuera del país.	No lo hizo porque justo ese año sus papás se separaron y ella decidió quedarse a acompañar a su mamá.
Hacer una maestría.	No la hizo porque su mamá tuvo una urgencia con una inversión y ella la cubrió.
Aceptar un trabajo muy bueno fuera de la ciudad.	No quería estar lejos de su mamá, así que no lo aceptó.
Casarse con un ritual alternativo.	Se casó por el rito católico porque esto es lo que su mamá quería.

En ese momento de iluminación, pudo ver que siempre, ante sus sueños más importantes, había tomado las decisiones teniendo como prioridad a su mamá y no a ella. Adicionalmente, su mamá nunca le había pedido que lo hiciera, sino que era algo que de forma voluntaria decidía hacer. Había algo muy poderoso en su inconsciente que le decía: "Si eres feliz, tu mamá es infeliz".

Fue claro para ella que esta era la gran esfinge. Sin embargo, tomar la decisión de superarla no era nada fácil, pues casi era decir: "Me voy del país pase lo que pase".

Se presenta un gran sistema

Espero que, con este relato, puedas ver la naturaleza de la gran esfinge y entender por qué al principio te decía que cuando entres a este paso te vas a asustar de lo que puede pasar. No obstante, al mismo tiempo entenderás por qué esta metodología está diseñada para sueños que queremos con todas las fuerzas.

Ahora, el método no te va a desamparar y sabe que ante la gran esfinge es "natural" que quieras renunciar. Por eso, cuando este momento llega, también se materializa un nuevo sistema. Es decir, un mecanismo que te da las razones y la fuerza para tomar la decisión que te lleve a materializar la magia.

En otras palabras, te llega algo o alguien que te permite justificar la decisión de continuar hacia tu sueño a pesar de la gran esfinge.

La historia de mi consultante es demasiado linda para ser verdad.

Cuando ella vio que estaba atada inconscientemente a su mamá, supo que lo que debía hacer era irse y cumplir su sueño; sin embargo, no tenía un sistema para justificar esta decisión, así que la balanza estaba inclinada hacia quedarse en Colombia.

Con esto en mente, ella visita a su mamá, quien estaba en su sano juicio, y la invita a tomar un café. En medio de la conversación, la mamá le dice que su último deseo antes de morir es verla cumplir su sueño, que no quiere irse de este mundo sin ver que su hija logró todo lo que siempre quiso, que eso la haría la mujer más feliz del mundo y que le permitiría irse tranquila sabiendo que ella y su familia estaban bien en otro país. Ese día lloraron juntas, se abrazaron con todas las fuerzas y ella recibió el sistema que le dio todo el impulso para cumplir su sueño y acelerar el proceso.

Hicieron un ritual de despedida muy especial y la madre murió a las pocas semanas de que ella y su familia se instalaran en su nuevo hogar.

La gran liberación

Este paso nueve se llama *La magia del desapego* porque la gran esfinge te pide que te despegues de algo que a lo largo de los años te ha impedido materializar tus sueños.

En *Los 11 pasos de la magia,* José Luis Parise expone el caso de los alpinistas que quieren llegar a la cima del Everest. En el momento en que van a hacer el último trayecto y alcanzar la cumbre, se liberan de todo el peso, equipaje y objetos para poder subir livianos, exigirle menos oxígeno al cuerpo y tener la mayor cantidad de energía para poder atravesar la gran esfinge, que en este caso es la llamada zona de la muerte (siete mil quinientos metros sobre el nivel del mar).

Como decía al inicio de este apartado, este tal vez es el paso al que el inconsciente le tiene más miedo porque efectivamente llevas años apegada a ciertas ideas, creencias y tipos de relaciones, y el solo hecho de pensar que de pronto (porque al final no sabes qué se presentará en el paso nueve) tendrás que dejarlas te hace dudar de tu sueño y renunciar a él.

En otras palabras, el universo te pone a escoger entre seguir aferrada a algo que no te sirve y no te ha hecho bien y elegirte a ti, tu vida y tu realidad.

La buena noticia es que ahora tomarás decisiones diferentes porque serás una mujer más consciente, sabrás con absoluta certeza que lo que sea que aparezca en este paso y que te pida ser liberado es porque al mismo tiempo es algo que te ha limitado por años y que ha llegado el momento de trascender.

Puedes estar tranquila de que aquello que amas, que te hace bien, que te permite fluir, crecer y evolucionar jamás será lo que la gran esfinge te pedirá liberar. Siempre será algo que te limite y que te impida alcanzar tus máximos potenciales.

Es en este paso donde aquellas personas con las que no pudiste negociar para alcanzar tu sueño, y que de manera muy testaruda se quedaron en su posición a pesar de tus ofertas irresistibles, partirán. ¿Y por qué lo harán? Porque tú habrás entendido que esto es lo mejor para ti, porque no está bien renunciar a tus sueños para satisfacer a otro y porque no está bien que otros sean tan egoístas que se nieguen a acompañarte en tu propósito.

Si estás rodeada de personas que no te quieren ver brillar, es mejor que cambies a las personas que te rodean. Tú sigue este método con tranquilidad, pues si llegas a este paso, no lo vas a tener que aceptar o ceder; si haces este proceso con toda la fuerza y tu corazón, de manera muy orgánica y natural, empezarás a tomar decisiones para liberarte de todo aquello que te impide tener energía y alcanzar todo tu potencial.

De otra cosa que puedes estar absolutamente segura es de que, cuando decides desapegarte de lo que te ha estado limitando, vas a sentir libertad y te vas a sentir más liviana y conectada con tu ser.

En la teoría, este es un paso que asusta; en la práctica, es un paso que te empodera.

PASO 10. LA MAGIA DE CREAR

Las tres ideas principales de este paso son:

a. ¿Cómo llego?
b. ¿Qué quiero preservar?
c. La importancia de celebrar.

¿Te acuerdas de que en el paso cinco, *La magia del combate*, cuando vives tus grandes conflictos, se abren las puertas de la materialización porque tienes un cambio psíquico?

MAGIC L♥VE

Algo muy parecido sucede cuando te desapegas, superas la gran esfinge y vives la gran liberación. Cuando te entregas por completo al proceso, al camino y a tu transformación, en ese instante materializas tu sueño y experimentas la magia de crear una nueva realidad.

Es justo en ese momento cuando lo que siempre habías deseado se manifiesta en la realidad y reconoces que fuiste tú la que hizo que esto fuera posible. Eres magia, eres maga, has hecho lo que para otros ha sido imposible.

Y eso merece una gran ovación, un aplauso y una inmensa celebración. Un reconocimiento por todo lo alto y todos los bombos y platillos. Sin embargo, llegar a la tierra prometida no significa haberla conquistado. Esto quiere decir que si efectivamente has tocado tierra después de estar mucho tiempo en mar abierto, tienes todo el derecho de sentir una inmensa felicidad. Pero al mismo tiempo es importante que sepas que es fundamental sostener en el tiempo esto que has alcanzado.

En cuanto a las relaciones de pareja, no puedes creer que porque conociste a alguien especial ya todo está hecho y que de ahí para adelante "vivieron felices para siempre". Nada más lejos de la realidad.

Ahora llegó el momento de fortalecer y sostener esa relación de pareja. En el camino de materialización has vivido mucho, has superado diferentes esfinges y ahora eres una mujer más consciente y evolucionada; sin embargo, eso no significa que ya estés iluminada y que tu inconsciente, tus miedos, vacíos y traumas hayan desaparecido del todo.

Por eso, cuando llegas al paso diez, *La magia de crear*, hay algunas preguntas que debes hacerte para establecer los cimientos de este nuevo hogar emocional:

1. "¿Qué es lo más valioso que aprendí de este proceso?".
2. "¿Cuál fue mi transformación más poderosa?".

EL KIT DE HERRAMIENTAS AMOROSAS

3. "¿Qué cosas, personas o situaciones no quiero que entren a esta nueva tierra?".
4. "¿Qué aspectos de mí todavía pueden mejorar?".
5. "¿Qué cosas creía que eran poderosas o buenas de mí y ya no lo veo igual?".

Estas cinco preguntas y sus respuestas son los pilares sobre los que vas a empezar a crear tu nueva tierra prometida. Vas a cuidar tus tesoros y lo que sea que haya por mejorar lo tendrás en cuenta para tu próxima aventura.

Por ejemplo, si lo más valioso que aprendiste fue a poner límites, este concepto será algo que vas a tener presente siempre en tu vida, no solo en la nueva relación de pareja que vas a construir, sino en todas las dimensiones humanas.

Si tu transformación más poderosa fue amarte tal cual como eres, ya no podrás aceptar que esta nueva persona que llegue a tu vida espere que cambies algo esencial de ti.

También puedes descubrir que ya no quieres relaciones donde el alcohol sea el gran protagonista de las reuniones, así que lo estableces como un límite y te alejas de las personas que giran alrededor de su consumo.

Puedes identificar que ser una mujer psicorrígida es limitante para ti y que es algo que deseas seguir evolucionando.

Por último, descubres que antes pensabas que ser una mujer superindependiente y autosuficiente era lo mejor de ti, pero ahora, en esta nueva relación, te das cuenta de que te encanta ser atendida, que te consientan y tener un coequipero con quien remar juntos en los proyectos de la vida. Esto quiere decir que debes estar muy atenta cuando la autosuficiencia quiera salir a flote. Recuérdale que es bienvenida en otros aspectos de la vida, pero no en la relación de pareja.

Así es como vas a conquistar tu tierra prometida, así vas a asegurar que tu sueño no sea solo algo que alcanzas y que después desaparece.

MAGIC LOVE

Una vez que llegues a este paso, entenderás que lo importante no es haber alcanzado la meta, sino en quién te has convertido para alcanzarla. Estarás en la punta de la montaña, verás hacia abajo y recordarás la mujer que eras antes de empezar, así como la mujer que eres ahora, habiendo culminado. Tu corazón y alma se llenarán de orgullo porque puedes ser consciente de la inmensa transformación que hiciste y de la magia y poder que habitan en ti.

Empezaste como una guerrera iniciática, superando los obstáculos que el inconsciente tenía; pasaste por ser la mercader y negociaste con las personas y el universo para poder alcanzar tu sueño; luego te entregaste por completo, tuviste fe y te convertiste en la suma sacerdotisa, y ahora, en el paso diez, eres la maga que puede verse y decir "Sí se puede; yo creé realidad" para que inspires a todos los que te aman y te rodean y les muestres que para ellos también es posible este camino si así lo desean.

Celebra haber alcanzado la meta, celebra la mujer que eres. Eres poder, eres ejemplo, eres magia

Debes saber que este método no acaba aquí y que tu camino evolutivo sigue, pero ahora con otro sueño, otro propósito. Este es un proceso cíclico que continúa mientras estés viva, pues hace parte del camino espiritual.

La idea es que continúes creciendo y mejorando. Por eso, llegarán nuevos sueños y deseos que te motiven y te permitan hacer los cambios profundos que tu alma quiere vivir en esta experiencia de vida.

Muchas veces, mis consultantes me preguntan: "¿Cuándo acaba este proceso de crecimiento espiritual?". Y lo que creo es que incluso seguirá presente después de morir, pero con otra forma y sin consciencia humana, para volver a reencarnar con nuevos propósitos. Así, este método llega a su paso final, pero no termina, sino que continúa en movimiento como el signo del infinito.

Paso 11. Lo desconocido

La idea principal de este paso es:

a. Todo es un misterio.

Si ya acabamos con el método, ¿cómo así que queda el paso once?

El paso once está presente todo el tiempo, abrigando y acogiendo los otros pasos. Podríamos decir que el paso once es el paso de DIOS, que es omnipresente, omnisciente y omnipotente, pero al mismo tiempo es misterioso e incognoscible por nuestra consciencia humana.

¿Qué quiere decirnos este paso?

Que siempre habrá algo que, como seres humanos, no vamos a poder comprender; que existen misterios amorosos y poderosos que no podrán ser entendidos por más de que tratemos de entenderlos.

Es el paso que nos devuelve la humildad porque gracias a este método te has convertido en una creadora de magia y, en ese orden de ideas, Dios se ha hecho presente a través de ti. En otras palabras, tú también eres Dios. Sin embargo, esa fuerza superior, ese poder universal, ese amor infinito es algo que, así seas el mejor monje zen, no está disponible para tu comprensión, entonces debes agachar la cabeza, reconocer tu jerarquía espiritual y entender que, por más mujer superpoderosa y creadora que seas, eres parte de un todo infinito que tu mente no puede comprender e integrar de forma "real".

También es el paso que explica por qué a veces puedes materializar realidades sin haber pasado por alguno de los pasos, escoger palabras que crearon realidades contrarias a lo que deseabas o por qué suceden milagros y personas sin proceso que se iluminan en cuestión de segundos.

Entonces, cuando estés viviendo el método y veas que algo no cumple con las leyes de lo expuesto, que hay errores y que las cosas no funcionan con la lógica de siempre, la respuesta será siempre: el paso once.

Te comparto una imagen que ilustra muy bien esta sensación.

En esta imagen, tomada por el telescopio espacial Hubble, puedes ver galaxias que se encuentran a miles de millones de años luz de distancia. Allí, a su vez, veremos más de cuarenta galaxias, donde las tres más grandes son: Galaxia del Triángulo, la Vía Láctea y Andrómeda (en orden de tamaño). Dentro de la Vía Láctea está el brazo de Orión, al este está la burbuja local y dentro de ella se encuentra la nube interestelar local. Allí encontramos el Sistema Solar, donde se halla el planeta Tierra. En ese lugar, tú eres una mujer que a veces cree que el universo gira a su alrededor.

Ahora quiero que visualices tu tamaño en esa imagen, ese diminuto e imperceptible rayo de luz que eres. Recuerda que si el universo tuviera un año, la raza humana llevaría existiendo solo el último minuto del 31 de diciembre y que tu vida en años representa, aproximadamente, solo el 0.0175 de la existencia humana.

Tu vida, tu personalidad y tus creencias son los diez pasos de este método, todo lo restante, y ¡más!, es el paso once. Suelta tu ego, suelta tus miedos, deja de creer que ese 0.0175 es todo lo que existe cuando hay un universo que desconoces disponible para ti.

Bienvenida al mundo de la magia. Este sueño sí es posible.

> **Nota:** para profundizar en la metodología de Parise, puedes acceder a su Escuela E. D. I. P. O. (https://edipo.org/n/), en donde encontrarás mucha información interesante en diferentes formatos, como libros, videos y artículos. Te recomiendo estudiarlo para fortalecer la capacidad de manifestar tus sueños.

MAPA DE LA MUJER PODEROSA

Voy a compartirte una de las herramientas más poderosas que he utilizado en mi vida. Debo advertirte que de nada sirve si la dejas en el papel y no la utilizas en tu proceso.

Es un mapa que vas a construir para guiarte en este viaje tan profundo que vas a realizar. Lo encuentras al final de este capítulo.

A diferencia de otros métodos, cursos y talleres, donde te dan el paso a paso de lo que debes hacer para alcanzar tus sueños, esta herramienta te permite ser la capitana de tu barco, decidir las rutas y definir las acciones que vas a realizar cuando te sientas perdida.

En este mapa también encontrarás una brújula que te ayudará a identificar el norte y volver a tu camino cuando todo parezca estar perdido o cuando sientas que las cosas están demasiado quietas.

No quiero que confundas esta herramienta con otro ejercicio escrito que haces en un taller, en una sesión terapéutica o en un curso virtual, donde le dedicas unos minutos a resolver las preguntas y puede ser un proceso muy bonito; sin embargo, ese se convierte en un ejercicio más de los tantos que haces y has hecho.

Esta herramienta en sí misma no tiene ningún poder y solo hacerla no tendrá un efecto en tu vida. Para que esta herramienta sea útil, debes ponerla en práctica, revisar constantemente lo que has definido y, lo más importante, utilizarla para reflexionar, hacer tu proceso de autoobservación y tomar decisiones de alta conciencia que te lleven a materializar este sueño tan espectacular que tienes.

Para construir el mapa, debemos repasar y recordar todos los elementos que hemos visto a lo largo del libro y plasmarlos en él.

Mi orden

Esta es la frase que contiene tu pedido con las palabras que materializan con exactitud lo que quieres. Incluye de forma general todo lo que no quieres negociar y es todo lo que definiste en el paso uno (*La vida es un oráculo*) y dos (*Pide y se te dará*).

En otras palabras, la orden es tu destino, es el punto al que te vas a dirigir como único plan A.

Luego es importante que identifiques lo que llamaremos el punto de partida, es decir, todo lo que a nivel inconsciente te ha estado impidiendo llegar a tu destino. Al mismo tiempo, es fundamental que sepas dónde estás para poder definir la ruta.

PUNTO DE PARTIDA

Mi patrón limitante

Este es el patrón de supervivencia que sueles experimentar a nivel inconsciente cuando sientes que estás en peligro o que vas a morir.

Recuerda que tu patrón limitante puede ser:

1. Atacar.
2. Huir.
3. Paralizarte.
4. Adular.

Mi herida primaria

En este espacio, vas a ubicar cuál de las cinco heridas primarias es la que más rige tu vida cuando algo la despierta:

1. Rechazo.
2. Abandono.
3. Humillación.
4. Injusticia.
5. Traición.

Mi árbol genealógico

Acá es importante que recuerdes cuáles son los mensajes más importantes que tienes de tu árbol genealógico, aquellos que te indican que para ti es peligroso estar en pareja o que es seguro estar soltera.

Mi proyecto sentido

Acá debes escribir la información clave que identificaste y que recibiste durante tu proceso de venir a este mundo (concepción, gestación y primeros años de vida). Esto te transmite información que repites de forma compulsiva para darle sentido a tu vida y, de alguna manera, te impide lograr tu sueño de materializar pareja.

Mi estado mental

En este cuadrante, debes registrar cuál es el estado mental que predomina en tu vida.

1. "Esto es lo único posible".
2. "Esto es imposible".
3. "No puedo hacer nada".
4. "Me da igual".

Después es importante que repases las buenas prácticas de navegación. Estas son diez reglas que vas a definir de antemano y que, si las aplicas al pie de la letra, te permitirán tener un viaje muy ameno que te lleve al punto de destino.

Mi manifiesto

Un manifiesto es un escrito breve que expone un programa de acción revolucionario o novedoso con respecto a lo que se ha establecido en el pasado.

Los manifiestos han sido escritos por movimientos políticos, religiosos, filosóficos, artísticos y literarios para defender una posición y para convertirlo en su declaración de principios, sobre los cuales se rigen y construyen una visión y estilo de vida.

Así, el manifiesto para materializar pareja se convierte en tu declaración de principios, idealmente diez, que te darán las pautas del tipo de relación de pareja que quieres construir y lo que tú vas a poner en la mesa.

Te comparto el manifiesto de una de las chicas que hizo el programa. Por favor, léelo, revísalo, siéntelo y escribe el tuyo de forma tal que se perciba con toda certeza tu naturaleza y esencia:

EL KIT DE HERRAMIENTAS AMOROSAS

1. Te ofrezco diversidad. Tendrás una persona que cambia constantemente y habla de cómo mejorar todo el tiempo, de hacer saltos cuánticos, lograr cosas que parecen imposibles. Habrá muchas charlas de física cuántica, de que somos fractales y de hacer milagros.

2. Te ofrezco hablar mucho de *global health,* economía en salud y *nudges* en salud, de cómo transformar los sistemas de salud a costo cero para mejorar la salud poblacional. Vas a tener una persona muy estratégica que puede crear dinero y abundancia de cero, que sabe vender muy bien, pero que busca siempre hacerlo por el bien colectivo. No pensaré en chiquito, busco logros globales y grandes y te puedo acompañar a emprender.

3. Te ofrezco una persona que hace viajes inesperados, que ama estar en aviones y aeropuertos, que le gusta caminar mucho y perderse por las calles, que también disfruta comer muchos postres y tomar cocteles.

4. Tendrás una persona que ama Halloween mucho más que Navidad, que sale a fiestas con sus amigos seguido, pero que también disfruta quedarse en casa a ver televisión y arrunche, que le encanta bailar hasta los comerciales.

5. Vas a tener una persona que no puede estar quieta, que tiene mil cosas por hacer al mismo tiempo y que lo hace con alguna payasada de por medio. Que ama cocinar, hacer ejercicio, las luchas, peleas deportivas, las artes marciales y *Dragon Ball Z.*

6. Tendrás una persona que ama todos los animales, que no mata ni una araña, que rescata todos los perros que puede y que busca hacer eso en algún momento de su vida. Siempre tendrá mascotas.

7. Estarás con alguien que odia su zona de confort y por eso siempre habrá cosas desafiantes.

MAGIC LOVE

8. Vas a estar con una persona que le encanta el sexo y necesita tener una sexualidad abundante diaria. Con relaciones sexuales muy frecuentes, más de tres veces por semana.

9. Te ofrezco orden y una casa limpia. Rara vez perderé las llaves, rara vez olvidaré cosas del mercado necesarias. Además, siempre estará llena de los olores ricos.

10. Siempre, pero siempre, tendrás una mujer que se cuida físicamente, que hace ejercicio, que come bien, que se maquilla y que le encanta la ropa sensual y sugestiva. Alguien que le gusta siempre verse bien.

El manifiesto lo debes tener superpresente en el momento en que empiezas a ir a citas y conocer hombres. Ver si tu intención emerge de forma natural, si con él puedes ser esa mujer.

Una vez tengas definido tu manifiesto, viene la parte en la que vas a determinar las acciones a realizar en los momentos de tormenta, cuando tu barco parece salirse de control o las fuerzas externas de la naturaleza lo empujan para ir en la dirección incorrecta.

Mi salto consciente

¿Has escuchado el concepto de vivir un salto cuántico? En términos físicos, es el cambio brusco del estado físico de forma instantánea.

En el campo del desarrollo personal, se ha acogido este concepto para explicar transformaciones físicas, emocionales, materiales o espirituales que una persona puede vivir de un momento a otro por la toma de consciencia.

Sería lo que explica la remisión espontánea de una enfermedad, materializar pareja de un día para otro, vender con facilidad una casa que llevaba años en oferta y tener una nueva visión de la vida que empieza a regir las decisiones de la persona con una aproximación completamente diferente.

♡ EL KIT DE HERRAMIENTAS AMOROSAS ♡

El salto cuántico supone, entonces, un cambio inesperado que parece espontáneo. Ahora, para que esto suceda, lo más importante es tomar consciencia de qué es lo que a nivel profundo me está impidiendo materializar lo que tanto deseo.

Así que, en esta parte del mapa, debes revisar lo que te limita y definir acciones que te saquen del estado mental en el que te encuentras y así ser la catalizadora de este salto cuántico.

Estado mental	Salto consciente
"Esto es lo único posible".	Me pongo en marcha para hacer todo lo que esté en mis manos.
"Esto es imposible".	Me entrego a una fuerza superior.
"No puedo hacer nada".	Hago un proceso de toma de consciencia y resalto todo lo que sí he podido cambiar.
"Me da igual".	Hago cosas que me parecen imposibles.

Lo más importante del salto consciente es lograr hacer un cambio en tu estado mental, salirte de esa zona de confort y ver la vida con unos nuevos ojos.

Mis acciones masivas

Las acciones masivas son respuestas directas a comportamientos y hábitos que sueles tener en momentos donde dudas y crees que este sueño no va a ser posible para ti (muy relacionado con tu punto de partida). La idea es definir cómo vas a actuar justo en esos instantes en los que sueles tirar la toalla o caer en los patrones del pasado.

1. ¿Qué vas a hacer cuando identifiques que estás cayendo en tu patrón limitante?

2. ¿Cómo vas a actuar cuando se abra tu herida primaria?

3. ¿Qué actitud vas a tomar al ver que estás repitiendo tu árbol genealógico?

4. ¿Cómo te vas a comportar cuando veas que estás repitiendo comportamientos inconscientes de tu proyecto sentido?

5. ¿Cuál suele ser tu estado mental y qué vas a hacer para cambiarlo?

Las acciones masivas deben ser:

1. Concretas.

2. Pequeñas.

3. Visibles para los demás.

En el siguiente cuadro, te muestro un paralelo entre lo que NO debes considerar una acción masiva y lo que SÍ debes incluir.

Esto NO es una acción masiva	Principal error	Esto SÍ es una acción masiva
"Voy a ser más amorosa con las personas".	Es muy general.	"Todos los días voy a darle un abrazo a alguien que quiero".
"Voy a meditar dos horas al día".	Puede ser una meta muy difícil para empezar.	"Voy a meditar más de cinco minutos al día".
"Me voy a amar más a mí misma".	No es visible para los otros.	"Voy a hacerme un tratamiento para las manchas de mi cara".

Esto NO es una acción masiva	Principal error	Esto SÍ es una acción masiva
"Voy a ser más positiva".	Es un estado mental y no es visible.	"En las conversaciones, voy a resaltar lo positivo de lo que se está hablando".
"Voy a ser más feliz".	Es un estado emocional y no es visible.	"Voy a sonreír más en la calle, incluso a gente desconocida".

Mi decisión poderosa

Cuando has hecho todo el proceso que se describe en este libro, lo más probable es que identifiques "LA COSA" que te domina y que surge en los diferentes momentos de tu vida, esa que te hace sentir menos y como si no fueras la mujer poderosa que anhelas ser.

Es una piedrita en el zapato que te permite caminar e ir hacia adelante, pero que está constantemente incomodando y que, por lo general, se asocia con un miedo. Es fundamental que identifiques qué es esa "COSA". Te voy a dar algunos ejemplos para que te inspires. No escojas uno de la lista porque sí. Es importante que lo pienses, lo sientas y pongas en tu mapa esa "COSA" que es única en tu caso.

ALGUNAS "COSAS" DE MIS CONSULTANTES:

1. Miedo al qué dirán.
2. Miedo a ser visible.
3. Miedo a hablar.
4. Estar siempre a la defensiva.
5. Estar siempre atacando.
6. Estar siempre demostrando el valor.
7. No poder sentir emociones.

8. No querer vivir.
9. No encontrarle sentido a la vida.
10. Querer ganar siempre.
11. Sentir que no pertenece.
12. Sentir que se está viviendo una vida impuesta.
13. No poder ser auténtica.

Como puedes ver, "LA COSA" no está relacionada directamente con las relaciones de pareja ni con un área en particular, sino que engloba por completo cualquier aspecto de la vida. Podríamos decir que es una sensación, o una CREENCIA MAESTRA, que sientes en todo tu cuerpo y notas cómo te quita energía.

Cuando has identificado "LA COSA", llega el momento de crear una DECISIÓN PODEROSA para transformarla y hacer todo lo que esté en tus manos para que esta creencia no siga dominando tu vida.

Ahora llega el momento de darle un nombre a esa decisión. Para esto, quiero que pienses en un conjunto de ocho palabras o menos, que sean una afirmación, que inviten a la acción y que resuman aquello que quieres vivir y transformar.

Veamos unos ejemplos con "LAS COSAS" que enumeré anteriormente:

"La cosa"	La decisión poderosa
Miedo al qué dirán.	"Hago lo que me hace feliz".
Miedo a ser visible.	"Soy visible".
Miedo a hablar.	"Expreso lo que siento".
Estar siempre a la defensiva.	"Veo primero lo bueno".
Estar siempre atacando.	"Me tomo tres segundos antes de reaccionar".
Estar siempre demostrando el valor.	"Yo soy mi prioridad".

EL KIT DE HERRAMIENTAS AMOROSAS

"La cosa"	La decisión poderosa
No poder sentir emociones.	"Me permito sentir mis emociones".
No querer vivir.	"Agradezco todo lo maravilloso que tengo.".
No encontrarle sentido a la vida.	"Le encuentro sentido a cada acción que realizo".
Querer ganar siempre.	"Disfruto perder".
Sentir que no pertenece.	"Si me amo, pertenezco".
No poder ser auténtica.	"Me muestro como soy".

Así, la decisión poderosa se convierte en tu *leitmotiv* a lo largo del camino y es el principio sobre el cual tomas todas las decisiones de tu vida.

La decisión poderosa es algo que puedes revisar cada año o cuando cambias de sueño o propósito. También cuando identificas que esa idea está integrada en todo tu sistema y que ya actúas alineada con ella sin necesidad de estar recordándola.

A continuación, te comparto un esquema en el que te invito a consignar, de forma concisa y concreta, todo lo que has identificado con esta herramienta. Lo ideal es pasarlo a un formato donde puedas tenerlo de consulta y fácil acceso.

Este mapa de la mujer poderosa es una herramienta para cambiar tu realidad y materializar los sueños. Úsala de forma sabia y consciente. Te recuerdo que de nada sirve que todo quede consignado en un papel si no haces nada más con esto.

MAGIC L♥VE

Mapa de la mujer poderosa

Mi orden

Mi patrón limitante

Mi manifiesto

Mi decisión poderosa

Mi herida primaria

Mis acciones masivas

- - - - - - - - -

- - - - - - - - -

- - - - - - - - -

- - - - - - - - -

- - - - - - - - -

- - - - - - - - -

- - - - - - - - -

- - - - - - - - -

- - - - - - - - -

Mi árbol genealógico

Mi proyecto sentido

Mi estado mental

Mi salto consciente

PARTE 4: ✧
Los cuatro poderes

Este libro lo escribí con la firme intención de que, cuando lo termines, materialices una relación de pareja de alta consciencia.

Estoy segura de que, si pones en práctica esta metodología y sus herramientas, muy pronto vas a comenzar a ver cambios poderosos en la realidad que creas. Y aunque este es el objetivo al que estamos apuntando, los resultados que obtendrás irán mucho más allá.

El resultado de valor de este proceso es la mujer en la que te vas a convertir después de vivirlo, lo que vas a alcanzar personal y espiritualmente al hacerlo. Esos son los beneficios más valiosos porque nada ni nadie te los va a poder quitar o arrebatar.

A partir de este momento, e incluso antes de llegar a esta parte, puedo garantizar con total seguridad que tu vida va a ser diferente, vas a tener una nueva visión, vas a ser una mujer en consciencia y verás resultados sorprendentes en todas las áreas de tu existencia.

A continuación, te voy a compartir los cuatro resultados intangibles, y a la vez superpoderosos, que vas a recibir en tu vida cuando te priorices a ti misma y hagas este proceso tan mágico.

MAYOR AUTOCONOCIMIENTO

Una de las cosas que más comparto con mis consultantes es que hay algunas características de nuestra vida que no desaparecen del todo. Sé que probablemente sueñas con que la inseguridad desaparezca, con nunca más sentir miedo o con no volver a tener una relación de pareja tóxica.

Esto es un deseo legítimo. Lo sé porque en el fondo de mi corazón lo tengo y antes creía que si no cambiaba estos aspectos de mí, no iba a poder materializar mis sueños.

Te pongo un ejemplo.

Cuando estaba en el proceso de encontrar a alguien especial en mi vida, oía y leía por doquier que lo más importante era amarme a mí misma, que el día que me amara y me aceptara tal cual como soy el hombre ideal llegaría a mi vida como un premio a mi trabajo personal.

Por supuesto, hice muchos procesos para amarme más, aceptarme tal cual como soy, no adaptarme al otro, etc. Dejé de comportarme para cumplir con las expectativas y empecé a serme leal a mí y a lo que quería. Cambié muchísimo: dejé de aceptar personas que no estaban dispuestas a darme su cien por ciento y que querían una relación a medias.

Pero ¿sabes qué descubrí también? Que, incluso después de estar en pareja y tener la confianza y certeza de que estamos construyendo algo juntos, todavía siento inseguridad y a veces tengo baja autoestima.

Muchas de mis peleas son porque creo que si soy así o *asá* o lo hago de una forma y no como él preferiría, me va a dejar de querer. Es algo que se me hace ridículo cuando lo hablo con él, pero igual lo siento.

¿Cuál es la diferencia ahora? Ya sé, de forma consciente, que eso está en mí; ya sé que es un lugar al que suelo ir, y saberlo me hace más fuerte porque ya no me domina. Puedo verlo, reconocerlo y hablarlo con él. No desde el lugar de "No me vas a querer", sino de "Tengo esta sensación que siempre ha estado conmigo. Siento que si hago las cosas de una forma diferente no me vas a querer. No es algo en contra de ti, sino algo mío, pero igual lo siento".

A veces, no puedo verlo; a veces, voy a ese lugar de forma muy inconsciente y él me lo hace ver. En este momento, toda discusión o pelea cambia de tono porque es claro para mí de dónde viene y solo lo estoy proyectando en él.

Es ahí cuando el autoconocimiento se convierte en un poder. Desde ahí podrás dominar aquellas bestias inconscientes que a veces toman el control.

Como puedes ver, no es necesario deshacerse de estos animales salvajes que habitan en tu interior. Lo importante es saber que existen y que puedes controlarlos. Incluso es posible que un día se te salga de las manos y alguna de las criaturas sea la que entre a dominar. Sin embargo, ya no es lo mismo. Ahora puedes hacerte responsable de las consecuencias que esto causa y hacer consciencia para realizar nuevas acciones que te permitan seguir avanzando en tu camino hacia la creación de una realidad en la que cada vez estás en más plenitud y no en lucha.

PODER PERSONAL

Hay un efecto impresionante cuando te atreves a hacer lo que no creías que eras capaz de hacer. Esto lo veo cuando haces actos simbólicos que te sacan por completo de la zona de confort.

Muchas veces, cuando estoy frente a la tarea de hacer un acto simbólico, me pregunto "¿Sí seré capaz de hacerlo?". Me cuestiono por la logística, por los detalles, por el dinero que hay que invertir, por el qué dirán (algunos son públicos) y siento que me tiemblan las piernas.

Luego reúno todo el valor que hay en mí y decido hacer el acto. Cuando lo termino, me siento poderosa porque pude comprobar con cada célula de mi cuerpo que sí puedo hacer cosas que me dan miedo, que siempre encuentro los recursos y que no pasa nada con el qué dirán.

¡Eso es un poder demasiado mágico! Está reservado para ti cuando te des la oportunidad de poner en práctica todo lo que aquí has aprendido y que te invita a ir más allá de ti.

Cuando esta sensación se vive en carne propia, queda impregnada en todo tu sistema y nunca nada ni nadie te la va a poder quitar. Cuando tienes esa certeza en tu alma, mente y corazón, cualquier otro sueño será posible para ti. Y no solo eso, sino que también te sentirás fuerte para afrontar las situaciones que no son agradables y que hacen parte de la vida.

Por ejemplo, hoy en día no le tengo miedo a una infidelidad y no creo que una situación de este tipo me pueda destruir. La verdad es que no sé cómo me sentiría o cómo podría reaccionar en ese momento, ya que las posibilidades son muchas, pero de algo estoy segura: tengo herramientas para afrontarlo desde un lugar poderoso. Si tú haces este proceso, también las tendrás.

Ya no dejarás de vivir por miedo, sino que vas a vivir la vida en todo su potencial.

TRANSFORMAR Y MOLDEAR LA REALIDAD

Para explicarte este poder, quiero contarte sobre mi experiencia en el mundo del desarrollo personal y espiritual.

¿Alguna vez habías oído sobre el turismo espiritual?

Es un término y concepto que se ha desarrollado al ver que las personas que están en un camino de búsqueda espiritual saltan de una corriente a otra, haciendo toda clase de cursos, talle-

♡ LOS CUATRO PODERES ♡

res, formaciones y programas, y al final no encajan en ninguno y tampoco pueden ver resultados tangibles.

También puede referirse a las personas que han leído toda clase de libros, se saben de memoria los cuatro acuerdos, hacen todos los años un mapa de sueños, tienen clarísimos los conceptos de *El secreto* y, sin embargo, no experimentan cambios en su realidad.

Estas experiencias de vida me conmueven muchísimo porque sé qué se siente no encontrarle sentido a la vida, sé cómo se siente querer tener un propósito, entiendo cómo es tener experiencias traumáticas y sentir que te definen, querer hacer todo lo posible para que eso cambie y transitar esta vida desde un lugar más amoroso y feliz.

Sé que muchas personas, incluida tú, a veces se sienten impotentes al no poder cambiar su realidad, y algunas muy proactivas y de forma admirable deciden actuar y probar cuanto taller, curso, terapia o entrenamiento exista con tal de conseguirlo.

Al mismo tiempo, mi experiencia me ha mostrado que hay personas que lo intentan todo y sus vidas siguen exactamente igual, repitiendo los mismos patrones y con las emociones de siempre.

Encontrarme con personas que han identificado qué les impide lograr sus sueños y verlas en el mismo lugar me produce una emoción muy fuerte en la boca del estómago porque, a decir verdad, me proyecta los miedos más profundos de mi propio camino de desarrollo.

- Parecen verificar que, sin importar lo que hagas, puedes seguir en el mismo lugar.
- Me demuestran que nunca voy a poder lograr mis sueños.
- Me hacen preguntarme "¿Será que sí estoy avanzando en mi proceso o es una mentira que me digo?".

MAGIC LOVE

Cuando se me revuelve el estómago con estas tres ideas, pienso: "Esto no puede ser posible, esto no es cierto. Tengo pruebas de que la vida puede ser diferente".

Una de mis misiones en la vida es demostrar que estas tres ideas no son reales, que son fantasías en las que vivo y vivimos. La verdad, no sé cuánto tiempo me tome tener la absoluta certeza de que son falsas porque, si te soy muy honesta, a pesar de haber comprobado varias veces en mi vida que lo son, todavía existe en mí una vocecita que me dice: "Puede que para esas otras cosas que lograste sean falsas, pero para esta que quieres ahora sí van a ser verdad. No hay nada que puedas hacer, nunca vas a lograr lo que quieres. Sigue creyendo que sí sabes algo, imparte programas y talleres como si supieras, pero la verdad es que no has avanzado nada en tu proceso. Estás igual".

Por eso, tú estás leyendo el libro y yo estoy presente con estas palabras, porque estoy en mi misión de comprobar que los miedos no son reales y que tú y yo tenemos el poder de transformar y moldear nuestra realidad.

Cuando lo termines, me encantaría que te convirtieras en una mujer que está decidida a no conformarse con una vida que es menos de lo que sueña y que sigas en el camino de la transformación hasta que ese lugar al que quieres llegar se materialice en tu vida.

En mi experiencia, en el momento en que empieza a ser evidente que eres la capitana de tu barco no hay vuelta atrás. Habrás experimentado con todo tu ser lo que es hacer magia y esta información quedará impregnada en ti.

Puede que en algunos momentos dudes, desconfíes y vuelvas a tus antiguos patrones, pero si tienes al menos UNA experiencia que te demuestre que cambiaste la realidad, siempre podrás volver a ella, aferrarte y volver a creer y a crear.

Este superpoder es espectacular porque, una vez que lo tienes en ti, lo puedes activar en las situaciones difíciles donde parece que las cosas van en contravía.

En mi caso, sé que todavía queda mucho camino por recorrer para tener la plena seguridad del poder que tenemos. Y créeme que continuaré en este proceso para acercarme cada vez más a ello.

En este planeta hay miles de personas que tienen la certeza de que son una con la abundancia y la creación. Son personas a quienes cosas extraordinarias les suceden en el día a día.

En cada lugar al que van, viven espectaculares coincidencias, son receptoras de ideas y se encuentran a otras personas y mensajes que potencian su camino en microsegundos.

Estoy convencida de que esto está disponible para ti y para mí. Lo sé porque he tenido la oportunidad de verlo en varios momentos de mi vida. Además, como te digo, cada día estoy en proceso para que la brecha entre el punto A y el punto B sea menor.

Cuando empecé este proceso de crear magia, podía ver que lograba cosas en cinco años, pero luego empezaron a ser tres años, un año y en este momento muchas cosas me toman meses, así que estoy absolutamente segura de que, si continúo por este camino, pronto serán semanas y días, como ya les ocurre a algunas personas.

Ahora, no quiero que te programes a creer que tu experiencia de vida será igual a la mía. Mi deseo es que con este libro despiertes tu mayor potencial y que en muy poco tiempo hagas parte de ese club de personas que logran magia en días e incluso horas.

Sueño con que estas herramientas te den el poder de hacerlo mucho más rápido de lo que yo lo he logrado.

Te pido que no compares tu camino con el de los demás. Tú puedes ser la mujer poderosa que inspira a miles y millones de mujeres a reconocer este poder que tienen dentro de ellas. Para eso, debes empezar por ti y por cambiar tu realidad para que vivas una más alineada con todo lo que sueñas.

MAG1C L♥VE

SABIDURÍA PARA TODA LA VIDA ✧✧

Imagina que la vida es como el colegio y que cada encarnación o experiencia humana que tienes es uno de los grados que debes ir superando con el tiempo. Ahora quiero que pienses que tendrás unos aprendizajes en cada grado y que puedes reprobar o pasar de nivel. También es posible cursar un nivel "sin pena y sin gloria" y sin generar hitos o momentos que recordarás por siempre durante tu paso por el colegio.

Si pudieras escoger, ¿cuál sería el camino ideal para ti?

¿Estar reprobando indefinidamente el mismo grado o nivel?

¿Pasar sin pena ni gloria y sin acontecimientos que denotan que ese nivel, sus desafíos y los aprendizajes te cambiaron la vida?

¿O superar el nivel y llevarte contigo conocimiento, sabiduría y una transformación muy profunda que te acompañará por siempre en tu camino evolutivo?

Si has escogido la tercera opción, estás en el libro y la metodología correcta y quizás este sea el inicio de una aventura espiritual muy profunda. También puede ser que este libro haya llegado a tu vida cuando ya te iniciaste en este proceso y sea una confirmación de que materializar realidades es una forma muy poderosa de conectarte con la magia y con lo extraordinaria que eres en un universo infinito.

En este sentido, lograr tu sueño de estar en una relación de pareja de alta consciencia va más allá de un logro tangible. Es una forma nueva de ver tu vida y de percibir esta experiencia humana.

Hace algunos días, una mujer que estaba interesada en el programa de MAG1C LOVE me decía que había tomado la decisión de no hacerlo porque la inversión no podía asegurarle un resultado tangible, de modo que se sentía mucho más tranquila invirtiendo ese dinero en algo que pudiera ver, tocar, sentir y saber que existe.

En ese momento, me di cuenta de que no todas estamos en el proceso de creer que lo sutil es lo que nos lleva a conseguir lo que proyectamos en la realidad. Confiar más en lo que puedes ver, tocar y sentir es un nivel de conciencia que te mantiene esclava y aferrada a "la realidad", a lo que se supone que está científicamente comprobado.

No existe una verdad, una realidad. Esta se ha ido modificando y moldeando según el sistema de creencias de las diferentes culturas que han habitado el planeta Tierra.

Mayor sabiduría significa reconocer que llevas años viviendo en una *matrix*, que te has convencido de que "la realidad" es lo más importante, que no tienes ningún poder de creación y que estás destinada a vivir unas experiencias atadas a tu pasado, y una vez que lo haces consciencia, empezar a salirte a un nuevo sistema que demuestra todo lo contrario.

Cuando hagas este proceso, empezarás a sembrar nueva información. Llegarás a la tierra prometida y poco a poco la irás habitando. Y si lo haces desde un lugar de conciencia, esa tierra será cada vez más próspera, armónica y satisfactoria para ti.

Este es el camino de las valientes, de las mujeres que quieren una vida con propósito y con sentido. En medio de esta travesía vivirás experiencias maravillosas en las que se incluyen una relación de pareja espectacular, el proyecto de vida de una familia y muchas más cosas materiales y tangibles.

Te deseo lo mejor en este viaje de transformación.

Haz parte del mundo de MAG1C LOVE

MAG1C LOVE es un programa diseñado exclusivamente para mujeres mayores de treinta y cinco años que se comprometen con la creación de una relación de pareja de alta consciencia. No es solo un proceso más; es una inversión significativa de tiempo, energía y recursos para asegurar una transformación profunda y duradera.

El programa cuenta con un acompañamiento personalizado a cargo de Silvana Piedrahíta, quien, con su experiencia y enfoque único, guía a cada mujer a través de un proceso de autodescubrimiento y crecimiento personal. Por esta dedicación y trato cercano, el programa está abierto a pocas participantes, garantizando que cada una reciba la atención y el apoyo necesarios para avanzar con eficacia en su camino.

MAG1C LOVE está diseñado para mujeres que no solo desean manifestar una relación de pareja consciente, sino que también buscan explorar profundamente su propio desarrollo personal y espiritual. Es una oportunidad para quienes están listas para crear, con intención y claridad, una vida amorosa en sintonía con sus más altos valores y aspiraciones.

Además, el programa ofrece el respaldo de una comunidad comprometida, donde cada participante encuentra apoyo y acompañamiento en este viaje transformador. Es un espacio pensado para ir más allá de las expectativas y ayudar a cada mujer a alcanzar su máximo potencial en el ámbito de las relaciones.

Si sientes que ha llegado el momento de dar ese paso decisivo hacia la relación que siempre has deseado, MAG1C LOVE está aquí para ti. Este es tu momento de elegir un camino que te llevará a lo más profundo de tu ser y, a su vez, te permitirá manifestar una relación de alta consciencia.

Para más información, puedes entrar a la cuenta de Instagram @silvanapiedrahital.